# 教育的向度

陈庆文 李 健——主 编

新 华 出 版 社

**图书在版编目（CIP）数据**

教育的向度 / 陈庆文，李健主编 . —北京：新华
出版社，2022.12

ISBN 978 - 7 - 5166 - 6585 - 5

Ⅰ.①教… Ⅱ.①陈… ②李… Ⅲ.①小学教育—教
育研究—文集 Ⅳ.①G622.0-53

中国版本图书馆 CIP 数据核字（2022）第 228640 号

**教育的向度**

主 编：陈庆文 李 健

| | |
|---|---|
| 出 版 人：匡乐成 | 选题策划：张 谦 |
| 责任编辑：樊文睿 | 封面设计：中联华文 |

出版发行：新华出版社

地 址：北京石景山区京原路 8 号 邮 编：100040

网 址：http：//www.xinhuapub.com

经 销：新华书店

购书热线：010-63077122 中国新闻书店购书热线：010-63072012

照 排：中联学林

印 刷：三河市华东印刷有限公司

成品尺寸：170mm×240mm

印 张：18 字 数：310 千字

版 次：2023 年 6 月第 1 版 印 次：2023 年 6 月第 1 次印刷

书 号：ISBN 978 - 7 - 5166 - 6585 - 5

定 价：68.00 元

# 前　言

　　《教育的向度》是玉林师范学院教育科学学院小教专业成立以来，由部分学生在国内公开刊物发表的论文结集而成的论文集。本专业立足桂东南、面向广西、辐射全国，是广西壮族自治区一流专业、特色专业。我们的培养理念是：无论在乡村还是在城市，都要做到师德高尚、从教信念坚定、扎根基层、默默奉献，同时也要善于思考、笔耕不辍、勤于总结、学会表达。

　　论文集分六个部分，包括教育治理、教师发展、班级管理、教学方略、乡村教育、大学生发展六个版块。教育治理涉及评价制度创新、校外培训班、"走班制"、中华优秀传统文化、校园暴力、家校信息化沟通平台、突发性灾难背景下学生心理问题等重大命题。教师发展涵盖新生代教师教育技术路径依赖、作业布置、教育惩戒权、压力应对人格、教师示范性行为等。班级管理涉及家校合作冲突、师生和谐伙伴关系、小学班干部自我培养、转学对小学生的影响、人工智能应用、短视频干预、课堂调控、非原生家庭学生人际矫正、低段亲子绘本阅读等。教学方略聚焦课堂归属感、课堂提问策略、隐性知识的习得、备课资源整合、思维定式负效应、朗读障碍、识字教学干扰、网络学习效能、课堂口令、翻转课堂等主题。乡村教育指向农村小学生课外阅读、农村学生艺术教育、送教下乡、留守儿童关怀、农村小学翻转课堂、乡村小学性教育等。大学生发展包括师范生试讲能力、大学生幼稚化、学业规划意识、课外阅读力、自主学习能力、学习短视化、大学新生课堂学习效率等主题。

　　结集出版既是为了总结小教专业开办以来在培养学生创新思维、教育研究方面的成就，也是为了继往开来，激励后学，鼓励学生立足高远，为成长为大国良师而不懈奋斗！

# 目 录
## CONTENTS

第一编 **01**

| **教育治理** |

# 基于未来教育的小学生评价制度创新①

冯美琪

**摘　要**：小学生评价制度的革新是未来基础教育改革和发展的重要组成部分。试图打破"传统制约小学生评价制度发挥其激励和改进作用"的瓶颈，变革和创新原来落后的评价制度，切实建立起符合儿童发展需要的新型评价机制，是现实社会和未来教育发展的必经之路。本文将反思我国传统的小学生评价制度存在的局限并阐述基于未来教育视角下可采取的创新策略，以此为我国小学生评价制度的改革和未来发展提供参考和借鉴。

**关键词**：未来教育；小学生评价制度；评价原则；价值取向；评价方式

当前，未来教育已经成为社会各界关注的焦点和热点。随着未来学的产生，未来学家对未来教育发展趋势进行预测："未来教育将朝着网络化、多元化、个别化、创造性、互动化、科学化等方向发展。"在此背景下，提出"基于未来教育建立和完善新型小学生评价制度，厘清小学生评价制度的变革路径"这一问题，是响应未来教育时代呼声的必然要求。其在尊重小学生个人多样化发展需求，激发小学生潜能，实现小学生全面发展等方面具有重大意义。基于上述思考，笔者将反思我国传统的小学生评价制度存在的缺陷并阐述基于未来教育视角下可采取的创新策略，以此为我国小学生评价制度的改革和未来发展提供参考和借鉴。

## 一、传统小学生评价制度的局限

我国最先发明了考试，传统的小学生评价制度正是"应试教育"的产物。

---

① 该文原载《教育现代化》2019 年第 88 期。

这种学生评价往往只采用考试一个尺度，以卷面成绩来衡量学生的发展水平，无法有效发挥评价的教育功能。目前虽然我国很多地方对传统小学生评价体系进行了一定的改革，但部分地区和学校的小学生评价制度仍然存在如下弊端：

第一，评价主体相对单一。长期以来，我国传统的小学生评价主体具有绝对化和单一性的特点，一般由教师评价学生，既欠缺学生自评、生生互评，又缺少家长评价和社会其他成员的评价。这样的评价信息来源简单、有限，缺乏不同角度对小学生学习的评价，因而评价结果易受教师个体因素影响而显得主观、片面，难以了解学生真实的主观感受，长此以往，必然致使学生发展片面化。

第二，评价内容不够全面。传统的小学生评价通常把学生记忆课本理论知识的多少和精确度看作是衡量学生学习能力的唯一标准，这种评价方式过分强调考试卷面分数，忽略了学生在"过程与方法""情感态度和价值观"等维度的变化和进步，影响学生学习的主观能动性，不利于学生全面和谐的发展。

第三，评价方式比较呆板。传统的小学生评价侧重书面测试，即以卷面分数作为主要的评价标准。小学生的身心发展尚未成熟，这种仅仅用分数高低来评价小学生的方式，势必促使小学生陷入"为了考高分而学习"的恶性旋涡，加重小学生的学习负担和心理负担。尤其对学习困难者而言，这种评价方式更易使他们因分数低产生自卑、烦躁苦闷、厌学等心理，压抑他们的才能和个性，严重阻碍小学生的身心健康发展。

第四，评价过程过于静态化。传统的小学生评价常常以单纯的几次考试成绩来评价教育效果，属于静态化评价。这种评价重视的是评价的判断、鉴定功能，强调评价的鉴别与筛选作用，忽视学生消化和吸收知识过程中的进步和潜力，使学生难以享受学习过程的快乐，打击小学生学习的积极性。

**二、未来教育视角下小学生评价制度创新**

教育行政部门及各级各类小学改革小学生评价要着眼于制度建设，根据对未来教育发展趋势和学生评价制度的相关理论分析，笔者认为未来教育视角下可以从评价原则、评价的价值取向、评价方式以及评价核心内容等角度对传统的小学生评价制度进行改革和创新。

**（一）适应未来教育的小学生评价原则**

小学生评价原则是开展小学生评价必须遵循的基本要求，构建适应未来教育的小学生评价制度应遵循以下原则：

1. 以激励学生发展为基本导向的评价原则

教育评价的最重要功能是导向。小学生正处于身体和心理发展的鼎盛时期，一切教育评价的导向都应以激励学生发展为目的，遵循以生为本的思想。因此，小学生评价制度要始终坚持以"激励学生发展为基本导向"的评价原则，发挥评价的激励性作用，激发学生学习的热情，力求让学生在评价中充分认识、完善、发展和提高自我，促进学生的可持续发展。

2. 个性发展评价与全面评价相结合的原则

未来教育理念愈来愈突出强调对学生综合素质的培养，尤其是在基础教育阶段。在日常教学中，教师对小学生进行评价应坚持"个性发展评价与全面评价相结合"的原则。坚持该原则不仅有利于彰显学生的个性、特长和发展潜能，而且有利于关注学生的成长过程和整体表现，反映小学生道德、智力、体育、美育、劳动等方面综合素质。给小学生提供"个性发展评价和全面评价"不仅是把握教育、回归本质、关注生命的要求，而且有利于培养未来社会所需要的既全面发展又有个性特长的创造型人才。它既是当今社会国内外教育评价发展的共同趋势，也正逐步成为全球基础教育的主流思想。

要实现个性发展评价与全面评价需要注意采取多元化评价，包括评价手段、评价主体、评价指标、评价内容、评价结果等维度的多元化。如：评价主体多元化指"师生共同评价、家长介入评价、学生自我评价与同伴互评、社会参与评价"等多种评价统一起来，实现全员评价。它能实现学校、社会及家庭三方教育资源的合并，使学生在客观、全面、公正的评价环境中认识自我，树立自信，健康快乐地成长。

3. 监控式评价和终结式评价相结合的原则

未来教育理念下主张的小学生评价将告别过去"重视甄别与选拔、忽视激励与肯定"的"单一终结性评价"方法，取而代之的将是既注重学习过程又重视学习结果的"全程性评价"，即"监控式评价和终结式评价有机结合"的评价方式。例如评价小学生学习数学这一科目的情况，除了可以从课堂行为表现、课后作业完成情况、平时测验成绩、参与活动积极性等四个方面对学生日常学习表现进行监控式评价，还可进行期末考试，实行"平时成绩+期末成绩=总评成绩"的考核方式，以总评成绩作为评价学生最终学习表现的标准。这种"监控式评价和终结式评价有机结合"的评价方式有利于客观反映和鉴别学生在学习和发展过程中遇到的困难和问题，激发学生的学习兴趣和动机，给予学生认识、完善与提高自我的机会，为促进学生全面发展服务。

4. 质性评价和量化评价相结合的原则

未来教育倡导的小学生评价既不是"只看成绩册上一系列数据来评价学生在校期间的学习和生活表现"的量化评价，也不是"只重视学生的学习态度、学习方法、情感和价值观形成"的质性评价，而是"兼顾质性评价和量化评价"的综合评价。质性评价和量化评价有机结合有助于教师在对小学生评价的实践中既关注考试结果，又能详细地描述学生发展的全过程，挖掘学生成长的本质，揭示教育规律。

（二）面向未来的小学生评价价值取向

小学生评价的价值取向指在评价实践中对评价的整个流程和运行方式起指挥和决策作用的价值观。面向未来的小学生评价价值取向主要包含如下两个方面：

1. 遵循主流价值观

学校作为我国培养社会主义事业接班人的重要阵地，未来教育发展要求学校要积极弘扬社会主义核心价值体系，引导学生了解并贯彻落实社会主义核心价值观，确立正确的"三观"，即人生观、价值观和世界观，尤其是培养学生形成良好的思想道德品质和高尚的道德情操，实现道德、智力、体育、美育、劳动等全方位发展。因此，面向未来的小学生评价的核心价值取向应为遵循和弘扬我国社会发展的主流价值观，服从于立德树人的教育本质，唯有如此，基础教育培育出来的学生才是真正适应未来社会发展的人才。

2. 满足个体多样化价值诉求

小学生评价的价值取向应响应"塑造面向未来的人"的教育发展目标。未来教育的倾向是个性化教育，因此未来社会迫切要求教育评价要摒弃传统的"只关注学业成绩，违背儿童成长规律，压抑小学生个性发展"的评价观，真正尊重孩子个性，促进小学生自我价值的实现。面向未来的小学生评价要着眼于小学生多样化的价值诉求，关注个体差异，尽可能地给予他们发展优势潜能的机会。

（三）基于未来教育的小学生评价方式创新

展望未来，创新评价方式是小学生评价制度改革的一项重点内容。习近平总书记明确表示"促进教育变革和创新，建设终身化、数字化、网络化、个性化的教育体系，培养大量创新型人才"是全人类即将共同面临的教育亟待解决的重大问题。[1]由此可见，只有依赖云计算、大数据、5G、人工智能等新兴技术手段不断对评价方式进行革故鼎新，推动其朝着智能化、自动化、智慧化的方向发展，才能有效发挥教育评价在"关注学生发展过程、激励学生学习和督促教师教学改进"等方面的作用，紧随时代发展的脚步。

基于未来教育的小学生评价方式创新主要在于先进评价工具的开发，即构想和搭建一种"评价操作性强、评价系统完整、评价内容周全、评价过程完备及评价效果显著"的小学生在线评价系统。目前，国内在教育质量评价系统方面已开展了初步的探索。例如：在小学教育阶段，我国发布了"教育评价云"。"教育评价云"的建设为将来的教育质量检测、诊断、分析和改进铺垫基石。它针对学生质量评价进行了周密的研究与设计，包括指标、工具、收集、储存、判辨、分析及结果展示，使基础教育质量评价更加公正、客观。[2]在中学教育阶段，"中学生综合素质评价系统"成为全国初中学校推广使用的产品，为中学生综合素质评价提供有效可行的工具。

毋庸置疑，这些探索在一定程度上都获得了相应的成效，但同一模式的评价方式并非对所有学校都适用。因此，笔者认为，各级各类小学应根据本校的具体情况开发真正贴合本校学生实际的、具有本校特色的小学生智能测评系统，以便为小学生发展提供可靠、科学、即时、高效的评价工具。希望通过该系统对小学生学习成长过程进行实时跟踪评价，开展学情诊断和分析，从而对学生学习情况和学习效果进行精准评估，并通过客观数据分析为学生发展提出合理性培养建议。

（四）立足未来教育的小学生评价核心内容

当代社会处于飞速发展的时代，人工智能技术的快速发展使得教育的风向标由培养"传统掌握知识与技能型的人才"向"创新型人才"转变。立足未来教育的小学生评价的核心内容理应紧紧围绕"如何迎接智能化革命浪潮，培育适应未来社会发展的人才"这一理念进行革新。

《中国教育现代化2035》提出了未来中国教育发展的八大基本理念，其中"以德为先、全面发展、面向人人、终身学习"等理念为教育评价指明方向和要求[3]。《中国学生发展核心素养》总体框架强调我国基础教育阶段学生应具备"学会学习、批判与创造、乐于反思、勇于创新、团队合作、问题解决、自我管理"[4]等基本素养，揭示了未来所需人才应具备的品质和关键能力。

因此，立足未来教育的小学生评价核心内容应包括基础学科知识和基本技能掌握等浅层次的表现和发展，还应涉及批判性思维、创新精神和实践能力等深层次的评价，以及身体素质、心理素质、道德品质、爱好特长等非学业方面综合素质的表现和发展。

### 三、总结

小学生评价制度的革新是基础教育变革和发展的重要推动力，改革和创新原有评价制度，试图打破"传统制约小学生评价制度发挥其激励和改进作用"的瓶颈，切实建立起符合儿童发展需要的新型评价机制，是未来教育发展的必经之路。瞻望未来，只有不断开拓新的评价视野，打造教育评价领域的新生态，才能引领教育向更好的姿态发展。"路漫漫其修远兮，吾将上下而求索。"相信在教师、教育研究者以及各界人士的一致努力下，适应未来教育发展的小学生评价机制必将在不懈探寻中逐渐成形。

（作者系玉林师范学院教育科学学院2017级小学教育专业卓越班学生）

**参考文献：**

[1] 杨宗凯.从信息化视角展望未来教育 [J].电化教育研究，2017，38（06）：5—8.

[2] 佚名.我国建成"教育评价云应用平台" [EB/OL].http：//www.cdgdc.edu.cn/xwyyjsjyxx/sy/syzhxw/278712.shtml，2014—04—14.

[3] 顾明远，滕珺.《中国教育现代化2035》与全球可持续发展教育目标实现 [J].比较教育研究，2019，41（05）：3—9+35.

[4] 佚名.中国学生发展六大核心素养：直达教育的本质和未来方向 [EB/OL].http：//m.sohu.com/a/281690472_ 114968？strategyid = 00014，2018—12—14.

# 小学生家长报读校外培训班的非理性行为类型、成因及矫正建议①

秦柱秀

**摘　要：**随着教育事业的变革发展，小学生家长报读校外培训班呈现出了前所未有的发展趋势。该现象突显了家长对孩子优势发展的希冀，也映射了其中的非理性行为。他们的出发点虽是良好的，却带着盲目、跟风、攀比、恐慌和追求功利等非理性行为被裹挟着加入了报读校外培训班的大军中。本文系统分析小学生家长报读校外培训班的非理性行为类型及其成因，小学生家长可通过"准确定位校外培训目标""理性选择校外培训项目""致力校外培训能力提升""梳理校外培训主次关系""争取校外培训全面发展"等策略矫正报读校外培训班的非理性行为。

**关键词：**校外培训班；非理性行为类型；成因；建议

近年来，诸多因素促使校外培训班迅猛发展。我国大部分小学生都有参加培训班的经历，小学生家长为孩子报读校外培训班更呈现出了前所未有的发展趋势。这种教育形式的存在与发展有其合理性与荒诞性，既突显了家长对孩子优势发展的希冀，也映射了其中的非理性行为。他们的出发点虽是良好的，却带着盲目、跟风、攀比、恐慌和追求功利等非理性行为被裹挟着加入了报读校外培训班的大军中。小学生家长非理性行为的产生与社会背景、教育改革、个性需求等密切相关，基于非理性行为所选的校外培训班，可能会成为孩子的负担并对孩子造成极大的身心伤害。本文针对小学生家长报读校外培训班存在的非理性行为的类型、成因进行全面、科学的分析，并提出规范的建议，为小学

---

①　该文原载《广西教育》（义务教育版）2019 年第 37 期。

生家长报读校外培训班提供借鉴。

## 一、小学生家长报读校外培训班的非理性行为类型

### （一）盲目

盲目，指眼睛看不见东西，比喻认识不清，无见识、无目的。小学生家长为孩子报读校外培训班时，通常不了解孩子的知识基础与学习兴趣。他们在"考试指挥棒"的影响下，常以考试科目和加分类目为主要导向，盲目选择学科性、特长性较强的校外培训班。[1]但所选科目是否适宜，报读班级数量应控制在怎样的范围内，家长大多无从知晓，却坚信多多益善，最终导致孩子虽减轻了校内的负担，却又挑起了校外的包袱。

### （二）跟风

跟风，指缺乏主见，学习、模拟某种风气或潮流。跟风行为是"校外辅导热"的重要催化剂，它营造出"参加校外培训班已成为小学生课外生活必然趋势"的错觉，使校外培训机构在家长们的跟风吹捧下门庭若市，孩子们在课后与周末都要出入不同的培训班，寒、暑假更成为家长口中的"培训黄金期"。基于这样的想法，家长易听信他人"经验之谈"，听从培训班工作人员游说，跟风为孩子报读校外培训班，从而陷入误区。

### （三）攀比

攀比，指不顾客观条件，以较高水平作为比较标准。小学生家长常期望在子代教育中为自我价值的实现寻找新的慰藉，故而因攀比而生的"面子工程"驱使家长物质化地衡量校外培训效果，以孩子参与培训班获得的成果作为夸耀的资本。家长们不理智、不节制的攀比行为，会助长校外培训机构的不良风气，造成时间与金钱的浪费，既加重了家庭经济负担，也给孩子增加了学习负担，造成恶性循环。

### （四）恐慌

恐慌，指恐惧、惊慌。小学生家长的恐慌行为通常表现为"起跑线焦虑"，他们往往认为教育投资程度决定孩子成绩的高低。"小升初"暗战的号角早已吹响，家长们都不想让自己的孩子输在起跑线上，部分家长甚至开始了"抢跑"。他们因恐慌而忽视学校教育规律，认为所有科目都越早启蒙越好，似乎所有学习与培训都要早早开始，因此他们用种类繁多的校外培训课程把孩子所有课余

时间安排得满满当当，这样的行为无异于"揠苗助长"，将孩子的学习兴趣扼杀在摇篮中。

（五）功利

功利，指功效与利益。小学生家长为孩子报读校外培训班常存在急功近利的行为。他们惧怕孩子在选择过程中犯错，便以小学生心智不够成熟为由，采用越俎代庖的方式代替孩子选择校外培训班。此外，家长们大都信奉"唯分数论"，即只看培训课程给孩子带来的表面分数及其附带的升学利益的影响，无视孩子身心内在的发展与追求。校外奥数培训班曾格外"火爆"，但自从奥数不作为升学考试项目后，连学生都招不到了，这种现象说明校外培训的本质价值产生了变异，也真实地反映了小学家长报读校外培训班的功利行为。

## 二、小学生家长报读校外培训班的非理性行为成因剖析

（一）盲目成因：报班前期不明就里

盲目行为成因可分为三点：其一，家长不了解孩子的实际发展需求，忽视孩子的知识基础与学习兴趣，家长期望之高、心愿之切，难免使校外培训成为帮助孩子"抢跑""催熟"的工具。其二，家长难以考量校外培训班招生广告的真实性，其教学质量家长也无从知晓。如此轻率地报读校外培训班，收效甚微也不足为奇。其三，教育行政部门和学校对小学生家长为孩子报读校外培训班的引导缺位，加之家长不主动咨询与学习，两者之间的脱节导致家长产生盲目心理，为报读培训班留下极大的隐患。

（二）跟风成因：报班意向随波逐流

跟风行为成因可分为两点：其一，家长信念不坚定，缺乏一定的辨识能力，对校外培训班炒作的"热门"现象趋之若鹜，其选择易受他人言论及行为影响。其二，家长对教育方针误读，对子代教育认知存在偏差。部分家长以为"孩子多上培训班，就能考高分""考上重点学校，就能成为优秀的人"，此类思想在家长圈中流传，越来越多家长跟风效仿。当孩子反映培训内容与学校所教知识相差无几时，家长们坚信"多学一遍总是好的"，这样的非理性行为给孩子扣上了沉重的枷锁。

（三）攀比成因：家长子女爱慕虚荣

攀比行为成因可分为两点：其一，中国家长承袭"望子成龙，望女成凤"

的成才期盼，他人对子女的认同与赞美，将演化为父母良好的自我价值体验。孩子更优秀，意味着家长能在未来获取更多优质社会资源，这驱使他们互相攀比，希望借助校外教育资源，让孩子成为"优胜者"。其二，家长与子女的"尊严经济"。在学校，教师几乎会将学生所有的学习成绩公之于众，家长和孩子无法对成绩排名视若无睹。优秀的孩子希望保持成绩，基础较差的孩子迫切想要得到更大的提升，无奈之下他们将希望寄托于校外培训班，期望通过培训得到成绩的进步以维护自己的尊严。

（四）恐慌成因：家长心绪惶恐不安

恐慌行为成因可分为两点：其一，小学生家长工作忙碌、家庭关注缺失。这是子代教育面临的一个重大问题，忙于工作的家长无暇顾及放学后的孩子，还担心孩子在玩乐中荒废学习时间，而校外培训班恰好能承担看管孩子的角色，又能让孩子在课余时间学习知识与技能，这使得家长更乐意为孩子报读培训班。其二，小学生"小升初"分数镣铐禁锢。[2] 目前我国人才选拔模式依旧以考试为主，"千军万马过独木桥"的态势使家长对孩子的未来感到压迫和恐慌，于是他们将考试分数作为教育孩子的追求，对校外刷题班、冲刺班等看似有益的培训课程来者不拒。

（五）功利成因：求学之路争名逐利

功利行为成因可分为两点：其一，家长对孩子期望过高。小学生家长在校外培训班的抉择依据上，更多的是"为孩子的长远发展考虑"，他们对孩子的期望逐渐变成了对孩子学习竞争力的关切，看似理性的选择下，其实也包含着一定的功利性。其二，家庭教育方式的差异。不同家庭对子代智识的认知程度不同，在社会空间中占有一定地位的家庭，往往对孩子的发展有较高预期，他们的子代培养观念更多地植根于功利心理，更期望让孩子接受与主流学校教育存在鲜明差异的校外培训班教育，以此积累更多的教育资源。[3]

### 三、小学生家长报读校外培训班的非理性行为矫正建议

不可否认，小学生家长为孩子报读校外培训班带来的继发性问题日益严重，家长常常存在非理性行为而不自知，给孩子带来了极大的伤害。为帮助小学生家长规避非理性行为，理性正确地为孩子报读校外培训班，提出以下几点建议：

（一）克服盲目行为，准确定位校外培训目标

1. 辨清长处与短板

家长应了解校外培训班"促学生之长，补学生之短"的功能特点，找准孩子的长处与短板，在报读校外培训班时有的放矢，进而弥补班级授课制存在的不足，促进孩子个性发展。

2. 明晰培训班内情

明确校外培训机构的具体情况是家长为孩子报读培训班的必要前提工作。家长可通过报纸、杂志、新媒体等途径，明晰校外培训班的设施、师资、监管等基本情况，保证孩子拥有良好的学习环境。

3. 寻求专业化指导

在为孩子选择报读校外培训班前，家长要积极寻求教育行政部门与学校的指导，基于专业视角分析孩子的基本情况，辩证地认识培训班，再判断是否需要报读校外培训班、如何选择培训班、培训学习时长多久适宜，等等。

（二）停止跟风行为，理性选择校外培训项目

1. 校外培训对症下药

小学生家长的教育观并非天生正确，大部分家长并没有掌握足够的科学理论知识，但可以通过后天学习获得。校外培训因人、因需而异，真正拥有良好教育观念的家长，完全有可能抵御外界的压力，了解和谐的教育"既有参天大树，也有小花小草"，做到对症下药，理性选择校外培训班。

2. 教育思想陶冶升华

家长应在思想上认识到，学校是有着优良教学环境、雄厚教学师资的地方，对于小学生应始终坚持以学校教育为主阵地，理性选择校外培训班，避免孩子产生"在学校不学也没关系，反正都要去培训班补习"的错误思想。

（三）约束攀比行为，致力校外培训能力提升

1. 坦诚面对不足

孩子的学习成绩时有落后本是常事，家长不可执着于"面子工程"，强迫孩子参加大量校外培训班。反之，家长应多向带班老师请教，监督孩子对薄弱之处加以改进。

2. 锻炼学习能力

获得知识是小学阶段学习的浅层目标，而提升学习能力则是深层目标。家

长的教育目光不可过于浅显，报读校外培训班时，不能只关注是否有利于孩子提升成绩，也要关注该课程是否能培养孩子的学习习惯，让孩子获得良好的学习方法。

（四）避免恐慌行为，梳理校外培训主次关系

1. 家庭教育之责，校外培训不可替代

著名教育家苏霍姆林斯基曾说："学校教育里的一切困难根源都可以追溯到家庭"，家长对孩子的关注不可或缺，更不可将孩子的监管责任过分寄托于校外培训班。其实，最好的家教方式是家长能对孩子的教育和培养有全面、科学的理解，和孩子一起学习，承担教育知识的"学习者"，教育实践的"规划者"、"管理者"以及"投资人"的角色。当家长充分了解孩子的学习状况后，其恐慌心理自然也烟消云散了。

2. 校内教学主导，校外培训以辅促主

校外培训只是校内教学的辅助与推动器，报读大量校外培训班只为提升分数的做法是不可取的，"不拘一格选人才"终将成为未来的人才选拔制度，分数不再是学生发展的唯一评判标准。家长应跟随学校主流教育，让孩子的发展实现从"以考试为导向"到"全面素质化培养"的转化。

（五）克制功利行为，争取校外培训全面发展

1. 家庭教育宁静致远

家长是孩子的第一任老师，家长在子代教育上的功利心理，无疑会影响孩子的学习观。相比于缺乏耐心、无责任感、在培训班上施压，家长给孩子树立榜样模范，创造宁静致远的家庭教育环境，更能有效帮助他们学会学习、爱上学习，更有利于孩子的发展。

2. 成才之路循序渐进

学习是一场马拉松比赛，报读校外培训班同样如此，不可一蹴而就。家长应着眼于当下，完成每一个小目标，为实现大目标奠定基础，让孩子的学习在适宜高效的节奏下有序开展、逐步推进。

（作者系玉林师范学院教育科学学院2017级小学教育卓越班学生）

参考文献：

[1] 李琳 . 小学生课外辅导班选择的调查研究 [D]. 山东师范大学，2017.

［2］邵玉华．校外培训班调查引发的思考［J］．求知导刊，2014（12）：54—56.

［3］李一．中产家庭教养实践的选择与困境——以参加"XES"辅导班为例［J］．青年学报，2018（02）：76—84.

# 基于"走班制"的小学学校管理制度创新①

车李萍

　　**摘　要：**"走班制"作为一种新型学习组织形式打破了传统"班级授课制"的桎梏，进一步推动学生的全面发展，促进素质教育的实现，解决了学生学习效率参差不齐等问题。2014年，新高考改革使"走班制"再度成为教育热点问题，面对新的学习组织形式带来的挑战，小学学校管理也要随之做出相应的调整。本文将对"走班制"给传统学校管理带来的挑战做出分析，同时将针对时间、空间、教学资源、科目设置原则提出创新策略，为"走班制"下的学校管理带来新方法，以便学生在学校教育的环境下得到更全面的发展。

　　**关键词：**走班制；学校管理制度；创新

　　新时代对综合素质高、个性化的人才的需求量越来越大，传统"班级授课制"弊端日益突显，在学生个性化发展方面的问题尤为严重。为同时兼顾学生发展的全面性和个体性，"走班制"作为一种新型学习组织形式重新出现在人们眼前，并逐渐成为社会广泛关注的教育热点问题。2014年，国家出台了新高考改革方案，在这一方案的指导下，不少教育领域相关人士认为"走班制"将成为学校改革的新方向。小学学校管理制度创新势在必行，本文将就"走班制"对"传统授课制"带来的挑战进行分析，并同时在"走班制"的视角下对小学学校管理制度提出创新策略，以便学校更快地适应这一时代挑战。

## 一、"走班制"的含义及组织形式

　　"走班制"是指学科教室和教师固定，学生根据自己的能力水平和兴趣愿望

---

　　①　该文原载《现代职业教育》2020年第1期。

去选择符合自身发展的层次班级上课，不同层次的班级，其教学内容和程度要求不同，作业和考试的难度也不同的教学组织形式。在我国基础教育阶段，"走班制"的实施必须坚持以"全面提高学生的发展"的素质教育发展理念为根本目的，在完成基础教育给定的课程标准、教学内容等前提下，学校根据学生能力水平、兴趣愿望进行科学评判后对学生进行"分班"。班级组织形式有三类：其一，行政班：是维护传统教学秩序的班级组织，上午根据课程标准及教学内容完成基础知识学习，下午学生根据个人不同的意愿及能力水平进行"走班"学习；其二，拓展班：在学习基础知识后，学生根据个人学习能力、知识掌握度在同年级中选择学习目标和学习完成度与之相近的学生群体进行知识拓展的班级组织；其三，兴趣班：指在课堂中完成课外知识学习的班级组织，此类班级为激发学生兴趣、培养学生特长而设，能最大化地尊重学生个人意愿，实现个性化发展，且此类班级组织打破年龄的局限，年纪相仿的学生均可在同一兴趣班进行学习。

### 二、"走班制"给"班级授课制"学校管理带来的挑战

学校管理指学校对本校各项工作进行计划、组织、协调和控制的活动，管理者与被管理者都是学校自身，[1]学校通过管理，把各项工作及其组成要素结合起来，使效果最优化，以实现教书育人的功能。在学校管理中，"走班制"相较"班级授课制"有多方面的差异，常见的有以下几方面：

1. 班级管理

"班级授课制"下的班级组织形式主要为"行政班"，即学生固定、教师固定、教室固定；而"走班制"的学生、教师均具有流动性，教室也有多功能性，"走班制"的实施给班级管理带来了不小的冲击和挑战。[2]部分目的明确的学生可以按时按地进入对应的教室进行学习，部分自我约束能力较弱的学生则会出现诸如迟到甚至缺勤等不良现象。对此，若在固定行政班则可由班主任或任课教师直接对学生进行约束管理，实行"走班制"后，由于学生流动性过大，教师对学生具体情况较为陌生，这给班级管理带来一定压力。此外，因学生按照能力水平不同进行分班，在"走班制"实施过程中容易异化为"快慢班"现象，且在无形中为学生打上不同的标签，在"快班"的学生容易产生自负的心理，在"慢班"的学生容易出现自卑的心理，这两种心理的产生都不利于学生的成长成才。

2. 时间管理

小学课堂一节课时长通常为四十分钟；而实际情况下由于授课方式、授课者的不同，一节课会出现提前下课、按时下课、延时下课等不同现象。为了让学生更深刻地理解所学内容，有些课程甚至安排两节课。在实行"走班制"的情况下，学生们到达对应教室的时间会出现差异，若学生提前到达教室，则会干扰上一节课正在学习的学生；若学生延后到达教室，则干扰了课堂正常教学秩序且对教师的管理带来不少挑战。

3. 师资管理

传统的"班级授课制"只要求教师传授一门学科知识，实行"走班制"教学组织形式后，原本教学目标、教学内容统一的局面有所改变，学校较之前开设了更为多种多样的课程，如从语、数、英三门学科延伸出去的课程：写作魔方、数学的奥秘、英语这样说；培养学生兴趣的活动课程：急救小知识、科技大世界、自然科学、传统文化大家学等。学校开设课程增加，就意味着需要更多的师资力量来支撑，目前我国的基础教育教师资源现状仍不乐观，实行"走班制"情况下一位教师甚至可能执教二、三门课程，师资匮乏情况日益突显。"走班制"实行后对教师适应新课程、新教学形式提出了更高的要求，教师的角色也由传统的课程执行者变成课程开发者，这使教师的教学任务日益加重，教师承受的压力也加大了。

4. 课程资源管理

传统的小学学科有语文、数学、英语、美术、音乐、体育、劳动等，课程资源是否丰富是"走班制"教学能否良好实行的"先天条件"。学生"有课选"才能进行"走班"，学生根据能力水平及个人意愿选课上，才能确保"走班制""因材施教"的初衷。但是，我国课程体系及课程内容仍单调匮乏，难以保证学生个性化发展的需求。所以，加大课程开发力度、丰富课程体系、提高执教者的专业能力及自身素质变得尤为迫切。

5. 硬件资源管理

实行"走班制"后，很多学校的硬件资源并未改变或者匮乏，如没有足够的教室来上活动课程或者有些学校根本没有条件开展科学、自然等课程。实行"走班制"并不是空喊口号，还需要学校投入人力、物力、精力来维持"走班制"的正常运行。"走班制"的实行要求学校拥有数量大、种类多的教学资源，当下学校拥有的教学资源现状与之十分不匹配，硬件资源匮乏无法保证课程实施效果，在如此条件下实行"走班制"则有违初衷。因此，学校应对现有教育资源进行整合、优化，实现资源最大化利用；还应加大物资投入，使硬件资源更为丰富。

### 三、基于"走班制"的学校管理策略创新

1. 调位的空间管理策略

小学课堂对空间的要求并没有中学高，只要稍微减少一下班级人数或拓展一下教室空间，基本可以把主要学科的教学资源集中在一间教室，如数学及其延伸出去的与数学有关的课程需要的设备、教具学具基本一致，则可把此教室打造成理科专用教室，适用年龄段为一至六年级；此外，对相近活动课程进行合理的合并也可提升空间利用率，如一个角为图书绘本，一个角为乐高玩具，一个角为科学仪器，一个角为艺术器材，如果教室面积足够大，甚至可以将中间部分搭建成小型的舞台，供学生在上面进行才艺展示以检验教学质量。课堂上，学生分类型、学习分区域且多时段，在同一个四十分钟里，同一教室中有的学生可以读绘本，有的学生可以拼玩具，有的学生可以做实验，有的学生可以翩翩起舞，有了这样的教室。学生就有选择的可能，大可不必再"齐步走"地学习，可实现个性化的发展。

2. 调序的时间管理策略

学生除了基本的文化知识学习外，还可选择丰富的活动课程，相应地，学校会对空间资源进行优化与整合，对相近的课程、学科资源、硬件等进行归类合并，打造功能一应俱全的专用教室。若此教室只提供给一个年级使用，不免造成浪费，此时学校应根据不同的时间段安排不同的年级进入教室上课，如理科专用教室在第一个课时安排给一年级使用，下一课时可安排给四年级使用。调序的时间管理更加突显"走班制"自由、灵活等性质，彰显着巨大的教学优势，传递了新的教学理念。

3. 调配的师资管理策略

实行"走班制"意味着学校需增设大量课程以确保学生有课可选、有课可上，但并不意味着学校需要有课必排、选课必开，在按照科学的课程设置原则进行排课，学生选课数量达到一定程度后，可以先安排相近学科的教师对课程进行开发、实施，如数学学科教师可以对数学史、数学的奥秘、玩转数学这种活动课程进行授课；也可根据教师个人意愿、个人特长进行安排，如 A 教师教授语文学科，因为个人在小提琴方面有出色的成绩，此时也可安排 A 教师进行

小提琴的授课。"学高为师，身正为范"，教师的全面发展不仅提高了自身素质，也缓解了学校师资匮乏的问题，还可以身作则为学生树立全面发展的科学发展观，真正做到"一举三得"。

4. 调合的资源管理策略

资源的调合是为了适应走班教学的客观条件，对优化育人环境、改进教学管理有着重要的作用，使学校能真正打造出多功能、一体化的育人环境。学校应及时对资源进行调合：一是硬件资源，如对图书、仪器、设备、学具教具进行统计与整理，并建立网络管理体系，以便教师能及时有效地获取上课所需资源，用后及时归还，做到"一具多用"，不造成资源浪费；此外，所在地的图书馆、科技馆、展览馆、农村等也可成为学生学习的场合，教师可充分利用校外场所拥有的资源来拓展学生视野。二是软件资源，如校园文化、校风学风等，学校如由于空间限制等原因无法拥有独立的图书馆，则可利用学校建筑物的柱子等地方进行改造，装上书柜或书橱，打造"书香校园"。实行"走班制"应树立新的资源观，使各种资源更好地为教书育人服务，充分挖掘各种资源的利用价值，使资源利用达到最大化。

5. 科目设置原则

"推动学生的全面发展、促进素质教育的实现"是"走班制"一贯遵循的原则，全面发展要求学生的意志力等非智力因素得到培养，知识技能、情感态度得到发展，体质得到增强，审美观、鉴赏美、创造美的能力得到培养，劳动观念得到培养、劳动技能得到学习，不会因缺少某方面的能力而出现"木桶效应"，所以学校在设置"走班制"的科目时也应十分注重学生发展的规律和需求，每个学生选择不同方面的课程应有着相应的比例，学生在选课时应该遵循"全面发展"的原则进行选课，在基础教育阶段学文化、长本领、增才干，形成能判断、能思考、能理解、能包容、能合作等核心素养。

"走班制"作为新的教学组织形式，兼顾着学生全面发展和个性化发展，是时代渴望全能型人才和专业人才的社会现象的具体体现。"走班制"的实施不仅改变了教育教学理念，也对学校管理提出更高的时代要求。面对这一时代挑战，小学学校管理也应做出相应的调整及创新，让"走班制"在实施中不断克服局限性，焕发出巨大的生命力。

（作者系玉林师范学院教育科学学院2017级小学教育专业理科班学生）

**参考文献：**

［1］常燕 . 无边界管理理念在班级管理中的应用研究［D］. 上海师范大学，2009：29—30.

［2］朱晶晶 . 选课走班背景下班主任角色研究［D］. 浙江师范大学，2017：21—30.

# 家长盲目攀比子女成就的主要表现、成因、后果及矫正建议[①]

黎晓乔

　　**摘　要：** 自计划生育政策实施以来，每个家庭都遵循着一对夫妻只能生育一胎的基本原则，家长理所当然望子成龙、望女成凤，而这恰好促成了家长攀比子女成就现象的出现与盛行。攀比，指的是在自己的具体情况和条件都不确定的情况下，就盲目与高标准对比的一种行为。本文所讲述的攀比现象，出现在家庭的父母身上。虽然"单独两孩"政策已经开始实行，但攀比风气却没有随之减弱，甚至出现了一系列的不良表现。这些表现给子女和家庭本身以及被攀比的家庭带来了许多不良的影响，使得社会存在不当的攀比风气。本文经过调查和研究，总结出了其主要表现，并列举出了主要表现的成因及后果，提出纠正的建议。家长可通过"正确的子女成才观""良好的学生成长观""理性的人才评价观"等途径矫正不正当的攀比行为。

　　**关键词：** 盲目攀比；家庭教育；成因及后果；矫正

　　古往今来，人类往往都有着自己向往的目标。而在高速发展的时代，人生存的标准不再只是吃饱喝足，而是有了更高的人生目标。每个人都在为自己的人生目标而努力，或多或少都获得了一定的成就。在此过程中，家长之间互相攀比子女成就的现象也逐渐增多。家长的出发点必然是为孩子考虑，给予孩子一些高标准并不过分。但一味地追求高标准，就会带来一系列的不良表现，呈现出溺爱、要求过高、虚荣心过度等情况。攀比行为无论对于个人而言，还是对于家庭而言，乃至于对社会，都造成一定程度的影响。本文针对家长在攀比

---

　　① 该文原载《广西教育》（义务教育版）2020 年第 13 期。

过程中的主要表现、成因及后果进行了全面、科学的分析，并提出规范的建议，为家长实施科学家庭教育提供借鉴。

## 一、家长盲目攀比子女成就行为的主要表现

### （一）盲目夸大或贬低子女成就

就夸大而言，不少家长将子女视为掌上明珠，当作是温室里成长的美丽花朵，认为自家的子女做什么都是对的，也理应得到最好的成绩与评价。这样的溺爱行为，间接导致了家长对自家子女成就判断的不客观性，以至于父母过度依赖和保护自家儿女。因此，有些父母就会对外吹嘘自家儿女有多么优秀，完全忽略了他们的缺点，这也使得这些父母有了找他人攀比的盲目的勇气和自信。

就贬低而言，有些家长太过注重子女成就，将过高的希望寄托在儿女身上，导致这些父母对自家儿女的要求过高，过于追求完美。一旦子女们没有达到他们的要求，便开始责罚、训斥自家子女。这类父母往往不信任自己子女所获得的成就，反而认为子女获得的这些成就是理所应当的，不应当为这些成就感到喜悦，而是要进一步鞭策子女。因此，这些父母在与他人攀比时，往往会贬低自家子女所获得的成就，甚至会更加严格地对待自家儿女。

### （二）有意夸大或贬损他人子女表现

就夸大而言，一方面，有些家长为了故意讨好其他家长，会刻意地去夸大他们子女所获得的成就。这种夸大不仅是客套式的夸大，而且是带有对自家子女成就的贬低。另一方面，有些家长在了解到别人子女的优点后，和自家的孩子进行对比，心生不快，恨铁不成钢。这类父母往往羡慕甚至忌妒"别人家的小孩"，但是对自家儿女却缺少关心和教育。

就贬低而言，一方面，部分家长过分忌妒别人家的孩子所获得的成就，以至于用一些过激的语言去刺激对方，用这样的方式寻求心理安慰。另一方面，有些家长因为自家儿女在某一方面成就高于其他家庭的孩子，就会沾沾自喜，过分自豪和骄傲，以至于会认为别人家的孩子一事无成，在夸耀自己儿女的同时，也贬低了别人儿女的成就和表现，甚至忽略掉别家孩子的优点。

### （三）无限加大子女学习压力及生活压力

在攀比的同时，另一种现象也随之出现。既然家长攀比的起点是孩子，那么攀比导致的结果也会落在孩子身上。就学习压力而论，学习方面的成就是攀

比的一大热门。攀比过程中形成学习压力是难以避免的。学习压力指的是人在学习活动中身心所承受的一种精神负担。孩子在被攀比后，就会陷入更大的学习压力中，这种压力不仅来自于父母，还来自于攀比对象。在这种情况下，孩子所承受的学习压力不再只是课程、作业繁多之类，而更多的是来自于竞争。就生活压力而言，一些家长也会借着生活能力来进行攀比，甚至有的时候会紧抓着某个方面不放。这种攀比虽然没有学习方面的攀比带来的压力大，但也会给孩子带来很大的羞耻感。可见攀比对于孩子的学习和生活都造成了很大影响。

（四）无意义对比自己及他人子女

对于部分家长来说，一方面，他们不清楚自己儿女的成就达到怎样的地步，就会与他人子女进行对比，比较出某个成就已经高于他人。但这样做往往会给孩子带来很大压力，甚至也影响到了父母自己的心情。另一方面，有时候他们已经习惯于对比，即使对比的内容毫无意义，他们也希望可以通过这样的方式满足自己的心理，得到一个心理安慰。他们也不顾及孩子的想法，只是一味地认为只有经过所谓的对比，才能激励儿女更有动力地去学习，却没想过攀比带来的不良影响是非常巨大的。

## 二、不正当攀比行为的主要成因及后果

（一）基于家庭及个人的分析

攀比风气的形成，原因离不开家庭和个人。这其中包括三个方面的问题：

1. 虚荣心。虚荣心是人类的一种心理状态，即渴望被他人肯定，但它其实是一种扭曲的心理状态。人人都有自尊心，无论男女老少、贫富贵贱。当他们的自尊心过于强烈、发生扭曲后，就变成了虚荣心。爱慕虚荣者，他们在行为上的主要表现就是无意义的攀比，炫耀自己所得到的成就，以满足自己的内心。

2. 好强好胜。有的人生来就好强，不仅自己要好，自己的孩子也要好。因此，他们热衷于攀比，以求获得胜利的快感。但自己一旦被对比下去，便会恼羞成怒，定会与对方争个高低。

3. 从众心理。从众心理是一种常见的心理现象，有的家长看到别的家庭进行攀比，就会情不自禁地参与进来，以寻求归属感与认同感。

因攀比导致的后果对于家庭或个人而言，虽然范围小，但是伤害极深。对于家庭来说，攀比会让对方家庭感到不舒服，以至于闹得两家庭之间气氛尴尬，最后必定会不欢而散。

对于个人来说，在长期攀比下，若一直处于下风，内心必定会产生忌妒、愤怒、自卑等不良情绪，而这样的情绪发泄的对象必然是儿女。儿女此时会受到父母多方面的打压，产生巨大的压力，但他们往往不能承受。于是，他们有可能会自暴自弃，或者产生叛逆心理，甚至有可能做出违法犯罪的事情。如当年引起媒体以及教育界广泛关注的杭州萧山区女高中生被害分尸案[1]，这起命案不仅毁了6个孩子的前途，也撕裂了6户家庭。而这起命案的祸端就来自于父母亲的攀比，缺乏科学的教育。为了一时的口舌之快而取他人性命，本例毫无疑问是盲目攀比带来不良后果的典型案例。

而对于长期处在上风的家长而言，他们会过分高估自己的教育水平，以至于松懈了对孩子的管教，即便孩子的成绩大不如以前，他们也仍然自欺欺人地去寻找本来就弱于自家孩子的家庭进行攀比，来给予自己心理暗示。这样的行为，不仅会让孩子"泯然众人矣"，甚至还会培养出孩子高傲自满的性格，不追求上进，碌碌无为，最后一事无成。

（二）基于被攀比对象的分析

攀比这一行为并不是双向的，有的时候，被攀比对象往往不知情，却有可能会被第三方听取。举个简单的例子，假设某天，小明母亲对小明说："你看看隔壁小强学习多么厉害，每次都是年级第一，你还不努力。"而这句话被准备出门的小明父亲听到了。此时，小明母亲口中的小强就是所谓的被攀比者，但小强并不知情，但置身事外的小明父亲就是第三方。即便小明父亲并不认识小强，却也在心中保留了小强学习非常厉害的印象。而有的话"一传十，十传百"，"小强学习年级第一"这件事情被许多人知道，带给小强的就是舆论压力了。这种情况的成因主要是被攀比者过于优秀，引起了攀比发起者的羡慕，但往往发起者不会在被攀比者面前进行攀比，因为他们觉得在被攀比者面前是自卑的。

这种攀比带给被攀比者巨大的舆论压力，他要活成别人所认为的样子，这样的压力往往会导致他出现冷漠、抑郁、自闭等不良情绪，极大地影响到他的身心健康。

（三）基于社会的分析

攀比风气的盛行，与社会也离不开关系。通常来说，个人总是会被社会带动，人们道听途说的所谓"有压力才有动力"等俗语，在广为流传后变了味儿。即使出发点是让孩子获得动力，但通过这种方式来取得动力未免有些不妥。攀比所带来的除了一部分是动力，更多的是不良的心理情绪。

如果攀比之风不被及时遏制，会导致越来越多的人经历这些，从而成为磨灭不去的阴影，这带给社会的将会是青少年各种心理疾病的病发指数上升，失业失学率升高，甚至是犯罪率提高等社会危害。

### 三、不正当攀比表现的矫正建议

对于有一定条件的家庭来说，家长本身对孩子的教育起到了重要的作用。但是对于一些家庭来说，尤其是文化水平不高的家庭，家长往往都会依赖于学校、社会等进行引导教育。因此，为防止攀比风气的蔓延，应当从以下三个方面去矫正不正当的攀比现象：

（一）家长树立正确的子女成才观

1. 客观评价自己子女才能

对于盲目夸大或贬低子女成就的家长来说，一定要客观评价自己子女的才能，多方面看待子女的能力，既不可盲目夸大，也不可盲目贬低。学校应鼓励家长让儿女尝试多方面发展自己的能力，找到最适合自己的发展方向。不能只看到儿女某一方面的能力，要多方面看待儿女的能力。要相信，没有人是绝对完美的，也没有人是一事无成的。只有客观对待，才能正确地引导儿女走向成功的未来。

2. 适度给予子女压力

对于无限加大子女学习压力及生活压力的家长来说，在家庭教育中，家长确实要适度给孩子压力，使之成为动力，但并不是要通过攀比而获取压力。这样的压力往往是不良的，而获取一定压力的方式有很多种，学校或家长可以督促和监督孩子去进行一些学习和生活的活动。若想拥有更大的动力，学校或家长可以试图让子女在学习和生活中得到某些乐趣。这样下来，不仅让孩子得到了良好的教育，也保证了孩子的身心健康。

3. 开明、谦虚地看待他人子女

俗话说："虚心使人进步，骄傲使人落后。"对于有意夸大或贬损他人子女表现的家长来说，在面对他人子女的时候要以开明的眼光看待，并保持谦虚的态度。只有持以开明的眼光和谦逊的态度才会得到对方的认可，达成一个融洽的相处模式，双方才会继续交往下去，进行更加深入的交流。学校应该让家长明白，无论对方的成就如何，要秉承着"三人行，必有我师"的原则，虚心向对方学习，不恶意吹捧也不恶意贬低。了解到对方不好的一面，要学会有则改之，无则加勉。

（二）学校营造良好的学生成长观

不仅仅是家长之间的互相攀比，子女之间的互相攀比也值得重视。学校有义务也有责任给学生树立正确的价值观，改变学校的不良攀比风气，帮助他们以正确的方法学习，共同进步。

1. 学校要鼓励人人成才

习近平总书记指出，对于做好职业教育，必须营造人人皆可成才、人人尽展其才的良好环境，努力培养数以亿计的高素质劳动者和技术技能人才，让每个人都有人生出彩的机会[2]。学校作为培养的专业机构，应当与家长一同鼓励人人成才，培养学生树立正确人才观，践行社会主义核心价值观，着力提高人才培养质量，弘扬劳动光荣、技能宝贵、创造伟大的时代风尚，促进学生身心全面发展，有意愿、有信心、有能力成为社会所需要的人才。

2. 教师不应将学生进行对比

学校一方面要进行良好的教育，另一方面也要杜绝校园内盲目对比的不良风气。在学校里，教师在教育学生的时候，并非要让他们争个高低，也并非要贬低对方，而是要鼓励一起努力共赢，采摘成功的果实。因此，学校和家长都必须共同建立起一个良好的学习氛围与环境，帮助学生健康成长。

3. 通过沟通引导家长发现子女优势

学生的健康成长，很大一部分取决于学校和家庭的教育，因此家校沟通必不可少，例如可以建立家长委员会，定期召开家长会，开设定期家长咨询等。通过一系列的沟通，学校可以引导家长发现子女的优势，并协助家长去放大这些优势，让不同的孩子绽放属于他们自己的光彩。孩子们的能力大放异彩，各有千秋，很大程度上可以将攀比现象从根源截断。

（三）社会形成理性的人才评价观

社会，即由人与环境形成的关系总和。社会是人的社会，人影响着整个社会，社会同样也影响着人。社会需要人才，同时也要给予人们正确的人才评价观，才能更加公平公正地广招贤才，让他们在各个不同的岗位上各司其职，以此来阻止不良攀比风气的蔓延。

1. 树立行行出状元、工作不分高低的观念

俗话说得好，三百六十行，行行出状元。这句话的意思是，不论什么行业都会有人出类拔萃，同时也比喻，不论做什么职业，只要热爱本职工作，保有

优秀的职业素养，都能做出优异的成绩。而这里的三百六十行也仅仅是一个约数，据统计，中国目前已经有 1838 种职业，其中不少是新兴的职业，并且有逐年增加的趋势。相信在未来的中国，一定会有更多的新兴职业，招纳更多的新兴人才。而"人不分贵贱，工作不分高低"的观念会逐步扎根于人们的心中，职业攀比现象将不复存在，家长也不会再逼迫自己的孩子选择自己不喜欢的职业以满足自己的虚荣心。

2. 禁止不正当的人才宣传行为

学校为培养出优秀的人才，提高本校的升学率，在进行招新宣传的时候，往往都会列举出本校的辉煌历史，例如历年来学校的升学率，中考高考状元，甚至有竞赛的获奖情况等。但在个别学校，招新却以竞赛成绩作为评优入学依据，导致部分家长为了攀比而不得不让自己的孩子去参加竞赛。而竞赛作为一种比较本领、技术的高低，有一定规则的活动，若社会不加以管制，必定会成为阻止攀比风气蔓延的巨大阻碍。因此，社会应禁止不正当的人才宣传行为，多多关注学生的多方面能力，不歧视，不偏见。

3. 严格管理社会培训机构

家长为了让自己的子女更加优秀，在学校学习之外，还会让子女进入培训机构进行进一步的学习。而一些培训机构不会像学校一样重视学生的多方面发展，他们往往只会看到学生的某一方面，从而产生一些比较心理。不仅仅是同学间的攀比，还有家长攀比。因此，为达到阻止攀比风气蔓延的目的，社会应当禁止培训机构过度培训，禁止培训机构夸大宣传，进而杜绝不良攀比的行为，鼓励孩子们共同努力进步，走向辉煌的明天。

换个角度思考，攀比也并非没有带来任何好处，在攀比的过程中，不少家长了解到了孩子的不足之处，针对不足的地方进行教育，保证了孩子的进步。但是，这种进步往往伴随着一系列的心理问题以及压力，在攀比中，弊永远大于利。因此，无论如何，过度攀比都是不可取的，家长应当在孩子面前树立正能量的形象，鼓励孩子积极进取，而不是在攀比中获得自卑感。阻止攀比之风的盛行，要从自身做起，只有这样才能让孩子自由健康快乐地成长，成为祖国优秀的接班人。

（作者系玉林师范学院教育科学学院 2018 级小学教育专业理科班学生）

**参考文献：**

［1］余勤．杭州 17 岁高中生与同学生口角被四女生勒死分尸［N］浙江在线，钱江晚报．2006.

［2］黄锐．习近平：加快发展职业教育让每个人都有人生出彩机会［EB/OL］. http：//www.xinhuanet.com/politics/2014—06/23/c_ 1111276223.htm，2014—06—23.

# 全媒体时代中华优秀传统文化在小学的传播①

卢铠笑

**摘　要**：随着信息技术的不断发展，全媒体时代已经到来。信息传播的方式、范围都随着时代的进步而发生转变，其形式也日益丰富。应把握时机，充分利用全媒体时代的优势，通过全员传播中华优秀传统文化、打破时间界限传播中华优秀传统文化、多样并举传播中华优秀传统文化、多维空间传播中华优秀传统文化、创新传播中华优秀传统文化等策略，可促进中华优秀传统文化以多种形式在小学中有序、有效地传播。

**关键词**：全媒体时代；中华优秀传统文化；传播策略

中华优秀传统文化作为中华民族的精神命脉，需要中华儿女们共同继承与发展。而在全媒体时代，各种新旧媒体在信息技术不断发展的形势下开始融合，影响着人们生活的方方面面。中华优秀传统文化在小学中的传播与当今社会不断发展的新媒体技术息息相关。应善于把握时机，与时俱进，充分利用其优势，焕发中华优秀传统文化的活力。

## 一、小学中传播中华优秀传统文化的必要性

中华传统文化，是古代人民智慧的结晶，是中华民族上下五千年共同浇灌而成的文明成果，而中华优秀传统文化则是其中最瞩目的明星。习近平总书记曾说，我们坚决不能抛弃祖国的优秀传统文化，正好相反，我们要更好地传承和发扬光大。在纪念孔子诞辰 2565 周年国际儒学联合会上，习近平总书记再一次强调，任何一个国家的优秀文化都是这个国家和民族传承和发展的根本所在，

---

① 该文原载《广西教育》（义务教育版）2019 年第 41 期。

如果丢掉了，就等于割断了自己的精神命脉。[1]小学生作为祖国未来的花朵，应从小学开始积极接触中华优秀传统文化，不断提高其学习的积极性，夯实并传承中华民族的精神根基。在此过程中，小学生的逻辑思维、道德观念、行为等多方面也都会受到中华优秀传统文化的影响和熏陶。因此，在小学中传播中华优秀传统文化是十分有必要的。

**二、全媒体时代信息传播的特点**

全媒体是指一种业务运作的整体模式与策略，即运用所有媒体手段和平台来构建大的报告体系。[2]全媒体时代的传播有如下特点。

（一）传播主体的全员性

全媒体时代信息传播的一大特点是人人参与、全员参加。在这个网络自由的时代，所有人不论其性别、年龄、地区、社会地位等因素的差异，只要自身愿意，就能成为全媒体时代信息的传播者。

（二）传播时间的全时性

在全媒体时代中，时间不再是限制信息传播的一个影响因素。网络传播相较于传统的传播方式，可以做到全天候不间断地工作。因此，信息的传播挣脱了时间的束缚，使个体随时成为传播者。

（三）传播空间的全维性

全媒体时代信息的传播不再受空间的制约。来自天南海北的受众在虚拟的网络平台上借助一定的便于携带的媒介，不受区域的限制，随时随地都可以进行信息的传播。

（四）传播内容的多样性

全媒体时代的传播因其全员性、全时性及全维性，其内容包罗万象，它吸收了来自四面八方的精华与糟粕，从热点时事到生活琐碎，无所不包。

（五）传播形式的创新性

全媒体时代的传播形式相较于传统媒体更具有创新性，其传播形式不再受限于报纸杂志、电视广播，而是将其整合为一个整体。受众能实时参与，在相应的网络平台上发表其观点及态度，因而拉近了受众与信息传播的距离和关系。

### 三、全媒体时代中华优秀传统文化在小学的传播策略

（一）人人当主角，全员传播中华优秀传统文化

1. 学生

学生作为学校教育的主体，是传播中华优秀传统文化的重要力量。在全媒体时代下，学生可在教师或家长的一定指导下，通过网络平台、书籍或电视节目等媒介获取中华优秀传统文化的相关知识和信息，再通过自己的理解，以手抄报、照片、视频、舞台剧或节目等多种形式将其呈现。在这一过程中，学生可以领略中华优秀传统文化的独特魅力，并成为传播中华优秀传统文化不可忽视的重要力量。

2. 教师

教师在教育教学过程中发挥着主导作用。在小学，该角色对于中华优秀传统文化的传播更是起着不容忽视的作用。教师在课堂教学中可利用多媒体进行中华优秀传统文化的传播，在课外可积极组织相关班级活动、劳动实践等，并且教师还可以将其成果在相应网络平台或教室某处进行展示，扩大其传播范围。

3. 学校

学校是以培养社会所需人才为目的的教育机构。在小学，该机构对于中华优秀传统文化的传播同样起着无可替代的作用。首先，学校的办学政策、方针等直接影响教师教学的偏向。其次，学校决定举办的各类活动的主题、前期后期如何宣传等，这对后续教师如何组织开展班级活动、劳动实践以及选择宣传方式等产生了决定性的影响。

（二）时时可感，打破时间界限传播中华优秀传统文化

1. 课前

在课前，如午休结束到上课前的一段时间以及课间休息时段皆可利用校园广播进行中华优秀传统文化的传播。校园广播可播放学生自己创作的关于中华优秀传统文化的文章或名人名篇等。这样不仅充分利用了课前时间，还能激发学生对中华优秀传统文化的学习热情，提高其写作的积极性。

2. 课中

在课堂教学的过程中，教师可利用课件传播中华优秀传统文化。传播的效果不只是体现在内容上，也体现在课件制作的细节上。如设置内容图片、背景音乐、字体时，可以考虑将中华优秀传统文化相关元素加入其中。此外，在处

理课件时，教师也应熟练运用录像、剪辑、Photoshop 等现代科技手段，为中华优秀传统文化的传播创造更多的选择空间。

3. 课外

小学的课外活动丰富多彩，是进行中华优秀传统文化传播的重要途径，如少先队活动、各类文艺演出、班级活动、劳动实践等都是进行传播的大好时机。

（三）内容丰富，多样并举传播中华优秀传统文化

中华优秀传统文化内容广博，可运用多样并举的策略在小学传播中华优秀传统文化。其中，给予学生视觉上的冲击的中华优秀传统文化内容有传统书法、国画、传统建筑、传统服饰等，这些内容的传播可以以展览等形式实现；给予学生听觉上的冲击的中华优秀传统文化内容有中国民族音乐、传统民歌、中国雅乐等，这些内容的传播可通过校园广播以及师生现场展示等途径实现；可进行传播的视听结合的中华优秀传统文化内容有传统民乐、戏曲、曲艺、传统舞蹈等，其传播可通过学校电视平台、校园广播以及课堂多媒体技术等途径实现。而对于古典文学、中国典故等内容的传播可通过课堂教学实现。

（四）处处可享，多维空间传播中华优秀传统文化

无论是教室、走廊、田径场、食堂还是路旁的垃圾箱，它们都是具有传播、宣传功能的重要载体，对在小学中传播中华优秀传统文化起着不可忽视的作用。

1. 教室

教室是小学进行教育活动的主要场所，是师生共同成长的"精神家园"，而教室内的桌椅、黑板、装饰物等都是传播中华优秀传统文化的良好媒介。譬如教室两侧的空白墙壁上可悬挂中国画、书法等能体现中华传统艺术的装饰物；在教室的后墙可开辟一个宣传园地，张贴与中华优秀传统文化有关的精彩活动以及优秀作文等；教室的天花板同样可以加以利用，在其上可粘贴一些名言警句；教室的门窗、窗帘也可以进行一定的装饰。学校追求的精神内涵、文化气质、人文情怀等都可以通过教室的物质环境向学生、老师乃至家长一一呈现。

2. 功能室

小学功能室是学生课内外动手实践的场所，是学校为了满足学生多方面发展，实现全面培养高素质人才目标而创设的"第二课堂"。[3] 它也是传播中华优秀传统文化的重要媒介之一。功能室包括音乐功能室、体育功能室、美术功能室、书法室、经典诵读活动室等，为学生接触、了解、传播中华优秀传统文化提供了物质条件。

### 3. 运动场馆

运动场馆同样可以成为小学传播中华优秀传统文化的一块"展板"。运动场的墙壁可进行书法绘画展示、雕刻、活动成果展示等,如将传统文化中的五常(仁、义、礼、智、信)的道德准则以漫画故事的形式展现,让学生在运动中也能体会到传统文化的魅力。

### 4. 餐厅

小学可以对餐厅等学生就餐环境进行相应设计,以此传播该校力图弘扬的中华传统文化的特质。如色彩的设计,合理运用带有鲜明特色的中华传统色彩,能够烘托整个餐厅的气氛。餐桌、餐椅乃至灯具等材料的选择也会影响文化精神的表达。餐厅的陈设在气氛的营造中也发挥着它独有的作用,画作、照片、标语、植物等装饰物的选择不同,所营造出的文化氛围也就不同。

### (五)途径多元,创新传播中华优秀传统文化

#### 1. 校园广播

校园广播因其不受空间限制的优势,成为传播中华优秀传统文化的重要途径之一。学生在校园的任意一处都能收听到校园广播,学校应充分利用这一优势进行中华优秀传统文化的传播。譬如鼓励学生书写并投递关于中华传统文化的文章或诗词,将此内容安排在课间休息时段以朗读或讲故事的形式在小学中进行传播。使用校园广播进行传播时,须注意选择积极向上、激励奋进的内容。

#### 2. 学校电视台

学校电视台是由学校自主管理运行的非营利性机构,其主要职责是播放校园新闻或活动、转播、录制资料等。[4]其优势是影音结合,强烈的视觉冲击能充分吸引小学生的注意力。因此,学校电视台是全媒体时代下传播中华优秀传统文化的有效手段。学校不仅可以转播《经典咏流传》《中华诗词大会》等传统节目,还可以让师生出演自编或改编相关的舞台剧等。通过影音结合的方式,将中华优秀传统文化以舞台剧、舞蹈或朗诵等多种形式呈现,让学生体会到其中所蕴含的独特美感。

#### 3. 少先队活动

在全媒体时代,少先队活动同样是在小学传播中华优秀传统文化的一个重要途径。它在丰富学生校园生活的同时又能激发学生对中华优秀传统文化的学习兴趣,可谓一举两得。少先队辅导员作为活动的组织者和实施者,在进行主题和组织形式的选择时,要考虑其是否符合学生的身心发展特点、规律,

能否有效地传播中华优秀传统文化等问题。与此同时，组织者要善于利用网络平台获取信息资讯，学会通过网络平台观察时下流行的"爆款"，如《经典诵读》《汉字听写大会》《国家宝藏》等节目，在其基础之上再进行适当的"加工"。同时，在举行活动前后既可以利用校园广播、学校电视台等平台进行积极的宣传，也可以在学校的微信公众号、微博等平台发布其相关信息，在家长与外界之间扩大影响力，获得外界对传播中华优秀传统文化的理解和支持。

4. 班级活动

班级活动是建设班级文化的重要形式之一，也是在小学中传播中华优秀传统文化的重要途径。譬如班级可举办中华民族传统节日系列活动，大部分学生虽对传统节日皆有一定了解，但并不完全清楚其来源和意义。教师可通过微信等方式通知家长，让其帮助孩子了解中华传统节日的"前世今生"。在掌握一定的知识背景后，举行相应活动。如在春节之际，学生可进行写春联、剪纸、讲春节故事等活动来了解春节的文化内涵。同时利用手机、照相机、摄像机等媒介将这些精彩瞬间以照片、短视频、Vlog等形式记录下来，并发布在相应的网络平台上或展示在校园的展板和宣传窗上。中华优秀传统文化以"实体"形式出现在校园中，不仅突显了浓浓的传统文化底蕴，而且营造了独有的文化氛围。学生在这样的氛围中更能潜移默化地受到中华优秀传统文化的熏陶。

5. 劳动实践

劳动教育是小学素质教育的重要方面，劳动观点、劳动技能是社会主义公民素质的重要方面。[5]在进行劳动实践时可将中华优秀文化渗透其中，让学生在劳动的过程中体会中华传统美德。教师可以将古诗词作为主题背景，学生在此背景下开展劳动实践。如教师选择《悯农》作为某次劳动实践的主题背景，让学生进行除草活动。在此活动开始前，首先进行此诗的诵读和观看相关视频，体会粮食的来之不易。活动结束后，教师再对活动过程进行总结和比较，揭示粮食的耕种比之除草更为不易，需要日复一日年复一年地进行播种、浇水施肥、除草，让学生深刻感悟农民耕作的艰辛，从而学会珍惜粮食。

（作者系玉林师范学院教育科学学院2017级小学教育专业卓越班学生）

参考文献：

[1] 蔡玉霞. 习近平对优秀传统文化的认识与传承研究 [J]. 新西部，

2019（20）：7+32.

[2] 彭兰. 媒介融合方向下的四个关键变革 [J]. 青年记者，2009（02）.

[3] 彭燕凌. 农村小学功能室建设存在的问题及完善策略 [J]. 教学与管理，2018（02）：10—12.

[4] 王小波. 学校电视台在学生素质教育中的地位和作用 [J]. 湖南省政法管理干部学院学报，2002（02）：106—107.

[5] 郎盛新. 关于小学劳动课程的研究 [J]. 课程.教材.教法，2001（01）：26—30.

# 校园暴力女性化的成因与防治策略①

车李萍

　　**摘　要**：校园暴力是当今社会热门的老问题，随着社会的转型以及发展，校园暴力事件的发生也与日俱增，施暴程度加深，施暴手段多元化。校园暴力之影响牵一发而动全身，以施暴者为中心呈辐射状发散，对青少年的健康成长及整个文明社会的和谐稳定都有不可忽视的影响。近年来由于大众媒体的传播与发酵，以未成年人为施暴主体的校园暴力事件正在愈演愈烈，其中，又出现了不少女性施暴者，这一现象冲击了大众将校园暴力与男性联系在一起的印象及认知，由此社会各界展开了深刻的思考以及激烈的讨论。关于校园暴力女性化的成因，本文从环境、网络、家庭、心理、生理等方面进行研究，对建构校园暴力女性化的防治措施体系有重要意义，为校园安全管理理论添砖加瓦，打造一片校园净土，使学生能够健康地成长成才。

　　**关键词**：校园暴力；成因；防治

　　在这个高速发展的时代，国内外校园暴力事件层出不穷，且施暴人群广、施暴程度深、施暴手段劣。将施暴者与男性自动联系这一固定思维更是被一起起以女性为主体的校园施暴者的暴力事件所改变。作为学生长知识、增才干的重要地方——学校也应该把更多的精力放在校园暴力的防止与整治上，予以学生足够的关心，把校园暴力女性化的苗头扼杀在摇篮中，保障校园安全，保证学生能够在安全的环境中成长。本文将从环境、网络、家庭、心理、生理等方面对校园暴力女性化的成因进行分析，旨在引起社会大众对校园暴力女性化这一现象的重视，为校园管理提供参考依据及解决措施。

---

　　①　该文原载《广西教育》（义务教育版）2020 年第 17 期。

### 一、当今校园暴力呈现的新特点

"校园暴力"指在校园内外学生间一方（个体或群体）单次或多次蓄意或恶意通过肢体、语言及网络等手段实施欺负、侮辱，造成另一方（个体或群体）身体和心理伤害、财产损失或精神损害等的事件。据广州市人民检察院介绍，近年来，校园暴力逐渐出现"五化"的特征，即施暴主体团伙化、施暴手段暴力化、施暴过程网络化、施暴地点隐蔽化、施暴类型多元化。"五化"的特征之外，校园暴力女性化的特征也慢慢出现：2019年1月4日，河北邢台的清河挥公实验中学12岁女生遭室友殴打，胳膊后腰等多处瘀青，据医院诊断显示肋骨骨折、肾积水；2019年5月25日晚8时许，在温州市发生一起寻衅滋事案，四名未成年女子殴打另一女性未成年人，致其左侧鼓膜外伤性穿孔；2019年11月5日，在广州天河区，发生一件校园欺凌事件，一女生被室友扒衣录像；2019年11月28日有媒体报道，福建中华技师学院15岁女生在宿舍内连续两天内遭五名同学欺凌。校园暴力趋女性化的现象已经不能再被忽视，其成因以及防治措施需要尽快得到剖析与落实，让花季少女在阳光的环境下成长。

### 二、校园暴力女性化成因剖析

1. 周边环境缺控

"近朱者赤，近墨者黑"，环境对一个人的成长往往具有潜移默化的影响，故而孟母为了孟子的健康成长而"三迁"；家庭、学校周边的环境对青少年的成长也会有直接的影响。观察近年来网上的案例不难看出，大多数以女性为施暴者主体的校园暴力事件发生在我国农村或偏落后地区，学校周边营业性娱乐场所、网吧、游戏机室较多的地区在治安上有乱、差的特点，极易对长期在周边学习、生活的学生造成不良影响，受影响的学生将此类不良影响又带入小团体和校园中，将打破学校管理的正常运作，引发暴力冲突。

2. 网络理性缺乏

暴力行为是人类的习得性行为，它的形成与外界所给的刺激有相当密切的关系。在我国经济高速发展的今天，手机、电脑等通信工具更为普及，互联网时代下学生能够接触网络的年纪较之前更早；而一些媒体平台对校园暴力的大肆缺实报道，也让辨别能力尚待加强的青少年迷失了方向。网络的高效性、开放性、交互性使得一些暴力事件能够较为快速地在网络上引起轰动，但网络平台规范性还有待加强，个别不法分子会利用网络监管上的漏洞在网络平台上二次加工，进行失实传播，使得暴力事件被"二次加工"，影响更加恶劣；而有些游戏设计也不乏暴力性，暴力角色扮演机制更是让青少年对暴力行为习惯和淡漠。成长中的青少年有受教育的深度和广度不足、模仿性较强、易受外界环境影响等特点，使得他们在面对此类失实报道时思想和行为产生变异，没有意识到后果的严重性，并在实际生活中予以模仿。对缺乏理性的网络环境下的暴力行为进行盲目模仿，为校园暴力埋下了种子。

3. 家庭关爱缺失

家庭是人类社会化的首要因素，原生家庭中家庭成员的言行举止都会对孩子的成长具有深远的影响。在某些家庭里，不乏家庭成员之间充斥着暴力行为的现象，父母关系出现裂痕后伴随着酗酒、吸烟、暴力等恶性行为的产生，孩子在耳濡目染此类不良行为后，便会将暴力行为常态化看待。在城乡一体化的今天，不乏留守家庭，此类家庭中的学生成长过程中少了父母的细心引导，耐心疏解，加之隔代、旁系等亲属之间的隔离，使得家庭教育功能严重缺失，孩子无法感受到家庭的温暖，在其成长过程中造成心理、性格等畸形化、极端化，加大暴力行为实施的可能性。在我国不发达地区，"重男轻女"的封建思想也较为严重，由于偏见较大，女性在很多时候无法被正常看待，对家庭的认同感、归属感也弱；家庭给予女性的不平等待遇造成女性心理有强烈的落差感和挫败感，而在不被认可时，往往会寻求其他方法或极端措施来吸引外界的注意，从而走上极端，走向暴力。此外，由于时代的需要和选择，现在家庭中独生子女较多，"望子成龙，望女成凤"使得家庭在培育孩子成长时较以往提出更高的要求，既要拥有女性的性格特征，又要有男性的性格特征；但是由于教育方法不当或目标定得太高，往往会产生事与愿违的结果。此时学生会出现定位不准、迷茫、无奈等现象，使得他们通过暴力行为来掩饰心中的不安。

4. 群体心理缺辨

人是群体化动物，只有在团体中一个人的存在才能被证明有意义。近几年来出现的以女性为施暴者主体的校园暴力案例中，往往都具有"多对多"甚至"多对一"的现象，究其原因不乏与群体中的认同感和归属感有关。施暴方往往有属于自己的小团体，在一些暴力行为发生前，不少人甚至未知晓即将要发生什么，在暴力行为发生时，团体中的学生往往会为了证明自己也是团体的一分子或者为了"讨好"团体中的领头者而做出能够"证明自己存在"的行为，从而进行无意识伤害。此外，有些暴力行为的施暴方更是其他案件中的被害者，即在人格发展不完全，不能明辨事物的是非抑或性格在伤害中被扭曲的情况下，将自己所受的伤害重复或者变本加厉地实施在较自己弱势的一方身上，以暴制暴，恶性循环。学生成长过程具有很强的模仿能力和好奇心，暴力行为也往往发生于此。

5. 生理发育缺调

随着年龄的增长，人的脑细胞不断进行分化，神经纤维之间的联系也大大加强，大脑功能更加完善，从而对事物的分析处理能力也较以往高级。进入青春期后，女性童年特征逐渐消退，取而代之的是更为明显的第二性征以及内分泌激素失调引起的青春痘等问题。这些生理变化往往会引起女性学生的不适应，对心理、情绪、性格都会产生巨大的影响，她们会更加关注自身以及他人的变化，同时由于孕激素的影响，女性会周期性产生暴躁、焦虑、排斥等情绪，对不顺眼的事物极易产生不愉悦的态度，极易与他人引起冲突从而引发暴力行为。

### 三、校园暴力女性化的防治措施

1. 净化现实环境

学校周边分布的娱乐性、盈利性场所往往是暴力行为的滋生地，也会使暴力行为蔓延到校园中从而引起校园暴力。政府相关职能部门应该定期对学校周边地区进行排查及整治，确保学生能够远离恶劣的学校外部环境；学校方面应该加大对学校周边环境的巡查以及落实责任制度，加强防范意识以及危险应对技能的训练，加大对校园周边环境的监控力度，对校园暴力进行预管理。

2. 打造清朗网络空间

网络作为大众媒介已经无处不在地出现在我们的生活里面了，而暴力行为往往会通过网络传播或进行二次发酵，一些别有用心的不法分子则会恶意营造舆论，学生可以直截了当地与暴力行为接触，一些暴力甚至血腥的画面会被直接展示在他们面前，久而久之便习以为常甚至引起好奇。因此，营造清朗的网络空间迫在眉睫。网络平台应该加强对暴力、血腥画面的审核以及处理，但绝不可刻意隐瞒一些真实报道；应加强网络对人们的引导作用，加大对网络平台的管理力度。

### 3. 营造良好的家庭氛围

家长是孩子的第一任老师，家庭成员的思想观念和行为习惯对于孩子的影响尤为深远，但是单亲、留守、有暴力历史的家庭绝不是一个孩子能健康成长的好环境。因此，家庭成员应该给予孩子尽可能充分的关注，满足孩子物质上、精神上的需求但是避免溺爱，正确对孩子进行启发和引导，为其塑造良好的人格提供一个良好的环境；多与孩子进行对话沟通，了解孩子的想法以及困惑，及时通过自己或借助他人的力量为孩子排除心理上的苦闷，让孩子感受到家庭的温暖，抑制暴力冲动的产生。除此之外，家庭成员间也应该多多沟通，及时了解对方心里所想，及时解决矛盾，达到家庭和睦的同时也能够为孩子树立榜样。

### 4. 合理处理人际关系

团体暴力行为大多出于从众心理，暴力行为发生时个人的观念与行为由于群体的引导和压力，会不知不觉或不由自主地与多数人保持一致而对一个本不认识或本不熟悉的人进行伤害；甚至将自己受过的伤害故技重施或变本加厉地施加在弱势方。此时学生正确处理人际关系、辨别是非黑白显得尤为关键。对此，学校应该加强生命教育、人际关系处理教育、心理健康教育等，引导学生正确处理人际关系，学会一定的自我疏解或者借助专业人士的力量将内心的烦恼排解出去，帮助学生解决人际交往中的困惑，避免从众心理等，顺利度过校园生活。

### 5. 正确对待身体变化

由于成长的特殊性，女性身体上此时往往出现很多异于童年时期的变化，这令她们惶恐不安，而且孕激素等雌性激素的分泌会给她们的生理、心理带来一定的影响。家庭或学校在此时都应该共同为她们排忧解难，及时开设讲座或者进行谈话，提前对女性即将出现的生理现象进行说明以及传授相应的解决措施，帮助青春期学生树立科学的健康观，更好地认识自我，及时对可能发生的心理问题进行必要的预防，增强心理健康自我教育的自觉性、主动性和积极性，避免由于生理因素引起的心理变化造成的性格畸形而引发的暴力行为。

随着社会经济的发展和社会环境的改变，校园暴力女性化正在打破人们一贯的观念。校园暴力是施暴受害双方、家庭、社会应该共同解决的问题，校园暴力是可以预防和控制的，而校园暴力女性化也是受到多方面的影响而造成的社会现象，对此我们不能进行一味的责怪和无差别式的"炮轰"，而更应该深究其背后的原因，寻找一条适合当今时代发展的青少年成长之路，给予她们更多的关心、交流、关爱，引导她们正确辨别是非黑白，塑造良好的价值观和人生观。对校园暴力女性化从多角度、多层面进行干预，以达到防止暴力、净化校园的目的，从而使学校成为教书育人的一块纯洁、和谐的圣地，使更多的学生能够健康、快乐地学习和生活。

（作者系玉林师范学院教育科学学院 2017 级小学教育理科班学生）

**参考文献：**

［1］杨曼．论校园暴力预防措施和应急机制［J］.传奇·传记文学选刊（理论研究），2010（01）：93—94.

［2］杨洪续，贾淑玲．大学生心理健康教育与生命教育融合的实现途径研究［J］.教育现代化，2018，5（21）：171—172.

# 小学家校信息化沟通平台风险管理研究①

凌钊兰

**摘 要：**小学家校沟通平台是一个先进的教育网络互动平台，可以实现家校之间快捷、实时沟通。但是它有利弊之分，在为家校沟通提供便捷的同时，也存在着风险与冲突。小学家校沟通平台对于教师与家长平常的家校教学工作是非常重要的，同时也存在着管理对象不可控、信息传播未加密、管理手段不完备等风险，由此需要针对小学家校沟通平台存在的风险进行评估，并采取切实可行的对策。

**关键词：**家校沟通；风险；管理策略

## 一、小学家校沟通平台的风险特征

近年来，使用频率较高的小学家校沟通平台主要为微信群或 QQ 群。由于平台内成员工作性质不同，个体素养有差异，群主缺乏有效的管理和引导，家校沟通平台如同一盘散沙。通过分析，小学家校沟通平台的风险特征可分为三种：管理对象不可控、信息传播未加密、管理手段不完备。

（一）管理对象不可控

1. 管理对象分歧大

建立家校沟通平台是为了促进教育的多元化发展，学校、教师及家长实现一体化管理，但管理对象的想法容易出现分歧。一方面，老师认为教师的职责是教书，遇到非教学问题时，直接告知家长，容易造成家长不满意教师工作的

---

① 该文原载《儿童绘本》2020 年第 18 期。

现象，家长和学校的教育力不能合并。另一方面，一些家长对待平台发布的信息不认真，甚至认为家校沟通平台只是方便教师管理，家长并没有管理权。由于平台使用不当，教师与家长在沟通管理的过程中会产生意见分歧，使得平台无法发挥作用。

2. 管理对象差异大

世界观、人生观和价值观不同，面对突发情况的情绪表现、处理事情的方式也不尽相同。家校沟通平台难以统一不同家庭的教育方式。每个家长对孩子的关注重点不同，家长在与学校进行沟通的过程中就会侧重于自己比较关注的事情。有些家长觉得孩子考出一个好成绩就行，也有部分家长认为孩子在学校过得开心就可以了，成绩高低无关紧要等。由此也可以看出，在家校沟通平台交流中，管理对象的差异较大。

（二）信息传播未加密

1. 信息的零散性

教师和家长会从这个便捷、快速、自由的平台接收各式信息，因此具有零散性。大家在平台的相关信息都是公开的，倘若教师将这些信息有意无意地泄露出去，其专业素养难免受到质疑。例如，一名成绩优异的学生需要在暑假练琴参加比赛，其家长主动联系教师对孩子单独布置作业，教师同意后在执行过程中被其他家长得知并产生误会，这时教师无论如何解释都显得有些苍白，教师与学生就会遭受一定的压力。

2. 信息的真实性

小学家校沟通平台要求从客观实际出发，实事求是，然而在传播过程中不可避免会出现"扭曲"事实和"以假传真"的现象。有些家长为了一己之私故意歪曲真实信息。据了解，很多教师会在家校平台中发布学生的学习成绩排名以及学生在学校的表现情况，目的在于激励家长多加关注孩子。但部分家长故意歪曲事实，传播教师公布成绩排名意在表扬优秀学生而批评成绩较差的学生的言论。由此可知，在信息的传播过程中，信息的真实性有待考量。

（三）管理手段不完备

1. 教师工作的严谨性

在小学家校沟通平台中教师扮演着一个"中介者"的角色，向家长传递孩子在学校的相关信息，同时协助家长管理孩子，这考验的是教师严谨的职业素养。但是随着平台技术的升级，教师存在把自己的工作职责"甩包袱"给家长的情况。比如，当孩子在学校发生冲突时，教师的第一反应不是自己解决问题，而是把家长"请"到学校。教师受过专业训练，理应解决这些问题，却将这些问题丢给家长解决，这是教师管理能力的缺失，也是专业素养的缺失。因此，教师在工作的过程中要严谨，同时也要提高自身素养。

### 2. 家校的配合性

教师与家长相互配合能使小学家校沟通平台发挥好它的功能，倘若其中一方配合不足，那么就容易出现各种问题。例如，学校要求家长每日在沟通平台接龙发送孩子的体温数据。学校立足于关心孩子的角度去采取这些策略，需要教师及时提醒和处理，家长配合教师完成任务。但有些家长不配合，觉得没有必要，不愿意完成。教师也没有完善管理手段，欠缺强制性的要求，不进行督促，这项任务便不了了之，这体现了管理手段的不足。家校亦是一个大集体，大家在这个集体中分担不同的角色，需要家校相互配合，共同完善这个大集体。

## 二、小学家校沟通平台的风险类别

### （一）群内成员冲突

#### 1. 线上冲突

随着互联网技术的发展，越来越多的家校交流都在线上开展，由于种种原因，在使用家校沟通平台过程中，许多时候都是教师与家长直接沟通，家长被动地接受孩子在校的表现，容易在线上与学校老师产生冲突。因为很多时候家校的沟通会设立在虚拟的网络世界，教师与家长会因为心直口快地道出令人无法接受的言语，引起双方在线上的冲突。

#### 2. 线下冲突

在现实当中，比如成绩，老师会过多地表扬成绩优异的学生，对于成绩较差的学生，老师与家长谈论的内容则是批评居多，而中等水平的学生由于表现平淡无奇，没有很突出的表现，他们的家长自然也容易被教师忽略。如果双方都不够主动，那么家校之间的有效互动就会缺失。在小学，家访也是一项重要的家校沟通交流活动，以便教师更好地因材施教。当教师选择对班上调皮捣蛋的学生进行家访，开门见山地告知家长学生在学校的种种不是，这无疑是甩了家长"一巴掌"。有些学生在家中一般表现得乖巧听话，家长在听到教师指责孩子的不是的时候，定会与老师辩论，引起线下冲突。

（二）家校信息泄露

在小学家校沟通平台中，信息都是公开透明的，如若缺失强制的管理要求，就容易出现信息泄露的现象。有的群会有非孩子家长的成员出现，有的群甚至出现陌生人混入窃取私密信息、发病毒文件的乱象。如果家长和教师的隐私信息保护不周，会导致不必要的损失。目前，多数学校会在家校沟通平台上直接公布学生的成绩排名，这也关乎学生的成绩隐私。调查显示，学生们皆不愿意自己的成绩以及生活隐私被公之于众，尤其是被全部家长知晓，老师这样的做法无疑也是在泄露学生的隐私。

（三）教育功能缺失

在小学家校沟通平台中会存在无关信息泛滥、讨论话题偏向等现象，导致家校沟通平台教育功能缺失。有些家长会利用这一平台进行非教育类的交流活动，其他家长看到也会盲目跟风，那么家校沟通平台就失去了原有的意义。建立家校沟通平台，目的是让教师与家长有效交流，促进孩子的成长。家庭教育和学校教育是相互补充的，缺一不可。家长认为教育就是学校和教师的责任，教师认为自己在学校教育中占据主导地位，家长参与学校管理仿佛是挑战了自己的权威。这些都是对家校沟通与合作的狭隘理解。

（四）互动价值陷落

在小学家校沟通平台中，存在低级表扬的现象，由此引发互动价值陷落。如今，多数孩子是独生子女，不少家庭存在溺爱孩子的现象，因此当孩子受到批评的时候，家长可能不认同教师的观点并且"低级表扬"孩子。近年来，这种现象在家校沟通平台愈演愈烈。当个别学生调皮捣蛋时，若教师直接在平台告知其家长，有遭到过此同学欺负的同学，其家长必然会对该生进行群体攻击。无论是教师和家长，对于孩子的了解都仅限于一部分，不能够对孩子进行针对性的教育，无法因材施教。家校沟通平台唯有高效传递家校的相关信息，杜绝相互吹捧，平台的互动价值才不会陷落。

### 三、小学家校沟通平台的风险应对策略

（一）冲突避免策略

家校沟通难免会存在线上与线下冲突，教师应该在线上增强家长对家校沟通的意识，适当地为家长提供教育建议，建立长效机制，提高家校的教育沟通

意识，掌握沟通艺术。

1. 线上冲突应对策略

线上教育中教师与家长的角色应相互影响制约，双方应该处在一个平等的位置进行交流。教师应履行好自身职责，同时与家长合作，致力于促进学生的健康成长，与家长一起探讨教育孩子的有效措施。当孩子在学校出现问题时，教师可以跟家长进行交流，互相促进家校沟通的发展。因此家长就要更加积极主动联系教师，以便促进家庭教育，这样才能够给孩子提供一个良好的学习环境，避免线上的冲突。

2. 线下冲突应对策略

开展线下教学以及各项活动，教师与家长、学生应该互相体谅，态度明确。学校开展家校活动的时候，家长应该积极配合老师，响应学校的号召。例如，在进行家访的时候，班主任教师应该与科任老师商讨，提前做好家访工作，态度友好，避免线下的冲突。

（二）信息保护策略

没有规矩，不成方圆。在小学家校沟通平台中，信息的保护显得尤为重要，教师与家长应该互相建立强制性、持续性、健全的信息保障制度。在每次考试之后，教师可以采用"不排名"的形式下发成绩，在不伤害孩子自尊心的原则上与家长交流学生在校的生活与学习情况。一些隐私信息家长不愿意公之于众，那么教师就应该为其保密，不将其随意泄露。

（三）功能重塑策略

苏联教育家苏霍姆林斯基曾把学校和家庭比作两个"教育者"，认为二者"不仅要一致行动，要向儿童提出同样的要求，而且要志同道合，抱着一致的信念"[1]。教师应该在家校沟通平台中禁止传播非教育类、交流类信息。教师在创建家校沟通平台的时候应该予以说明，制定相关制度，讨论话题只限于与孩子相关的学习、健康及生活等内容。家长与教师都应该提高自身的素养，提高家校沟通平台的效率。家长应积极转变教育孩子的观念，参与学校的日常管理工作，共同管理和监督，形成良好的家校合作氛围，最大限度地提高教育效益，让学生能够感到学校与家庭共同为了自己的学习而努力。

（四）价值导向策略

陶行知先生有言："没有家庭的协助教育，学校教育是办不下去的。"[2]家校沟通平台中，教师应正确引导家长和学生，以身作则，顾及全面，表扬与批评共存。例如，孩子考试成绩相比上次有所退步，教师不能"揪住不放"，而应对孩子的优点先进行表扬，提醒孩子下次要努力提高自己的成绩，这样教师既没有使家长损失颜面，也没有令孩子失去自信心。在教师、家长、学生表现不是足够好的时候，不群起而攻之。在交流过程中难免会产生失误，作为教师更应该做好引导工作，以免失误再次出现。通常来说，可以让家长选择性回复，没有必要发布的信息可以不用发出来，在遇到"拍马屁"的现象出现时要及时阻止。这样既是对家校网络交流平台所具备的媒体属性有了清醒的认识，能防范交流中出现的问题，也有助于教师们提高媒体素养，能在一定程度上避免在微信群等交流平台引发负面教育舆情[3]。因此在家校沟通交流的时候，双方都应做好本分工作，共同为了孩子的成长，引领孩子朝着正确的方向发展。

一言以蔽之，沟通是一门艺术，也是一种智慧。小学家校沟通平台的存在是为了加强家校之间的联系，共同加强孩子的教育，促进他们的健康成长，恰当发挥平台功能，架起家校之间沟通的桥梁，竭力降低风险。

（作者系玉林师范学院教育科学学院2018级小学教育专业文科班学生）

**参考文献：**

[1] 武玉芬. 对家校联系的几点思考 [J]. 甘肃教育，2015（5）：27.

[2] 卢青青，李雅红. 实施"智慧家校合作项目"构建家校共育新模式 [J]. 北京教育（普教版），2019（11）：65—67.

[3] 钟焦平. 谨防微信群发酵负面教育舆情 [N]. 中国教育报，2018—10—18（001）.

# 突发性灾难背景下学生心理问题的分类、触发机制与预防策略[①]

罗天雨 霍颖 梁霞

**摘 要**：在遭遇突发性灾难后，学生难以适应被打乱的生活节奏，不良情绪状态和不良心境会成为学生心理问题的导火索。学生因个人心理素质差、缺乏正确客观的自我意识而出现焦虑、抑郁、恐惧、疑病、强迫和攻击的心理问题。预防学生心理问题的策略如下：学校加强心理健康教育和的心理辅导策略，家庭选择合适的教养方式和做好亲情代替的家庭教育策略，社会加强关注的关爱策略，学生提升学习和合理宣泄情绪的自我预防策略。

**关键词**：突发性灾难；触发机制；学生心理；心理问题

突发性灾难是指突然发生的、已经造成或者可能造成重大人员伤亡、财产损失和严重的社会危害，危及公共安全的灾难。突发严重灾难包括自然灾害、事故灾难、公共卫生事件和社会安全事件。由于突发性灾难的突发性、复杂性、破坏性、持续性等特殊性，人往往承受着巨大的心理压力，出现焦虑、失眠等不良情绪行为反应。消极的情绪行为反应对人们的身心健康、生活质量、社会的安定都会产生不良的影响。本文基于对突发性灾难背景下学生心理问题分类、触发机制的思考，立足于学生的心理健康状态，了解学生的心理健康变化，促使学生自主了解相关心理问题，探讨促进学生身心健康自我内驱发展的应对策略。

---

① 该文原载《教育观察》2020 年第 43 期。

### 一、突发性灾难背景下学生的心理问题

（一）适应性障碍

适应性障碍是指在突发性灾难后，学生难以适应原本的生活节奏，因对周围的事物或自身的情感系统产生偏差而导致的心理障碍。

（二）焦虑性障碍

焦虑性障碍是在突发性灾难后，学生对周围的事物存在焦躁、不安和心理压力过大而引发一系列问题的行为，通常表现为常见性焦虑、内心惴惴不安、精神状态紧绷等。

（三）抑郁性障碍

抑郁性障碍是在突发性灾难后，学生对周边的事物或自己所处的环境长期产生一种不信任感（包括对人、事、物），从而产生消极、厌世等想法。抑郁性障碍以内隐性为主，抑郁性障碍者通常会隐藏住自己的情绪，不轻易表露出抑郁倾向。

（四）恐惧性障碍

恐惧性障碍是学生在突发性灾难发生时保留在意识层面的对灾难的恐惧，转化为在灾难平息之后触发灾难突发恐惧记忆而导致对一般事物恐惧的心理障碍。

（五）强迫性障碍

强迫性障碍是在突发性灾难后，学生有意识或无意识地对某些事物存在一种过度的不受控制的强烈欲望，并强迫自我控制该事件必须执行的心理障碍。

（六）疑病性障碍

疑病性障碍是在突发性灾难后，学生对周边的事物或自己所处的环境产生一种不信任感（包括对人、事、物），并长期对一切事物保持怀疑状态的一种心理障碍。

（七）攻击性障碍

攻击性障碍是指在突发性灾难后，学生对周围事物存在着敌意甚至出现攻击性行为的心理障碍。

### 二、突发性灾难背景下学生心理问题的触发机制

（一）适应性障碍的触发机制

在突发性灾难之前已经遭受过的重大事件的变故，比如车祸、家人的逝世

等变故，都可能成为学生心理问题的触发点。在面对这些重大变故时，如果学生的心理适应能力强，就能很好地应对这些变故。反之，学生就因不能有效应对突如其来的变化而出现一定的适应障碍。

（二）情绪和情感机制

当学生长期处于不良的情绪状态时，此时的主导心境可能是焦虑、抑郁、恐惧等，这个突发性灾难便会成为触发学生心理问题的导火索。学生长期处于不良情绪状态的原因是多种多样的，可能是遇到学业、生活方面的困境，可能是遭遇了家庭的变故等等。适度焦虑可以提高学生的认知水平，有助于增强感知，活跃思维，促使学生积极地投入行动，以适当的方法面对担忧。但过度焦虑则是有害的，会影响学生对事物的感知，不利于学生正确地思考和分析面对的挑战和周遭环境，做出合理的判断和决策。在突发性灾难发生时，焦虑表现为对个人生命健康的过度担忧，恐惧表现为对当前所处情境感到担忧害怕。总之，不良的情绪状态会影响个人的认知、思考、判断和决策。

加拿大学者塞里在 1937 年提出应激反应理论，人体接受各种应激源（外部的、内部的、社会的）刺激时，会引起个体非特异性反应。[1]例如，新冠肺炎是一个社会型的应激源，它对人心理反应方面的影响包括情绪反应与自我防御反应、应对反应。[2]在情绪反应中，最常见的是焦虑、抑郁、恐惧、愤怒、习得无助感。而在习得无助感中，个体在面对困难、挫折，或者普通的事情时，即使自己完全有能力做好这件事情，也会习惯性或者触发性地自我否定，认为自己什么都做不好。所以，应激反应的结果不仅仅由刺激物引起，还与个体对应激源的认识、个体处理应激事件的经验等有关。[3]

遭遇过突发重大事件的个体，如亲人逝世、父母离异，或某一群体，如留守儿童，其情绪和情感机制并不健全，在面对重大灾难时，这类人表现出的情绪行为反应要异于常人。在马斯洛的需求层次理论中，生理需求、安全需求是生存性需求，情感和归属需求、尊重的需求和自我实现的需求是发展性需要。如果生存性需要得到满足，而发展性需要长期无法得到满足，个体就极有可能产生一些心理问题。

（三）缺乏客观的、正确的自我意识机制

自我意识是指个体对自己身心状态的察觉、认识、对待，或个体对当前自身状态的确认。自我意识通过自我观察、自我认定、自我判断和自我评价对个体的认知、情绪和行为进行调节。[4]学生的自我意识是随着年龄的增长不断发展的，虽然具有意识性，但发展不完全。良好的自我意识发展可以帮助学生确立目标，从自我管理、监督、教育、认知与评价出发，让学生更好地适应学习和生活。而不好的自我意识发展会让学生出现自我意识偏差，无法很好地适应学习和生活。个别学生有可能还会感到自卑、内疚，无法合理地调适自己的情绪。例如，疫情期间，社会生产生活都受到了影响，每个人都要待在家里，因活动空间狭小、局限，自我意识薄弱的人在缺乏自我监督的情况下，非常容易出现抑郁、焦虑、烦躁的心理问题。缺乏客观的、正确的自我意识机制和心智尚未成熟的学生更容易出现上述心理问题。

### 三、突发性灾难背景下，学生心理问题的预防策略

（一）学校心理辅导策略

1. 心理辅导

学校的心理辅导是学校心理学专业人员以专业的学科知识为基础，根据学生的情况，帮助与引导求助学生解决心理问题的有效措施。在突发性灾难出现时，学校的心理辅导发挥着重要的作用。首先，心理教师运用专业和科学的心理知识，正确掌握和判断学生的心理状况。其次，心理教师有意识地引导学生进行自我诊断，主动发现自身心理问题。最后，教师帮助学生激发自我内在驱动力，寻求相关的解决方法和途径。以下措施可供学校借鉴：（1）及时发现。学校要加强对学生心理情况的监控，做到及时发现、及时给予辅导。（2）专业引导。学校要重视辅导教师的专业能力，鼓励辅导教师积极参加相关培训，协助教师更有效地维护学生的心理健康。（3）做好保密工作。遭遇变故的学生比较敏感和在意他人的目光，因此，学校要注意保密性，避免对学生的心理造成二次伤害。

2. 心理健康教育

随着我国基础课程的开发与建设，学生的心理健康情况是学校工作关注的重点，心理健康教育的地位也得到了提升。学校要重视心理健康教育课堂，提升心理教师的授课技能，开发相关的心理课程资源，让学生对心理健康有一个科学的认识，能够运用简单的自我心理调节方法。培养学生形成正确的心理判断思维，初步进行自我心理情况诊断，调整自我心理状态，化解不良情绪。学校不仅要开设心理健康教育课堂，还要提升学生的心理素质，重视学生外在环境的创建，潜移默化地影响学生的心理。

（二）家庭、亲情代替策略

1. 家庭教育

良好的家庭教育是提升学生心理自我适应能力的途径之一，家庭教养方式对提升学生的心理素质发挥着潜移默化的作用。不同的教养方式让学生在面对突发性灾难时表现出不一样的情绪反应[5]：专制型教养方式会让学生更容易愤怒，对他人充满敌意，具有攻击性；放任型教养方式会让学生放纵自由，容易产生敌视、抵触、悲观失望的情绪；民主型教养方式会让学生减少对父母的依赖，增强自身的独立性，形成自主的意识，快速地调节自身适应环境；权威型教养方式会让学生更加独立自主，更加坚定。因此，家庭教育方式要注重权威型教养方式和民主型教养方式相结合，既不过分干预也不完全放任。

2. 亲情代替

亲情代替是个体的亲情需求得不到满足时，从另外一个对象身上索取满足替代某个对象给予的现象。亲情代替是情绪和情感机制中亲情缺失的预防措施。当教师发现学生的情感需要得不到某一亲人满足时，就要考虑帮助学生寻求一个合适的情感寄托对象，例如从学生的人际关系中找个适合的对象给予学生安慰、温暖和照顾。爱与归属的需要可以通过亲情代替实现满足，所以可以尝试找某个对象代为满足。

（三）社会关爱策略

布朗芬布伦纳的生态系统理论强调了不同系统的外部环境与个体的"双向影响"。[6]人的成长离不开社会，社会关注、社会制度和社会意识都会潜移默化地影响学生的心理。在突发性灾难发生后，社会给予学生相关的制度保障，能够减轻学生对物质和安全需求方面的恐惧与担忧。强烈的社会意识能使学生学会分析和适应现存的环境，适当的社会关注能使学生间接性地得到安抚与照顾并感受到自我存在的价值。

（四）自我预防策略

1. 提高学习意识

学习是促使学生自我内驱发展，形成相关的心理知识系统，对心理问题具有自我辨别的能力和在一定层次上促进学生心理健康发展的方法。在自我内驱发展的基础上，学生学习心理知识，可以提高自我心理健康意识，并通过相关心理咨询途径和机构，对自我心理健康情况有清晰的认知。在突发性灾难发生时，学生能敏锐且科学地辨别自我心理状态，通过自我调整和心理咨询自己进行心理疏导。

2. 宣泄情绪

垃圾情绪的堆积不利于学生的心理健康，宣泄情绪是应对突发性灾难时有效预防心理问题的措施之一。[7]宣泄不良情绪的方法有多种，如哭诉、购物、旅游等，学生可以结合自身的情况选择适合自己的宣泄方式。宣泄情绪时注意以下原则：（1）合理性。宣泄不良情绪时，需要合适的地点和时间，不要在公共场合和休息时间，做到在不打扰别人的基础上释放自己的不良情绪。（2）适时性。情绪的积累要及时地排解，不要累积到一触即发的时候才宣泄和排解，因为长时间不良情绪的堆积会对学生的心理健康造成隐患。（3）科学性。大哭时，要注意对嗓子的保护；运动时，要注意体力的支撑；倾诉时，要注意倾诉对象和倾诉对象的聆听和分析能力。

总而言之，在帮助学生应对突发性灾难时，学校、家庭、社会和学生个人要共同发力，在心理辅导策略、家庭亲情代替策略、社会关爱策略和自我预防策略上有所侧重，发挥各自的作用和影响力。

（作者均为玉林师范学院教育科学学院 2018 级小学教育专业文科班学生）

参考文献：

[1] 司素梅. 手术室护理路径对腹腔镜手术护理效果及对患者应激反应的影响 [J]. 护理学，2019（3）：290—295.

[2] 缪凤芳. 手术室护理对乳腺癌手术患者生理与心理应激反应的影响评价 [J]. 中外女性健康研究，2018（6）：146—148.

[3] 开妍. 认知行为干预对尿毒症血液透析患者自我护理能力和心理应激反应的影响 [J]. 饮食保健，2019（21）：151—152.

[4] 李建明，刘瑶. 社会心理学 [M]. 合肥：安徽大学出版社，2003：196.

[5] 郭黎岩. 小学生心理健康与辅导 [M]. 北京：高等教育出版社，2014：59.

[6] 伍新春. 儿童发展与教育心理学 [M]. 北京：高等教育出版社，2013：45—49.

[7] 郑雪. 心理学 [M]. 北京：高等教育出版社，2015：56.

第二编 02

**教师发展**

# 新生代教师教育技术路径依赖及其破除策略①

黎富权　冯美琪

**摘　要：**新生代教师从教育大潮中涌现，并不断发展、壮大，有其独特的人格表征和自身缺陷。教育技术路径的持续开发利用，虽为教育带来"福音"，但由于新生代教师缺乏对文化本质的认识，使用教育技术时难免有偏差，出现"认同技术至上，忽视教育智慧""迷信技术全能，扭曲教育价值""依赖技术包装，弱化教育功能"等不良现象。为此，新生代教师需要扎实的专业知识和技能；多必要板书，少不必要技术；实行"因科施教"，有效整合教育技术。

**关键词：**新生代教师；教育技术路径依赖；破除策略

当下，现代化教学环境使得教学过程必须有技术支持，然而教育技术为整个教育领域带来便捷与高效的同时，也逐渐暴露其弊端，使教学课堂变成了教师单纯"炫技"的舞台。新生代教师由于其特殊性质，缺乏对技术的良好把控，在具体操作中，技术"喧宾夺主"的现象时有发生。破除新生代教师对教育技术的依赖，实乃教育一大问题。

## 一、新生代教师的定义及其特质

互联网时代的飞速发展促使当今社会发生了前所未有的改变，"新生代教师"应运而生，这是互联网发达时代对于部分教师群体的特殊称呼。他们不仅是教育传统的继承者，更是新理念的阐释者、改革的实践者及教研的探索者，并接受互联网时代的洗礼，充满新时代的个性特色。[1]

---

① 该文原载《时代教育》2021年第2期。

（一）新生代教师的人格表征

随着生活水平的不断提高，新生代教师具有多样化的人格特点。袁卫星在《崛起的师群——试论中国新生代教师》一文中曾对新生代教师的人格表征进行了一个深刻的论述："新生代教师正在做四个努力：一、努力克服缺乏灵活变通等权势型不良个性倾向；二、努力克服情绪波动大甚至任性妄为等鲁莽型不良个性倾向；三、努力克服逞强好胜等虚荣型不良个性倾向；四、努力克服精力旺盛等轻率浮躁型不良个性倾向。"[2]由此可见，新生代教师除了具备传统教师踏实、自信、充满激情、热爱教育事业的特征，还存在急功近利、好胜心强的特质。新生代教师由于受到社会"浮躁气息""快餐文化""碎片化信息"等因素的影响，希望利用各种教育技术快速革新传统教学方式，使教学活动更符合当代学生发展需求，以此证明自身教学能力。

（二）新生代教师的自身缺陷

1. 缺少对"文化"的深刻认识

文化是人类特有的现象和精神财富，文化素养的形成不是与生俱来和一蹴而就的，而是每个人通过后天学习，在社会实践中体验生活以及不断接受他人的教育熏陶中逐渐养成的。新生代教师由于缺乏对文化的深刻认识，使用技术教学时极易忽略受教育者的直观感受，难以发挥教育技术"育人"的真正功效。例如，教师在古诗词的新课教授时，只试图通过播放一个简短的视频来传授新知。这样做，学生学习该内容时，无法引起其视觉、听觉，甚至是心灵上和精神上与古诗词的强烈共鸣，很难对所学古诗蕴含的思想感情深有体会和感触。如此，教师的教学便是失败的，没有达到教育的目的。

2. 缺少对"根"的认识

"教材"是人类文化的一种浓缩形式，凝聚了无数教育家的智慧，"教学活动"实际上是文化的传承方式，"教育本质"是塑造受教育者灵魂的过程。由此观之，教材、教学活动及教育本质皆为"教育之根"。但由于新生代教师对"教育之根"的认识不足，在教育过程中大多依赖科技手段，不重视直接的言传身教，脱离受教育者的生活实际，导致教育变成"灌输式"教学，不顾及学生真实感受与体验，不尊重不同层次学生的发展规律与特点，致使技术没有很好地与教育教学实践相结合，背离"使用技术是为了辅助教学，增进教学效果"的初衷。

### 二、新生代教师教育技术路径依赖的表现

新生代教师在这一系列的教学过程中，理应做到教学内容多彩多姿，教学手段丰富多样，教学情境生动有趣。但在实际教学中，许多新生代教师为了达成这些效果而全部依赖技术完成，其对教育技术路径依赖的具体表现如下：

（一）认同技术至上，忽视教育智慧

新生代教师由于在价值取向方面主张开放改革，在人格方面呈现积极自主、与众不同、个性化的特点，其不遵循教学传统，追求教育教学技术化，认为技术至上。在设定好流程的教育活动中，遇到突发情况时，往往发挥教育智慧，利用几句话或是生活经验就能解决问题，但新生代教师却依赖技术解决，无法发挥教育智慧。

（二）迷信技术全能，扭曲教育价值

教育的价值在于对人和社会的意义或作用，在于帮助受教育者对现实生活的社会环境有比较好的了解，在于受教育者思维的培养和情操的陶冶、感情的熏陶，在于维持和增进受教育者以及未来所有再受教育者的幸福，所有的这些价值的实现都离不开教育活动这一桥梁。部分新生代教师迷信技术全能，认为技术就是一项超能力，能够解决任何问题，可以应用到方方面面，能够"包治百病"，扭曲了教育的本质，忽视了对受教育者的培养应该是精神层面上的，包括思维的散发、品格的优良等，不能让受教育者很好地感受到教育的价值。

（三）依赖技术包装，弱化教育功能

新生代教师有着精力旺盛、易浮躁、注意力不集中的轻率浮躁型不良个性倾向，在进行教育活动过程中，对技术进行精心包装，依赖技术"装潢门面"，认为这样能够增加教育活动的趣味性以及增强受教育者的体验感，却在不经意间弱化了教育功能。教育的基本功能在于传道授业解惑也，也在于育人。育人是一个漫长的过程，是受过专业培训的教育者以身传道，引领受教育者更好地认识世界、走向世界，也是推进受教育者灵魂进步的关键，故而教育这项事业也被誉为人类灵魂工程建设，岂能以过多华而不实的绚丽外表去建设？当教育功能弱化时，受教育者的生活经验和自身所拥有的差异性将不复存在且不堪一击，受教育者的身心成长、未来发展也会受到阻碍。

### 三、破除策略

#### (一) 加强新生代教师队伍建设，扎实专业知识和提高技能

重视新生代教师队伍建设，要求新生代教师必须具备扎实的专业知识和技能。新生代教师除了需要对已经学习过的专业知识进行创新，还要对尚未涉猎的专业领域进行深度专研，专业技能亦是如此。学海无涯，学校应促使新生代教师自觉主动或是怀揣忧患意识地自发提高自身教学素养，不断地在实践中发现自身存在的根本问题，助力其脱离对教育技术的依赖，并为其创造一个优质的学习竞争环境。教学技术工具对于教师而言，是独立于教师个体本身存在的，既然它是"外在的"，则可有可无、能少则少。既然时代的发展促使技术被引入校园，新生代教师可以使用它，却不能使其完全充斥在日常教学甚至控制自己的教学活动，而应该将其转化为自己能力的一部分，将这些课堂教学技术转化为内在技能，使用时"显现"，不使用时"收敛"。如若新生代教师自身没有重视这个问题，只是表面上利用先进的、五花八门的教育技术，教学活动虽能顺利开展，实际上教师本身已经处于一个将被社会淘汰的状态，那其"传道、授业、解惑"一系列过程便显得苍白无力，纸上谈兵。

加强新生代教师队伍考核与建设除了能给予受教育者一个良好的学习体验，还可以提高新生代教师的教育素养、文化素养。新生代教师通过教育活动中所展示的教育艺术以及人格魅力对受教育者进行潜移默化的熏陶，从而产生深刻长久的影响。

#### (二) 提倡新生代教师"多必要板书，少不必要技术"

教育技术在课堂上的"泛滥"趋势，也使传统板书的地位下降，新生代教师越来越青睐电子板书，甚至一节课下来没有在黑板上写过一个字，所有内容都依赖多媒体展示。电子板书的迅速更新，使学生常常来不及反应和记笔记就进入到下一环节，长此以往势必造成认知理解过程的"消化不良"。

因此，教师应在一些教学重难点和学生可能产生疑惑之处，停下不必要的技术展示，拿起粉笔，通过板书对这些知识进行独特的讲解，在知识讲解的过程中联系生活实际，不至于缺乏知识传达的直观性，扼杀受教育者的求知欲、学习欲以及对身边生活的认知，使得课堂生动起来。"多必要板书、少不必要技术"需要教师善于阅读，树立"终身备课"的思想。唯有如此，学生才能健康快乐地成长，真真切切地感受到知识的美妙、教育的艺术与魅力。

（三）鼓励新生代教师实行"因科施教"，有效整合教育技术

"因科施教"需要结合各个学科自身特点，所有学科都应运用适当的现代教育技术进行部分教学，而不是依赖。特别是语文教学，语文作为国家的母语教学、素养核心，除了潜移默化地影响着受教育者的精神世界、观念意识、道德素养、知识体系，更是提高全民素养的重要一环，同时影响着国家优秀文化的未来传承。对于部分受教育者而言，独立的认识结构尚未形成，认知能力相对薄弱，语文核心素养要想有所发展，必须达到语文素养的要求。一些语文知识或许可以借助现代教育技术进行呈现与浏览，但是对于特定的语文知识、情感体验与表达并非依靠冷冰冰的教育技术就能呈的。例如：有一位中学教师陈某在聆听一位同事为其学生教授《边城》一课，整个课件足有60多张PPT，丰富的图片和音乐，另外配上大段的解说词，不亚于上演电视短片。但他发现，关于情景交融、含蓄心理描写等教学重点却在教学过程中被忽视了，如此一来，学生不仅没有用心品读原著，更无从体会文字的独特魅力。

因此，在实际教学中，新生代教师应实行"因科施教"，注意语言积累应来源于现实生活；语言技能也应源于生活并实践于生活；学生良好的学习习惯应该是教师对其循循善诱加以养成的；深厚的文化素养以及高雅的言行举止应是学生亲身体会并接受教师隐性的熏陶而形成的。否则，教育者只注重技术而忽略了教育智慧、价值和功能，忽略受教育者能否得到真正的成长，那么便无法成为一名成功的教育家。

"凡有实际经验的教师皆知，教育是一种掌握种种细节的需要耐心的过程，一分钟，一小时，日复一日循环。企图通过一种虚幻的方法做出高明的概括，学习上绝无此种捷径。"[3]诚哉斯言，新生代教师必须清晰认识"教学逐渐技术化再到过度依赖技术路径"危害之巨大，应理性对待和运用教育技术，谨防在时间流逝中丢失学习与反思的能力，忘却"育人为本"的理念与初心。

（冯美琪系玉林师范学院教育科学学院 2017 级小学教育专业卓越班学生；黎富权系玉林师范学院教育科学学院 2018 级小学教育专业文科班学生）

**参考文献：**

[1] 张颖春．"新生代"语文教师研究［D］．苏州大学，2005．

[2] 袁卫星．崛起的师群——试论中国新生代教师［J］．教师博览，2004
（02）：24—27．

[3] 怀特海．教育的目的［M］．北京：三联出版社，2002：11．

# 减负背景下小学教师作业布置策略[①]

李琳竹

**摘　要**：2018 年 12 月 28 日教育部牵头九个部门印发了《中小学减负措施》，简称"减负三十条"，文件指出要科学合理地布置作业。对此，小学教师就要解决以往作业多、作业形式单一、理论实践不能相结合、作业难度大的问题。为了解决这些问题，可以运用"尽早、及时布置作业，适时适度适量""无家庭作业，尽量在课堂上解决作业难题""优化作业形式，倡导问题解决，注重应用""设置小组讨论作业环节，强调团队互助合作"四种手段合理地布置作业。

**关键词**：作业；课堂；应用性；团队协作

教育部出台的减负政策于 2019 年 9 月开学正式实行，在当今高考竞争压力大的背景下，该政策对于高中生来说影响甚微，政策真正落实下去，对于初中生也许会有一些影响，受影响最大的群体还是小学生。何谓减负？负，顾名思义，就是负担。减负，就是减轻学生的学业负担，具体来说就是剔除违背教学规律和学生身心发展规律，超出教学大纲、额外增加的这一部分学业内容。而我们作为新时代新政策下的小学教师，对于减负政策应思考如何制定合适的作业布置策略。

## 一、尽早、及时布置作业，适时适度适量

众所周知，教师在课堂上完成当天所讲的内容后，都会给学生们布置一些课堂作业，来达到巩固和复习的效果，便于学生更好地吸收所学知识。一部分

---

①　该文原载《现代职业教育》2020 年第 23 期。

教师是在当堂课下课时就布置好作业，而另一部分教师则是在过了好几节课甚至在学生放学前才通知学生作业内容，这两种布置作业的方式就会对学生产生迥异的影响。

首先，我们思考一下，小学生天性爱玩，他们在学校受到教育环境的熏陶，其学习效果肯定要比回到家中的学习效果要好，在当堂课下课时及时布置作业，学生们还保留着对课堂内容的记忆，学习兴致较高，在课间极有可能一鼓作气完成教师所布置的作业，并且能够认真思考，积极性高；如果教师过了很长时间才布置作业或者在临放学前才布置，学生们很难回忆起课堂内容，甚至因时间跨度过长，导致学生产生消极惰性，不愿回忆课堂知识，其实这对于教师和学生来说都是一个不想看到的局面；另一方面，学生们如果能够利用课余时间完成部分作业，就能发现作业中的困惑，及时向教师请教，甚至在学校就能够完成作业。这样来说，尽早布置作业对于教师和学生都是有好处的。

如果希望作业量缩减，学生利用课余时间就可以完成家庭作业的话，那么教师所要做的工作，就是优中选优。胡乱地从练习册或者辅导书中找出几道题，当作给学生们布置的家庭作业，这样很盲目，巩固效果也不好。更有一种不良现象，部分教师布置的作业，连自己也没有做过，完全没有考虑习题的质量以及学生做题所需花费的时间。还有对题量也不能够精准控制，同种类型的题大量重复，学生很疲惫，学习效果也不好。所以这就要求老师对于作业的把控要适时适度适量，难度以中等水平为宜，符合大多数学生学习的能力，学生们通过努力都可以完成。

**二、"无"家庭作业，尽量在课堂上解决作业难题**

在教育减负的背景下，小学生们每天写作业的时间不宜过长。《义务教育全日制小学、初级中学课程计划》要求，小学一年级一般不留书面家庭作业，二、三年级家庭作业每天不超过30分钟，四年级不超过45分钟，五、六年级不超过1小时。[1]由此可见，小学阶段的作业量不应过多，小学阶段的重心应该更多放在培养学生对于学习的兴趣，了解学习基本知识，感受丰富多彩的世界。

所谓"无"家庭作业，是真的没有家庭作业吗？其实不然。这里所说的"无"家庭作业，包含两种含义：第一种，是指教师将作业放到课堂中，在课上大家效率都很高，知识掌握情况都很好，所以就不留家庭作业了。第二种，是指教师将学生们做作业时对作业共有的困惑进行收集，集中点拨解惑，学生回家只需要完成基础相对简单的作业，自己就可以独立完成，因此这种做法可以视为没有家庭作业。

第一种为什么称之为"无"家庭作业？首先，教师已经在课堂上把要复习和巩固的内容多次强化，同学们已经掌握得很好了，那么课下老师便不再布置额外的作业。其次，教师在布置作业时还要考虑到实际情况，学生在学校里能够在老师的监督下进行学习，但是回到家中后，诱惑较多，很难认真地静下心来完成作业，一会儿看看电视，一会儿玩一下玩具，家长难以时刻监督孩子完成作业，作业质量难以保证，效率也很难提高。所以说，应尽量将作业在学校完成，给孩子减负，也给家长减负。建议安排学生在学校的课间或是自习课，就把作业完成，如果能够充分利用这些时间，孩子们便能够保质保量地完成作业，还能够还给孩子们自由，何乐而不为？

第二种情况，教师和学生共同在课堂完成所布置的作业，教师对学生所提出的问题，及时答疑解惑。老师在课堂上帮助学生解决写作业过程中遇到的难题，方便学生更好地完成作业，这也是教育减负的一个策略。学生们在做作业的过程中难免会遇到共同认为比较复杂的、比较困难的题，老师就可以单独将题展示在多媒体上，通过多媒体分享的功能配合着老师的讲解，能够照顾到每一位同学，一对多省时高效地进行作业辅导。学生们也都能够通过这种新颖的方式，清晰看到展示的内容和老师所讲解的内容，极大地提高做作业的效率。另外，这种方式也可以更好地激发学生学习的热情，让学生们感觉到作业其实并不难完成，即使是有的题比较困难，老师也会帮助他一起克服，进而提高做作业的积极性。

### 三、优化作业形式，倡导问题解决，注重应用

小学阶段的作业基本上形式比较单一，老师给学生布置的作业绝大部分就是让学生抄抄书，写写字，背背书，这是简单、机械性的作业，应用性比较差，学生或许只是理解书本上的内容，却不懂得如何实践或者运用。

例如小学数学作业基本上都是数字运算等大量的书面计算练习，教师布置作业时只是专注于课后习题或是辅导书上的习题，没有考虑到生活与实际的联系，不利于学生解决实际问题。有一些学生在学习了"人民币"这节课后，对"人民币"依旧没有概念，不知如何在现实中买东西，没有将所学知识与现实生活联系起来。语文学科作业很多都是抄写生字、生词和课文等任务，学生不能

广泛阅读，积累素材，不利于培养学生的文学素养和写作技能。英语学科作业大多是机械地抄写单词和句子，不能将听说读写有机结合，脱离了学生的实际生活。虽然说有一些学生英语考试能够拿到高分，但是在生活的交流和实践中并不能很好地表达出来，从而造成"哑巴英语"的现象。[2]

为了改善和优化以上情况，作为教师，在不增加学生课业负担的情况下，可以巧妙调整作业的内容结构。例如数学作业，可以留一部分的书面作业，计算题、课后习题等，另一部分可以是实践作业，例如学习了"人民币"之后，可以布置一个去超市用纸币买东西的小作业，这样既有理论也有实践，能够加深学生对于所学内容的理解；语文作业除去基本的抄写生字、句子任务之外，还可以布置一些阅读课外书的作业，看一些优秀的儿童文学作品，开拓学生们的视野，更好地提高自己的文学素养，并为以后的习作打下坚实的基础；英语作业除了最基本的抄写单词和句子，教师还可以布置朗读课文或者背诵课文的内容，包括一些日常的对话都是可以运用到的，或者是布置观看同时包含中文和英文的动画片，或者布置课下与小伙伴用英文进行情景对话的作业等，都能够很好地将课堂上所学的知识运用到生活中去，在实际运用中更加深入透彻地理解所学的理论知识。

学生们如果在课堂上都能够熟练地掌握基本知识，就可以适当减轻他们的作业负担。比如在当堂测试中，学生能全部掌握所学的生词生字，就可以免去书面作业，只需要课后自由阅读书籍或者给父母读一篇课文即可。运用这种方式可以让学生们不再只是机械地完成书面作业，不再觉得作业枯燥无味，在此条件下，作业量不变，作业结构发生改变，学生根据自身实际情况完成相对应的作业内容，作业的主动权掌握在自己手中，长此以往一定可以大幅提高学生们的主动性并活跃他们的思维。

**四、设置小组讨论作业环节，强调团队互助合作**

在小学阶段，学生们的思维尚未完全发展，基本知识的教学所能带给学生的引导方向和教师讲授的角度、深度是有限的，让学生们在轻松愉快的氛围中学习，自由探索，拓展思维是十分重要的。教师在布置作业后，如仍有部分同学对作业无从下手，那么就可以在课堂上设置课堂讨论环节，面对老师布置的作业中存在的困难，如题意难以理解、做题没有思路、看题无从下手、无法制定可行的方案等，要想解决这些问题，就要充分发挥小组间的分享精神和互助精神，共同攻坚克难，寻找解决办法。

例如一道奥数题，小组成员有的在审题的时候遇到了困难，无法弄懂题意，作业就无法顺利进行，小组其他成员就可以用比较直白浅显的语言来讲解，帮助其读懂题意；读懂题意后，针对一道题可能有的小组成员没有头绪，不知道该如何下手解决问题，那么这个时候大家就可以集合在一起进行讨论，每个人都发表自己的言论和看法，集思广益，解题思路自然而然就出来了，大家将所说方法再进行比较和筛选，找出最优解，从这就可以看出进行讨论作业的重要性。又或者说在做作业的过程中，小组成员在写作业时遇到困难，这时，小组中这一学科学习好的同学就可以对这一学科较弱的同学进行帮助，讲解做题的思路或者解题应该用的公式方法等，稍加点拨，及时给予帮助，解决困难，形成互帮互助的浓厚学习氛围。若某位同学在某科成绩很优异，可以由他来负责帮助大家讲解这门学科，但在其相对薄弱的学科，其他小组成员就可以为其进行辅导。你帮我，我帮你，互帮互助，各取所长，形成一个互帮网，彼此交叉，可以更好地帮助同学学习，减轻作业的复杂程度，降低难度，减轻学生负担。

总之，作为新时代的小学教师，我们要依据新课标的要求，在减负的背景下，考虑到小学生的诉求，不能一味地使用老方法，教师要创新作业布置策略。要适时适度适量，尽早布置作业，并且把握好尺度；鼓励孩子们在学校就把作业完成，回家后便能拥有更多自由空间，可以更加个性化、自由地发展；要注重理论与实际相结合的原则，优化家庭作业结构，分书面作业和实践作业，按照实际情况来决定学生的家庭作业；在遇到困难时还可以在班级设置小组，为学生们提供一个良好的学习氛围，培养他们的互助意识。教师如果能够合理运用好这四种策略，我相信对于提升和促进学生作业完成的质量、作业的完成程度、学生的学习发展会有显著效果。

（作者系玉林师范学院教育科学学院2017级小学教育专业文科班学生）

**参考文献：**

[1] 周建高. 作业设计"三要"[J]. 贵州教育，1997（4）：27.

[2] 孙桂荣. 浅谈小学作业的布置 [J]. 才智，2018（18）：36.

# 教育惩戒权在教学活动中的应用①

陈玉兰

近年来，教师惩罚学生事件频发，系列事件在不断的发酵升温中引起热议：教师是否拥有惩戒权？惩戒权的界线又在哪里？对此，国务院针对教师教育惩戒权下发了明确的指示文件，为惩戒权的实施给予适切的导向。

## 一、教育惩戒权提出的背景

2019年6月，中共中央、国务院印发《关于深化教育教学改革全面提高义务教育质量的意见》（以下简称《意见》），其中明确指出，要"明确教师教育惩戒权，坚决维护教师合法权益"。《意见》的颁布受到社会的广泛关注，并迅速得到社会各界的认可，其采纳速度之快，与教育惩戒权的衍生背景息息相关。以下主要从两方面分析教育惩戒权提出的背景。

### （一）教师权力模糊

在《意见》颁布之前，教育部关于教师在教学活动中行使职权的相关文件极为匮乏，仅有个别文件提及教师批评权和教师惩戒权，但这两项内容在相关文件条例内大多被一笔带过，并无深入详细的解释。可见，教师批评权和惩戒权的界限并没有明确划定，教师的行为规范在"该做"和"不该做"之间是空白的、架空的，因而教师对于"惩罚权"心生畏惧，不敢用，不懂用，不会用。

### （二）师生关系紧张

自2018年以来，教师惩罚学生的新闻相继曝光，好的坏的无一不吸引着大众的眼球。随着时代的变迁，人们也一改传统教育粗暴、专横、压抑的弊端，

---

① 该文原载《教师报》2019年12月1日。

慢慢接受"爱的教育",但当"学生不能打不能骂"走向极端,就导致部分家长、学生与教师之间的关系愈发紧张。

综上所述,由于先前对于教师惩戒权界定不清,教师无法把握权力的度,且师生关系日益紧张,《意见》适时而出。

### 二、教育惩戒权在教学活动中的应用

惩戒,即惩治过错,并以此告诫、警示犯错者,不损害学生的身心健康;体罚,是造成身体上疼痛或是心理上伤害的一种惩罚行为。下面是教育惩戒的种类及常见应用方式。

#### (一)教育惩戒的种类

教育惩戒主要有三种:言语惩戒、行动惩戒、书面惩戒。言语惩戒主要是言语责备,于教学活动而言,较为常见;行动惩戒包括罚站、罚抄、罚跑等,行动上的教育惩戒极易演变为变相体罚;书面惩戒则是较少发生的,例如:记过处分,强制转学等。

#### (二)运用教育惩戒权的常见方式

1. 合理增加作业量

这是行动上的惩戒,作业量的增加在教育方面来说,算是一种惩戒,其对学生的心理伤害是极少的,但量的多少会直接关乎学生身体上的受伤害程度,例如手、脑等。所以增加作业量能对学生起到惩戒的作用,合理的量则是有效警醒学生的关键。若增加的作业量不合理,将导致学生身体上的劳累,从而引发心理上的偏颇,就达不到惩戒的目的。

2. 有限增加锻炼量

教育惩戒权可以在适当的范围内给予教师执行惩戒的权力,当学生犯错时,教师可以在学生身体允许的情况下罚其慢跑两圈,对于学生来说,该惩戒可以使其吸取教训,适量的运动也有利于健康,但无限增加锻炼量的惩罚,从真正意义上来说,是一种不可取的变相体罚。

3. 暂时剥夺权利

该权利指的是休息和运动等权利,而不是吃饭、上厕所等权利。剥夺权利的时间,应是短暂的、临时的,即不损害学生身体和心理的健康,同时使学生认识到其所作所为的不正确,例如:放学后暂时不能回到宿舍休息,上体育课时暂时不能参与课堂活动。

4. 督促个体反思

具体表现为在教室等公共场合外的罚站，例如教师办公室。教师要在尊重学生的基础上，引导学生，使其认识到自己的错误，切忌为了达到目的而伤害学生自尊，不可背道而驰；其惩戒时间也需要掌控好，时长过短，达不到警示效果，过长会使学生产生不满情绪。

在教学活动中，教师需要拥有相应的教育惩戒权，且有明确的惩戒界线，这样教师才敢用、才敢管。此外，教师需要正确地认识、区分惩戒和体罚，如此，教育惩戒权才能更贴近其设定初心和意义，促进教师教育事业的发展。

（作者系玉林师范学院教育科学学院2017级小学教育专业卓越班学生）

# 压力应对人格对教师专业成长的影响与启示①

李健　　何姗姗

**摘　要**：教师专业成长面临着职业压力，压力应对人格贯穿于教师职业生涯始终，压力应对能力的强弱在一定程度上预示了教师职业成就的高低。教师职业生涯中压力应对人格的形成分为同化和顺应两个阶段，相对应地表现为职业适应和专业超越。积极的压力应对人格能促进教师教学专长、管理专长、研究专长、技术专长的形成。通过自我修炼和群体干预，可以提升教师专业成长过程中的压力应对能力。

**关键词**：压力应对人格；形成机制；外显表现；建议

## 一、压力应对人格的结构及其对教师专业成长的关照

### （一）压力应对人格之于教师发展的现实意义

人格是个体身上稳定的行为和心理特征，压力应对人格是近年针对人格研究的新进展。有学者认为，压力应对人格就是有助于个体应对压力，维护和促进身心健康的基本人格素质。压力应对人格的基本结构，可以表述为以下五大因素。

**表 1：压力应对人格结构表[1]**

| 因素 | 描述 |
| --- | --- |
| 灵活性 | 调整自己的情绪和状态适应变化 |
| 乐观 | 对自身有关状态的乐观态度预期 |
| 自信 | 相信自己对压力情境的控制能力 |

---

① 该文原载《广西教育》（义务教育版）2019 年第 33 期。

| 因素 | 描述 |
|------|------|
| 进取 | 战胜压力获得成长的积极倾向 |
| 自我控制 | 对自我情绪、思想和行动的控制能力 |

作为心理学的概念，压力应对人格应用于各种职业，并能在具体的专业情境中得到体现。之所以将压力应对人格用于教师专业成长领域，是因为教师职业除了具备专业的特殊性以外，还具备专业的一般性。教师作为职业的人，首先是社会的人，也需要讨论其生存压力和职业困惑。教师的社会功能除了教书，还有育人。如果将教师看作圣人，不从人的一般特点出发反思教师自身的心理压力和职业风险，就很难要求教师用积极健康的观念和行为育人。基于此，教师作为一般职业的人，也需要健康的人格特质。

近年来，教师职业倦怠成为普遍关注的问题，教师职业的稳定性和创新性不足的矛盾时有体现。作为精神智慧的传播者，教师应对工作压力的能力高低，会影响到几代人的教育绩效。因此，关注教师的职业压力应对，能够厘清教师内在驱动力的现实表现，为教师反观自身和社会理解教师职业提供参考。

（二）压力应对人格贯穿于教师职业生涯始终

费斯勒（Fessler，1985）提出教师职业发展有八个阶段，即职前教育阶段、引导阶段、能力建立阶段、热心成长阶段、生涯挫折阶段、稳定和停滞阶段、生涯低落阶段、生涯退出阶段。[2]一般来讲，教师必将经历这八个阶段中的大多数阶段，但压力应对并没有随着教师年龄增长而消失。具体到每一个阶段，教师都会有来自职业本身的压力，也会产生相适应的压力应对人格特质。比如，在能力建立阶段，教师可能面临迅速建立技能体系的压力，生涯低落阶段可能产生与他人竞争失利的压力。作为特殊的职业，某些教师并不完全经历费斯勒提出的八个职业阶段，也可能某几个阶段是交融存在的。但作为职业本身，压力应对人格贯穿于教师职业生涯全部，并不会消解。

（三）压力应对能力的强弱预示了教师职业成就的高低

信息社会的流动性和开放性提高了教师职业的竞争程度。当职业压力越来越普遍地成为教师必然面对的问题，教师压力应对水平高低决定了教师的职业满足感和成就感的高低。根据心理适应的观点，陈建文教授将压力应对水平分为临界水平、众数水平、精英水平三种。临界水平表现为教师是否在职业压力下得了心理疾病，不能胜任教师工作，或者教育能力明显下降。众数水平表现为教师是否适应教育职业，通过职业获取生存权利。精英水平表现为教师是否通过本职业达到自我实现，感受作为教师的归属感和成功感，并获得与内心对应的社会认可度。从这个意义上说，教师压力应对能力高低与教师职业成就大小之间建立了某种契合与关联。

## 二、教师职业生涯中压力应对人格形成的阶段及机制

人格对个体职业的促进作用表现为适应。同样，压力应对人格对教师专业成长具有适应作用。具体来说，压力应对对职业的适应是通过初级控制环节和次级控制环节来实现的。[3] 在初级控制环节，个体应对行为指向外部压力环境，个体与压力情境争斗，力求控制和改变外在环境，通过"同化"来达到自身与环境的平衡。在次级控制环节，个体的应对向内指向自身，改变自身，修复自身，通过"顺应"达到与环境的平衡状态，因此，次级控制过程是一个自我调节的过程。[4]

（一）压力应对人格形成的初级阶段：以同化实现职业适应

与压力应对人格的社会适应机制相一致，教师专业成长也需要经历同化阶段，这一阶段表现为教师职业适应。从心理机制上讲，压力应对人格发挥作用的过程具有阶梯性，如图1所示。

接受——→学习——→融入

**图1：同化阶段教师压力应对示意图**

在接受阶段，教师首先感受到本职业作为生存的需要或价值的满足，认为可以通过教书育人实现阶段目的或长远目标。在这个阶段，教师的接受具有自觉性和主动性。

在学习阶段，由于教师作为成人，具有"成人学习理论"所揭示的特点，即知道为什么学习。他们通常是带着职业的实际需要和工作中需要解决的问题进入学习的，因而学习目的明确，学习的针对性非常强。[5]

在融入阶段，教师将自己视为职业群体的一员，产生初步的归属感，全身心投入教育工作，将自己的时间、空间合理分配给工作需求。

（二）压力应对人格形成的高级阶段：以顺应实现专业超越

同化是教师压力应对的初级阶段，在度过这个阶段之后，教师开始产生麻木感或者饥饿感。消极的压力应对人格可能导致教师甘于平庸，或陷入职业低潮；积极的压力应对人格开始促进教师获得更大的职业成功，实现专业超越。教师在顺应阶段的压力应对特质表现为如下过程。

修复──→改进──→竞争

**图 2：顺应阶段教师压力应对示意图**

在修复阶段，教师开始审视环境和职业本身带来的更大挑战，试图找出自身的不足，并通过自我能力及心理品质修复，做好实现更大成功的准备。

在改进阶段，教师为自己设计应对职业挑战的线路图，通过自身和环境两方面修正自己的观念和行为，并反映到教育实践中去，以期获得满意的教育绩效。

在竞争阶段，教师已经获得了比初级阶段更大的职业成功，拥有一定的话语权，并可能实现教育专利的外化，别人从自己身上会读取到具有专业水准的能力标签。因此，教师开始从教学、研究、管理、技术服务等方面与他人展开竞争，直至达成自我实现。

### 三、压力应对人格在教师专业成长中的外显表现：以教育专长为例

"教师专业成长是指教师的专业成长或教师内在专业结构不断更新、演进和丰富的过程。"[6]教师专业成长的标志是教育专长形成。具体来说，教师的教育专长包括教学专长、研究专长、管理专长及技术专长。教学专长是指教师具备学科教学的能力，形成教学艺术风格；研究专长是指教师根据教育实践的困惑及提高教育效率的需要，进行反思性总结和探索；管理专长是指教师能够适应管理学生的要求，具备组织、协调、引领学生身心健康发展的能力；技术专长是指教师能够掌握教育工作所需的现代教育技术，并能根据具体教育情境的需要灵活运用，以提高教育效能。

在教育实践过程中，教师压力人格的积极因素能够促进教育专长的形成，二者之间存在必然的内在关联，具体如表 2 所示。

表2：压力应对人格与教育专长形成的对应要素表

|  | 教学专长 | 研究专长 | 管理专长 | 技术专长 |
|---|---|---|---|---|
| 灵活性 | 灵活适应学科教学 | 擅长制定教育研究课题 | 善于发挥管理效能 | 在不同情境下恰当使用教育技术 |
| 乐观 | 相信自己的教学艺术及能力 | 相信研究能够提高工作效率 | 相信管理能够提高学习结果 | 相信教育技术对教育的辅助作用 |
| 自信 | 跟得上教学的时代变化 | 能运用最新的研究方法 | 确定被管理者是可控的 | 认为教育技术水平能配合工作 |
| 进取 | 主动提高教学技能 | 主动参与教育研究 | 主动提高管理水平 | 主动提升教育技术能力 |
| 自我控制 | 形成教学风格 | 整理教育成果 | 总结管理规律 | 获得技术应用经验 |

　　从横向上看，教师在专长形成过程中体现出压力应对的均一性。具体到某一种压力人格特质，教师的这种内在倾向性具有普遍意义。比如自我控制特质，无论是教学专长形成、管理专长形成，还是研究和技术专长形成，都体现为固化的教育绩效，要么是形成风格，要么是总结经验与成果。这种均一性说明了教育专长形成需要共同的价值观照和内在需求，具有可迁移性。

　　从纵向上看，教师在专长形成过程中体现出压力应对的递进性。具体到某一种教育专长形成，压力应对的特质并不是割裂的，而是前后连贯、层层深入的。比如教学专长的形成，首先灵活适应学科教学，然后获得乐观的体验，认可自己的教学能力，进而形成自信心，紧跟时代对教学的要求，这种成功感又促使教师主动提升教学水平，最后形成教学风格，获得教学的专业话语权。压力应对特质的递进性，充分说明了良好的压力应对水平能够促使教师专业成长步入良性循环轨道，呈现阶梯式状态。

　　从实践情境中看，教师在专长形成过程中体现出压力应对的交互性。具体到某一种工作情景，教师的压力应对特质不可能单独呈现，往往是交互作用、彼此融合的。比如，教师具有了教学的专长，他可能进一步进行实践反思，需要将教学行为上升到理性规律探索阶段，那么，他有可能研究自己的教学本身，通过专题探究的方式总结出自己的教学经验，进而用模式或概念形式统领自己的教学行为，使之具有可推广性。

需要说明的是，在具体的工作情景中，同一位教师不可能也没有必要同时形成四种教育专长。也就是说，虽然压力应对人格在教师成长过程中具有均一性、递进性和交互性，但在教育实践中并不一定得到全部体现，而是部分地反映到某几种教育专长上。

### 四、完善压力应对人格促进教师专业成长的建议

（一）教师主动适应，发展重点专长，提高压力应对水平

作为个体的内在特质，压力应对人格具有稳定性和不可抗拒性。这也决定了自我是压力应对能力提高的首要因素。人格特质具有一定的先天决定成分，但后天有意培育也不容忽视，因为人们只有怎样思考、怎样信仰、怎样感受，才会怎样行动。[7]此外，教师的工作压力与其他高压力职业有所区别，其职业压力来得比较缓慢，且主要源于教师自身。虽然教育评价机制会带给教师不可抗拒的生存和发展压力，但这种压力受教师职业特性的制约，往往不会像某些高风险职业一样迅猛而至。所以，教师在一定程度上获得了压力舒缓的空间，也为自我提升压力应对水平提供了可能。教师提升压力应对能力具有一定的自主性，可以通过获得较小的教育成就来提高愉悦感和自我陶醉感，也可以通过有选择地发展自身某一项或几项教育专长来规避压力。比如，教师可以重点形成自己的教学专长，牺牲一定的研究专长或技术专长，在教学专长充分形成专利后再提高研究专长和技术专长，既可以得到职业认可，也不会陷入因专长不明显而面临巨大生存压力的境地。

（二）外界适度干预，支持职业发展，为教师群体解压

教师职业具有一定特殊性，其职业的成功有时候是内隐的、延时的，即教师的专长应用于学生群体或个体，可能无法用标准测量来体现，也无法用描述性方式来展示。从公平和教育的基础性功能出发，教师的评价机制应该充分考虑教师的职业特性，不可过多地从竞争性角度人为增加教师的工作压力。另一方面，对于事实上存在的压力应对水平较低的教师群体，也应该通过多种渠道满足其职业需求，通过社会修复功能提升其压力应对水平。在压力应对的干预上，以学校为单位开展工作是较好的选择，比如营造良好的人际环境，

关注教学专长水平低下教师的心理问题，帮助教师个体建立容易实现的职业规划等。

（李健系玉林师范学院教育科学学院教师；何姗姗系玉林师范学院教育科学学院2017级小学教育专业卓越班学生）

**参考文献：**

[1] 陈建文，王涛. 压力应对人格：一种有价值的人格结构 [J]. 西南大学学报（社会科学版），2008（5）：133—137.

[2] Peter J. Burke and Robert G. Heideman, Career-long Teacher Education. MIllinois：Spring-field, 1985.

[3] 陈建文，王滔，郭楠. 压力应对人格的结构与测量 [J]. 中国临床心理学杂志，2008（5）：455.

[4] Fred Rothbaum, John R. Weisz, Samuel S. Snyder, Changing the world and changing the self：A two-process model of perceived control [J] . Journal of Personality and Social Psychology, 1982, 42：5—37.

[5] Lieb S. Principles of adult learing [DB/OL]. http：//honolulu. hawaii. edu/intranet/committees/FacDevCom/guidebk/teachtip/adults-2. htm, 2005—08—23.

[6] 叶澜. 教师角色与教师发展新探 [M]. 北京：教育科学出版社，2001：226.

[7] 吴增强. 自我效能：一种积极的自我信念 [J]. 心理科学，2001，(4)：483、499.

# 教师示范性行为对小学生学习积极性提升的探讨①

党焱馨

**摘　要：**在现代教育大环境下，小学教师的外在行为与小学生的学习积极性有着很大的联系，小学生生理和心理的发展会受到教师一言一行的影响，进而影响其学习积极性。小学教师的示范性行为能给小学生带来精神上的鼓舞，提高他们的学习积极性。而某些小学教师的失范行为则对小学生的学习积极性起消极影响。面对这样的问题，经过探讨和研究，不难发现，通过提高教师薪资待遇、建立教师评价体系、为教师树立榜样等途径，可以促使教师建立示范性行为，进而提升小学生的学习积极性。

**关键词：**小学教师；示范性行为；学习积极性；提升

小学阶段是国家人才培育的重要启蒙阶段，绝大多数学生的学习兴趣和学习习惯都是在小学阶段养成的。因此，小学教师要将小学生的健康成长成才放在首位，优化教学方式，做出教育示范性行为，进而促进小学生学习积极性的提高，促使小学生全方位发展，同时也是为造就社会主义现代化强国所需人才做准备。

## 一、关于学习积极性的界说

（一）学习积极性的内涵

从性质上来说，积极性指个体意愿与整体长远目标任务相统一的动机，而学习积极性是指学生在学习活动中所具有的认真与勤奋、主动与顽强的能动心

---

① 该文原载《广西教育》（义务教育版）2021 年第 9 期。

78

理状态。在心理学上，我们把学习积极性定义为学习动机的一种直接外在体现。在我看来，学习积极性是学生在学习活动中表现的乐观向上的学习精神，与学生学习积极性有关的要素主要有学生的学习兴趣、学习主动性和抗学习挫折的能力。故而，教师要清楚地把握小学生的学习发展特性，协助小学生快速找到适合本身发展的路线，引导小学生往正向的航线前行，才能提高小学生学习的积极性，促成其久远稳固发展。

（二）小学生具有学习积极性的外在行为表现

相对中学及中学以上学段的学生来说，小学生的心智还不够成熟，不会过于内敛自己的情绪情感，所以小学生对学习的外在行为表现可以直接作为评判他们学习积极性的依据。在课堂上，一部分小学生大胆主动地与教师互动交流，在学习过程中积极探索和汲取知识，让课堂一改传统的低沉氛围，而变得生动活泼，这便是小学生学习积极性高昂的外在行为表现；另一部分小学生活泼，对世界的认知还不够全面，自制力还不够强大，因而会在课堂上表现出厌烦课堂的神态，甚至公然挑衅老师的权威，以此来表示自己对课堂教学的不满，这便是小学生学习积极性低下的外在行为表现。

## 二、小学教师示范性行为的几种主要范式

（一）引导示范式教育行为

引导示范式教育行为是指从教师体态语出发，通过引导示范的教育方式有效提高小学生的学习积极性。其主要体现在教师的行为举止和仪容仪表两个方面。比如，教师在日常的教学活动中仪表端正、举止端庄，在小学生心中树立严谨而又不失干劲的教师形象，引导小学生端正自身学习态度，提高小学生的学习主动性；[1]在与小学生交往互动的过程中和蔼温婉、言中有爱，用春天般的温暖对待学生，让小学生对回归班级集体有强烈的迫切感，从而让全体小学生共同加入到课堂教学中来，激发小学生的学习激情。

（二）情感表露式教育行为

情感表露式教育行为是指教师在教学活动场景中，对小学生不同的学习表现流露出不同的神情以及表现出不同的情感倾向。教师师德高尚，富有正义感，经常赞扬正能量行为或批判不正确的行为，表现出自己鲜明的情感态度，传播正确的社会主义价值观，使小学生在教师的"无声"传教中受到陶冶，这也可

以称为情感表露式教育行为。例如，某位小学生做出某种正能量行为或进步很大的时候，老师及时在同学们面前呈现出赞赏的神情，并持鼓励、支持的态度。这必然让小学生在无形中领悟到积极行为的正确指向性，同时也为小学生树立精神榜样，让小学生学会区分积极和消极的学习行为。

### （三）语言激励式教育行为

语言激励式教育行为是指使用恰当的语言帮助小学生正确认识自我、判断自我，起到加强小学生自信心、保护小学生自尊心的良好效果。比如，在课间操活动时，某位小学生不愿意配合体操教练做运动，破坏了班级的队形，这时教师万不可在大庭广众之下对该小学生破口大骂，而是要用委婉的言语对其进行劝导，诸如："你们就是我的小太阳，我从你们有力的体操动作中感受到了温暖和快乐，希望每一个同学都能运动起来，焕发出太阳般的勃勃生机。"[2] 这样的做法不只让小学生感到教师的爱，也可以让小学生建立正确的团体观念和集体意识，增强班级凝聚力，帮助小学生克服自身的消极因素，委婉地让小学生明白在做课间操时要积极做运动的道理，既没有挫伤小学生的自尊心，又起到彼此促进的作用。

### （四）通过现代信息技术展示的行为

在科技高速发展的现代社会，信息技术已经成为许多行业的"得力助手"，这当然也是教育教学中必不可少的一种辅佐手段。就拿微课来讲，微课的主题突出，教学内容简明扼要，教学资源容量较少，往往还伴随着能够吸引小学生的动画效果，便于引导和启发小学生学习。且微课中能够展示一些经典案例，形成一定的教学情境，因此能够有效促成师生间的互动，调动小学生的课堂学习主动性，促进小学生高效率学习。所以，教师一定要充分运用现代信息技术，通过现代化科技手段，将教学资源和小学教学课程有效整合起来，提高教学效率。

## 三、教师示范性行为提升小学生学习积极性的归因分析

### （一）小学生从教师示范性行为中获得启迪

马斯洛需求层次理论表明，人的最高需求层次是自我实现需求。自我实现是指实现个人志向，将个人能力发挥到最大限度。当教师对别人正向、积极的行为表示鼓励、支持的态度时，作为旁观者的学生，就会受到潜移默化的影响，

得到一种"润物细无声"般的教育，同时迫切希望自我价值得到实现，进而对比自己与他人的行为，反省自己，从而获得启迪，让自己稳步发展，成为出色卓越的人物。

小学生年龄小，心智还没有发育成熟，对于事物的思考也不够全面，对自身周围发生的事物没有清醒的认知，其本身具备一种天然的崇真向善、发现美的纯真情感，而这也是人类本性的体现。在小学生身心发展的懵懂期，教师应发挥好带头作用，给予小学生正面积极的影响，用实际行动温暖他们的童真心灵，守护他们内心那一片净土，呵护小学生在活泼向上的环境中安康生长。

（二）示范性行为提高小学生的向师感和向学感

心理学上，学习动机的激发是指："在一定的教学情境下，利用一定的诱因，使小学生将已形成的学习需要调动起来，以提高学习积极性的过程。"教师要身体力行地完成教学计划中的每一件事，以自身爱岗敬业的工作态度和拼搏进取的教学态度，让小学生在教师身上发现美的光辉，鼓舞和驱动小学生，以自身示范性行为引导小学生向好的方向发展，提高小学生对教师的崇敬感和对未来的憧憬感，让小学生发自内心地爱崇和信服教师，对教师所教授的理论知识和道德知识绝对认同，提高小学生的向师感。

教师还要在课堂上传播正能量，激发小学生的学习热情，明确自我学习目标，端正学习态度，让小学生越学越有信心和兴趣，从而获得一种发自内心的自信感和充足感。这样能够提高小学生的向学感，使小学生形成对学习活动的需求感，并取得一定的学习动机，从而激发其学习热情。

（三）小学生从榜样示范中获得力量

心理学家奥苏伯尔认为，动机的认知驱动力是在理解事物、掌握知识的需要的基础上产生的，它直接指向学习任务本身，以知识的获得作为满足。认知驱动力的产生，源于小学生在完成教师下发的学习任务后，所产生的一种自发的、主动的情感态度，其中包含了小学生对新知识的渴求感，即教师在教学活动过程中，教会小学生建立对现实世界新奇事物的新感知，激发小学生对新知识的渴求感。教师要充分利用小学生学习动机的认知驱动力，注意自身行为语言表述，使用一定的方法，提高小学生的学习积极性，以利于小学生人生价值观的塑形。

因此，教师要在日常生活和学习中发挥领头作用，以自身正直的作风、积极向上的人生态度感染小学生，做小学生心中的榜样，实现示范性教育。除此之外，教师还可以在日常集体活动中，适当引用名人优秀事例，向小学生讲述名人奋斗的艰苦历程，号召小学生学习他们在奋斗路上吃苦耐劳、永不言弃的崇高精神，让小学生从榜样示范中获得力量和启迪，从而提高其自身的学习积极性。

### 四、增强小学教师行为示范的策略

#### （一）适当提高行为示范教师的薪资福利待遇

当前，我国大部分地区的教师薪资酬劳较低，行为示范上的先进教师代表的薪资酬劳没有在物质层面上显现出优势。提高某些教学行为示范教师的薪资酬劳，不仅让教师对自身的教育教学行为产生一种被认同感，还用物质保障满足了教师的某些生活需求，从而促使教师在自己的工作岗位上继续发光发亮，创造出更好的成绩。这同时也能激发行业内其他教师的斗志，营造校园内的良好氛围。

提高教师薪资福利待遇的途径可以有多种。从学校层面出发，校领导可以合理调配年终奖金的分配，让行为示范教师与非行为示范教师的奖金有所差别，也可以在较适合小学生共同参与的校园活动中，为行为示范优秀的教师颁发礼品，让教师实现"名利双收"。从社会层面出发，政府可以适当提高教师的基本工资、特殊津贴和季度提成，让教师劳有所得、教有所思，对自己不良的言行举止有所遏制。

#### （二）提供自我评价分析和相互评价的框架体系

一是设立教师自评量表。为教师提供自我评价测量表，无疑是给教师群体提供一个自查自纠的机会，让教师对自我日常教学中的行为表现有一定的认知。对于学校来说，学校可以统一收集小学生对教师不当行为的反馈，并结合本校特色，制定出教师自评量表。在期末总结会议上，学校行政部门整合小学生反馈意见与教师自评材料，对行为示范教师进行精神上的激励。这样的做法，可以让教师重视规范自我行为，建立行为示范的意识，从而达到规范教师课堂教学行为的效果。

二是设立教师匿名互评量表。相比自查自纠，教师间匿名相互评价更为专业，更加客观，也更具有参考意义。每位教师心中都有一个高尚的、充满光辉的完美教师形象，而所评价的教师是否接近这一完美形象，便成为评价的一个重要标准。某些教师在评价与自己奋斗在同一岗位的同行时，也能及时反思自己，规避不正当的教师行为。

（三）积极搭建校内外流动举报机制

校内外流动举报机制以公开透明的形式存在，这样的机制不仅能温暖小学生和家长的心灵，也能未雨绸缪，对其他教师起到警示的作用。当下，某些教师的不正当行为往往是隐蔽的，而教师的不正当行为对小学生造成的影响可能是难以启齿的。[3]对于这样的情况，校方可以通过设立举报信箱和电子邮箱等非言语途径，定期接受家长和小学生的反馈，并对反馈内容加以调查，对严重的教师失范行为做出公开批评，对于极个别不愿改过的行为失范教师，校方可以依据有关规定，将其上报教育部门，以此敦促其纠正失范行为。

（四）树立教师榜样，弘扬正能量

树立教师行业中的标杆，无疑是为广大教育工作者提供一个正向参照，鼓舞他们朝着正确的方向改进自己的教学行为，同时弘扬教育界的正能量，形成重视教师行为示范的良好社会风尚，让教师行为朝着"人人示范"的方向发展。从校园角度出发，学校应大力宣传杰出教师的先进事迹，弘扬其崇高品格，号召各基层教师学习杰出教师的示范行为，组织学校广大教育工作者通过参观先进事迹陈列室、开展行为示范教育活动、聆听先进事迹报告等方式，壮大优秀教师队伍。

（五）以培训推广示范行为

大多数教师在日常教学活动中，往往认识不到自己的教学行为存在错误，甚至一味地按照自己错误的认知方式教导小学生。这就要求当地教育部门对优秀教师的培养工作有统筹意识，建立起正当、系统的培训机构，通过培训推广教师示范行为。培训机构还可以在培训结束前设置毕业考试活动和实际考量活动，提高培养行为示范教师的效率，让教师重视培训，真正地在培训中学习知识技能，知道不合理的教学行为有哪些，并争取做出教师示范行为，从而提高自己的教学质量。

（六）制定合理的教师管理规则

制定并出台合理的教师管理规则，能有效制约教师的教学行为，同时对某些具有不正当行为的教师起到一定的震慑作用，为教育事业创造一个更清明的环境。在教育体制内，政府可以集中群众意见，出台一系列管理条例，制定合理的规章制度，严格界定教师的不正当行为，甚至可以要求行为严重失范的教师承担相应的法律责任。但严明的规则之下，也要有一丝人情的温暖。对于某些思想老旧却多年坚守岗位的行为失范教师，应根据具体情节，适当地减轻责罚并加以劝诫，促进新时代教育工作的新发展。

在人才强国的今天，我们要有培养优质人才的观念和意识，从教师基层管理做起，筑起校园学风道德建设的高墙，为国家花朵提供适宜的成长环境。

（作者系玉林师范学院教育科学学院2019级小学教育专业理科班学生）

**参考文献：**

[1] 陈栋. 教师行为在小学德育中的影响 [J]. 课程教育研究，2020 (13)：76—77.

[2] 陈少杰. 注重教师示范教育，培养学生健全人格 [J]. 教师，2017 (36)：24.

[3] 夏小红. 教师失范行为的自我检视与问题规避 [J]. 教学与管理，2019 (26)：6—8.

第三编 03

**班级管理**

# 家校合作冲突：类型、归因及解决策略①

周妙凤　孔剑萍　周洁

**摘　要**：家校合作，渐渐成为一种新的育人机制。家校之间的合作也逐渐成为对学生的未来发展有着深远影响的重要因素。然而，当家校合作之间产生冲突时，也会影响家校合作的质量与效率，甚至影响教育作用的发挥。目前，小学阶段的家校合作存在着家校之间的教育价值观、教育内容以及教育方式的冲突。基于上述冲突类型的分析，可根据家校认知水平不一致、沟通渠道不顺畅、家校合作不深入等归因，提出全方位提升家长育儿水平、多渠道建立家校沟通方式、全维度开展家校合作的解决策略。

**关键词**：家校合作；冲突；教育

家校合作，顾名思义，是指家庭和学校两个相对独立的社会机构对其共同的对象青少年儿童进行的一种旨在促进其健康发展的相互配合、相互协调的互助教育活动。[1]小学家校合作的内涵也可理解为在社会与学校的助力下，通过教师与家长的沟通与合作，科学地帮助小学生身心健康发展、智力发展以及个性发展，从而解决家校之间的矛盾，达成一致的合作方式。教师充分利用自己的专业知识和能力，与家长进行沟通交流，充分了解学生的情况，从而构建良好的学习环境。小学阶段家校合作冲突，是由于教师与家长认知水平不同、沟通渠道不顺畅、家校合作不深入引起的冲突，不利于学生的发展。开展小学阶段家校合作冲突的类型、归因及解决策略的研究，了解其类型和冲突有哪些，以及得出解决的策略，从而提高家校合作的质量与效率，保障家校合作机制有效运行与发展，可以促进学生更好地成长。

---

① 该文原载《作家天地》2021 年第 1 期。

### 一、小学阶段家校合作冲突类型

#### (一) 教育价值观冲突

教育价值观反映的是人们对于教育的重视程度、对教育的价值需求[2]。小学阶段家校的教育价值观冲突对小学生的发展和价值需求有着直接或间接的影响。小学阶段家校合作是以学校教育为主,家庭教育和社会教育为辅,它们之间对孩子的教育行为都有着规范、指导以及调节的作用。在指导孩子时,正确处理家校合作中教育价值观的问题,可采取不同的解决策略对孩子进行良好教育的双向活动。

因为在小学时期,学生的家庭和学校的教育价值观不同,导致它们之间在合作中出现缺陷。一方面,家长在与学校合作方面缺乏合作意识,只注重以自己的方式教育和管理孩子,比如:家长认为自己的孩子不能吃亏,孩子在被欺负之后要打回去;而当教师遇到这种情况时,会先了解他们之间的冲突,并且提出和平解决的方案,让学生学会自己解决与同学之间的矛盾。另一方面,家庭和学校对孩子的教育重视程度出现差异,进而导致两者间的合作出现缺陷。比如:家长为了能够让自己的孩子学到更多的知识,不断地压榨学生;而教师会妥善安排自己的教学计划,让学生能够在合理的时间内有目的、有计划地学习。

因此,小学家校合作冲突中最主要的问题是小学家校的教育价值观冲突。

#### (二) 教育内容冲突

小学阶段家校对教育内容的关注点、关注度和重视程度不同,进而会导致两者之间存在冲突。在学校方面,教师主要传授书本上的理论知识,而对学生的实践能力和课外拓展知识的重视程度不高,继而一味让学生自顾自地学习课本上有限的知识。而家庭方面,家长会更加注重教育理论的实践价值和生活价值,并且期望孩子能够学有所长、学有所用和学有所成,为以后在社会和工作上能够有所成就奠定基础。

所以,在家庭与学校间,在教育内容方面产生冲突的时候,对孩子的学习理论知识量与课外阅读拓展的知识量都会产生一定的影响。

#### (三) 教育方式冲突

出于时间、精力、资源等原因,家长与学校之间对学生的学习与教育方式的探索往往浅尝辄止。这也就导致了小学家庭与学校在教育方式上的冲突。在教育中，大多数家长会采用传统的教育方式指导学生的学习进程与课外作业，继而一味要求学生按照家长制订的学习计划学习，自顾自地写作业，进而导致孩子对课本内容的复习、预习以及写课外作业的兴趣难以提高；或者家长对其孩子进行教育时，总是希望自己的孩子能够对他们有着绝对的臣服，即对孩子的教育往往都是专制的教育，而教师在教育孩子时的教育方式会比较民主。家长要求孩子做课外作业和读书笔记，但是对于如何做课外作业和读书笔记却不加以指导，导致孩子费时费力，加大孩子的负担。有时家长会不注意保护孩子的自尊心，对孩子的身心实施打压，致使孩子的心理得不到健康成长。而教师则要求学生学习课本上的基础知识与适当地拓展延伸练习，当学生在学习上有一定困难时，老师也会及时地进行指导，拓展其思维。

因此，为了解决家校之间的教育方式冲突问题，需要正确地指导学生，根据学生的学习情况与特点，采取合适的教育方式给予学生帮助，共同促进学生的全面健康发展。

**二、小学阶段家校合作冲突的原因**

（一）认知水平不一致

影响小学阶段家校合作的主要因素是家长和学校的文化水平、思想观念等不同。在文化水平方面，两者都会对孩子的教育产生不同程度的影响。较低文化水平的家长对孩子的教育会有所放松，投入的时间较少，孩子的学习压力也相对较低；较高文化水平的家长会更加注重学生的学习情况，投入的时间多，并且，他们会给孩子安排课外辅导班和布置海量作业，孩子的学习压力不断增加，会导致孩子出现焦虑的心理状态。而学校教师的认知水平，尤其是在与教育相关的专业知识和理论方面，其水平普遍高于家长。所以教师在教育学生方面对学生会产生更大的影响。教师是文化的传播者，在人类文化的继承和发展中起着桥梁和纽带作用，教师面对的是一个个有生命、有感情的学生，自己的言行、人格等都会对学生产生至关重要的影响[3]。小学生家长和教师的思想观念对孩子也会产生一系列不同程度的影响。家长与学校的不同思想观念影响着他们的教育心态，这种教育心态影响着孩子的学习行为，影响着最终的教育成果，即影响孩子的学习结果和发展。

## （二）沟通渠道不顺畅

小学阶段家校沟通渠道不顺畅是家校合作冲突最主要的原因。由于家校双方合作意识较为薄弱，学校要担任的沟通工作较多，需要家长和学生的配合。鉴于小学教师的时间和精力较为有限，家校的沟通还不够成熟和到位，因此需要增加两者之间的沟通渠道。家校的沟通较少，没有挖掘更多的沟通渠道，会导致教师对学生了解只停留在表面，无法进行深入了解与沟通。特别是对于留守儿童，学校与家长之间应该多进行交流，使双方都能够及时了解学生的状况，从而调整教育方式与教育内容以及应对策略，促进学生的健康成长与发展。

## （三）小学阶段家校合作不深入

有些家长对家校合作的参与度和配合度与重视程度较低，家庭与学校之间的合作意识不强，家校之间合作的投入时间少。部分教师认为，注重应对学生的学习情况以及解决他们可能存在的心理方面的问题就行，缺少与学生家长之间的联系，对学生各方面的情况了解不深入，导致学生遇到的问题没有及时得到解决。

除此之外，受环境、资源等因素的影响，学校与学生家长之间的合作投入的时间相对较少，交流不够深入，参与度不够，导致小学家校合作不深入。因此，小学家校的合作需要家庭和学校的重视、参与以及配合，才能让家校之间的合作更深入。

## 三、解决策略

### （一）全方位提升家长育儿水平

提升家长育儿水平可从以下四个方面着手：一是建立家长学校。教育局或者学校可以通过建立家长学校，给更多家长提供育儿方面的知识，培养家长正确的教育价值观，促进孩子更好地发展。二是设立家长资格证等级考试。设立此项目的目的是让更多家长认清自己能否当一名合格的家长，并且为成为优秀、有上进心和合作意识的家长而努力。三是宣传教育。教育机构或学校可积极宣传家校共育，从而引起更多家长的关注，让更多人关注教育相关问题，增强小学阶段家校合作意识。四是社区教育。要保证社区教育的效果，学校需要处理好与家长、社区及邻里的关系，并且建立信任关系，从而达到传授教育经验与应对策略的效果。

（二）多渠道建立家校沟通方式

小学阶段家校之间的沟通方式的建立可从以下几个方面进行：一是创建家校之间沟通的家长群。在当前快速发展的网络时代，创建微信家长群和 QQ 家长群较多，通过这种沟通方式不仅冲破了工作时间、空间的制约和家校之间的界限，还可以实现家校的互联互通和无缝对接，让家校沟通的效率得到了提高。二是组建家长委员会[4]。家长委员会是建立学校与家长之间关系的重要平台之一，因为其能有效地增加学校与家长之间的沟通与交流。比如：玉州区的部分小学组建了由学生家长组成的家长委员会，推选出主要负责人员。每当学校安排需要家长参与的活动时，通过家长负责人联系各学生家长，这种方式能够减少教师的工作负担，也能够极大地促进家校的合作。同时，家长委员会可以使学校教育、家庭教育与社会教育相结合，形成网络化的教育体系[5]。通过合理利用家长委员会进行宣传，可以为学校扩大影响力。让家长自愿报名，班主任家访谈话把关后，选拔一批热心为班级服务，自身家庭教育做法优秀的家长成立班级家长合作委员会，并推荐一名优秀的家长参加校级家长合作委员会。家委会的成员在教育上跟上学校脚步，协助孩子们共同成长；在生活上给孩子们构建良好的学习氛围，及时协助孩子解决课后作业上遇到的困难；在教育管理上，协助老师做好管理工作，为学校开展素质教育工作出谋划策。同时，这批优秀的家长以身作则的优秀做法，也给班级其他家长在认同学校的教学理念、沟通技巧等方面起到了很好的榜样作用。然而，建立家长委员会在一些农村小学还没普及，这极大地降低了家校之间联系的效率。

（三）全维度开展家校合作

1. 允许家长走进课堂

家长走进课堂，不仅可以以家长义工的身份进入，还可以以观察者的身份接近孩子的学习环境，了解更多关于孩子在学校生活的信息。同时，家长还可以学习教师的一些适合自己的教学方法，在看到自己的孩子在课堂上的表现后，和其他孩子进行比较，从而根据孩子的情况有针对性地将学习到的不同的教育方法，合理地运用到孩子身上，弥补存在的不足或潜在的不足之处，为更好地辅导孩子的学习奠定基础。

2. 建立爱心留守站

爱心留守站主要是面对留守儿童和单亲家庭的孩子的守护站。比如，玉林市的蒲公英之家，该留守站是专门为孤儿、父亲老迈母亲失踪、父母残疾等家庭情况特殊与困难的孩子所建的。这个留守站切实关注、关爱留守儿童,以保障留守儿童健康愉快成长为主要要义,努力形成关爱留守儿童健康成长的合作站,切实解决留守儿童在家庭教育、心理健康、社会保护等方面存在的问题,并且给他们创建一个舒适、充满关爱的环境,让他们感受到来自爱心留守站的温暖。

3. 招收家长义工

家长义工是学校为学生培养课堂兴趣、开阔视野等而开设义工课堂所招收的义工志愿者。家长义工在学校的教室给学生开展手工、绘画、烘焙课堂等,开设的课堂不仅可以提高学生的课外学习兴趣,还可以让学生认识和增加生活常识,也可以让家长换位感受教师的课堂教学。家长义工主要是招收有意愿、有想法的家长,提供与学生接触的机会,并体会学校与家庭不同环境的教育氛围,感受来自学生的学习热情。比如一些城镇的小学,为了优化家校之间合作,每学期开学前招聘家长义工在每周五开设义工课堂,以教师的身份开展烘焙、手工制作等课堂活动,进一步拉近了家长与学校的距离,同时也促进了亲子之间的交流。通过招收家长义工的活动,家长对学校的配合程度也有了明显的提高。

在促进青少年儿童健康发展过程中,小学阶段的家校合作是很重要的。目前小学阶段家校合作中存在的问题还有很多。所以家长和学校都需要有针对性地提高家校合作力度,并且全方位提升育儿水平、多渠道建立沟通方式、全维度开展家校合作,鼓励学校和家长结合自身特点,选择多元化的合作方式,以减少家校合作冲突。

(作者系玉林师范学院教育科学学院2018级小学教育专业理科班学生)

**参考文献:**

[1] 魏祥艳. 小学高年级家长参与家校合作现状及影响因素的质性研究 [D]. 青岛大学, 2019.

[2] 余秀兰. 父母社会背景、教育价值观及其教育期望 [J]. 南京师大学报(社会科学版), 2020 (04): 62—74.

[3] 王延伟. 构建教师文化提升教育水平 [J]. 甘肃教育, 2014 (07): 21.

［4］周晓梅．家校沟通的力量——小学家校共育的有效方法［J］．家长（上旬刊），2019（11）：104—105.

［5］高浩然．家长委员会在处理学校与家长矛盾中的作用研究［J］．华夏教师，2020（11）：87—88.

# 构建师生和谐伙伴关系的策略及支持途径①

朱广新

师生伙伴关系是一种友好的互助关系，不再是教师为主导的关系。构建师生和谐伙伴关系，对班级管理、学生成长、教学相长等方面都大有裨益。

## 一、构建师生和谐伙伴关系的策略

### （一）多加鼓励，褒贬适中

小学阶段无论是低年级还是高年级，学生对老师的表扬都会产生心理满足感。所以，班主任与学科教师在对班级管理工作与学生成绩方面，把主动权交还给学生，如参照"教师适当引导与放权"的管理模式。对待那些事情做得好与认真完成的学生，应加以奖励、表扬；对待那些做事认真但结果不理想的学生，应对其进行鼓励，加强引导；对待那些做事态度懒散且不认真学习的学生，应对其严肃对待附加惩罚，严格要求。长此以往，学生对教师会持一种信任的态度，而此，便大致为师生伙伴关系形成的雏形。

### （二）大公无私，处事公平

教师不仅要教书育人，还要担当一个班级正义的守护者角色。班级里每个学生都有其鲜明的性格或人格特征，产生矛盾更是不可避免的。这时候，作为班主任的教师就要发挥其裁决者的角色，要向学生传递一种公平正义的处事精神，尤其是在处事时，必须遵循"三公"原则，不偏袒任何学生，自始至终做到"一碗水端平"。为学生树立起榜样，不偏心、不偏袒，让学生知道"老师这样做都是为了我们班好"，使学生从心里信服老师。

---

① 该文原载《教师报》2020 年第 1 期。

（三）担起责任，协调各方

教师是学校、家长、学生之间沟通的桥梁，承担着协调各方力量的责任。在学校管理方面，教师需要传达学校下发的各项指示与工作，按照要求完成学校布置的任务，根据学校要求构建一套符合班级实际的管理体系来管理班级，使学生懂得遵守规则及与人和谐相处的方式；在与家长交流方面，教师要及时向家长反映学生的情况，以及学生学习成绩。针对每个学生不同情况，与家长讨论出一套合适的教育方式，为孩子的成长创造条件；在学生管理方面，教师不仅要监督学生的学习生活，还要对学生的安全方面和心理情况进行监督与教育，给学生提供健康、安全的成长条件。

**二、构建师生和谐伙伴关系的支持途径**

（一）学校为构建师生和谐伙伴关系提供动力

首先，学校是教育的主要基地，是教师工作的地方，因此学校需要为教师的工作"保驾护航"，只有教师的权益得到充分的保障，教育工作者才能全身心投入到教育工作中。同时还要保护教师的从教初心、书卷气息和灵性，为教师提供一个良好的环境。其次，学校应加强教师的能力培训。为了使教师适应时代的发展，学校应成立培训小组，尤其是关于管理班级与学生方面。最后，学校应给教师更多的主动权，鼓励教师创新。把管理班级工作交到教师手中，让教师制定合适班级管理的方案，进而改变传统死板的管理方式。

（二）家庭为构建师生和谐伙伴关系营造氛围

教育工作是由学校教、家庭教、社会教和学生学四方面组成的。老师和家长在学习方面起到不同的作用。家庭教育对学生有很大的影响。首先，家长要提供一个有利于孩子健康成长的环境。孩子最先接受的是家庭的管教，家庭是孩子首先接触与长期生活的场所。其次，家长应对教师充满信任，尊重教师，放心大胆地把孩子交到教师手中。家长对教师的工作应予以支持，加以鼓励，不要过于严苛，学会换位思考问题，给教师管理班级增添信心与动力。

（三）社会为构建师生和谐伙伴关系提供保障

社会对师生伙伴关系的支持是非常重要的。首先，教师应紧跟时代发展步伐。许多教育工作者的思维方式相对传统，对待事物的看法相对落后。因此，教师应与社会发展同步，必须提高专业知识能力，壮大新时代的教师队伍。其次，应提升教师的薪酬待遇。教师不仅要靠精神食粮培育学生，也要靠自己的努力付出得来的金钱回报犒劳自己。提高教师的薪资待遇，可以让教师更有动力地学习，提升自我价值。

（作者系玉林师范学院教育科学学院 2018 级小学教育专业理科班学生）

# 小学班干部自我培养策略①

陈琳琳

小学班干部是班级的重要组成部分，既是班主任的助手，也是学生的代表。班干部工作会影响当下的班级管理以及日后的班干部个人管理信念。目前大部分小学不开设课程培养班干部，班干部欠缺系统全面的培训。大部分教师忙于课堂教学、日常生活、科研创新等，很难抽出时间单独培训班干部。极少小学生零培训能成为合格的班干部，因此，班干部的自我培养迫切且重要，需要正确科学的管理策略。

## 一、在自主管理中培养执行能力

执行能力是个人分析、行动、解决、完成任务的能力，每个人都需要执行能力，它对于多一份责任的班干部，要求则更高。班干部需要分担班主任的班级管理工作，解决一些简单的问题。处理问题，体现着个人的执行能力，执行能力强的班干部与执行能力不强的班干部处理同一个事件，前者会比后者做得好。自主管理，就是学生自己管自己，管好自己的学习、生活，学生根据已有的知识经验构成的世界观、人生观、价值观判断，经历的每一个阶段必须做、禁止做、非必须但允许做的事情。学生在家校两方的指导下，自主制定自己的目标，并制订详细的执行计划，班干部可以在实现这些计划时逐步提高目标，通过执行效果检测执行能力的变化。

## 二、在管理沟通中培养表达能力

班干部是学生与班主任、任课教师沟通的桥梁，高效的沟通交流离不开表

---

① 该文原载《教师报》2020 年 11 月 29 日。

达能力。班干部需要向班主任反映班级学风、同学心理以及其遵守班规校规等的情况，与班主任探讨班级管理对策，协助班主任解决小问题。目前大部分小学不设立课代表，而让优秀的学生担任课代表是众望所归，学生担任课代表承担了与任课教师沟通作业、练习等教学衍生职责。在平常的学习生活中，班干部应当多与同学交流沟通，了解其近况，带去关怀与温暖。当同学犯错时，班干部应该及时指出错误，给予改正建议。同时，班干部间还需经常交流沟通，解决班中疑难问题，商议班级管理策略，指出对方优缺点并给予建议等。班干部应当在管理沟通中有意识地培养表达能力，先观察表达对象对表达内容的理解情况，再尝试换不同的方式、角度、话语检验情况。

### 三、在率先遵守班规中培养示范能力

小学班干部通常由学生投票选拔或班主任推荐而任命。因此，班干部一般在学习成绩、班规遵守、能力、性格、人缘等多方面或某方面表现优异，是同学的榜样。班干部在学习、生活中应当成为遵纪守法、品行良好、谦虚好学的学生，并向其他学生示范好的方面。班规是校规的细化和补充，各班根据实际情况细化和补充，更适用于班级管理。低年级班规通常由班主任确定，学生年龄越低，情况越突出；中高年级班规通常是学生与班主任共同制定，学生年龄越高，学生做主越明显。因为年龄小、自制力差，小学生容易违反班规校规，但是可以受到遵守班规校规的同班同学潜移默化的影响，而对自身缺点加以改正。班干部应当发挥榜样作用，率先遵守班规，以实际行动言传身教"我们能遵守班规"。此外，班干部不遵守班规，视班干部为榜样的学生易跟风不遵守，不遵守者甚至打着"班干部也这样"的旗号，知错不改、重蹈覆辙。

### 四、在师生交往中培养全局把控能力

全局把控能力是指对全局有一定的掌握，使其按照原定的规划发展的能力。小学生年龄小，缺少社会经历、人际交往与管理沟通的知识经验，教师比小学生多人际交往的经历、任职前后的专业培训、前辈的经验传授，是班干部自我培养的绝佳引路人。教师需要顾及很多，如学生的发展需求、义务教育的需求、学校教师的需求、家长的成长需求等。小学班干部易用惯性思维即个人角度，而站在教师的角度考虑问题会更全面，全局把控能力会快速提高。班干部应当在与教师的交往中，观察教师如何管理班级，其与学生沟通交流、管理学生时

的面部表情、站姿、眼神、手部动作等体态，以及语气、节奏、用语等，面对不同对象、不同环境、不同程度的体态、语言的变化，思考变化产生的原因，并在班级管理中灵活运用知识。

（作者系玉林师范学院教育科学学院 2018 级小学教育专业理科班学生）

# 转学对小学生学习认同感的影响及提升策略①

### 庞依曼

　　**摘　要：** 随着社会的不断发展，越来越多的小学生成为转学生。转学会对小学生的学习认同感产生影响，而学习认同感指的是学生在心理上接受学习，并对学习过程做出积极的感受和正面的评价，愿意进行长期的学习活动的主观心理感受。当转学生的学习认同感长期得不到提升时，会对学生的学习和生活、心理产生不良影响。本文通过研究转学生学习认同感降低的表现和原因，提出了转学生学习认同感的提升策略。

　　**关键词：** 转学；小学生；学习认同感

## 一、学习认同感构成要素

### （一）学习态度

　　学者将学习态度定义为学生对待学习活动和学习过程中所表现出来的一种较为稳定的心理倾向。[1]学习态度是学习行为表现的决定因素，它决定着学习者是否愿意进行学习活动。学生的学习态度具体表现为对待学习的态度、对待教师和对待学校的态度。态度的结构理论认为，态度的成分主要可以分为认知、情感和意向三种。认知成分指的是学生对于学习活动的一种领悟，它是学习态度的基础；情感成分指的是学生在进行认知后所产生的情绪或情感体验，比如对学习的喜爱或者厌恶；意向成分指的是学生对于学习的反应倾向，一个准备进行学习的状态。学生对学习的认识、对学习的体会和对学习的行为倾向将会对学生的学习成效产生直接的影响。[2]

---

　　① 该文原载《广西教育》（义务教育版）样刊未到。

## （二）学习行为

学习行为，也可以称为学习活动，是学习者的思想、情感、情绪、态度、动机、能力等内在心理素质的外在表现。[3]学生在获得和运用知识的过程中所表现出来的个性特点为学习行为，而学习行为在不同的学习阶段有着不同的表现，在不同的学生身上也有着相近或相异的表现。从学习行为上看，不同的学生在课堂学习中有着区别性的问题行为。学生性别上的差异，会影响学生在课堂上的学习行为的表现，女生较易受到周围环境的影响，及时调整自身学习行为，男生较少受到从众行为的影响，更容易自己做自己的事情。总而言之，学生作为个体，有着较为独立的思考能力和思维习惯，不同学生因思想意识的不同在学习行为上存在差异。

## （三）学习方式

学习方式，即学习行为的方式，是指学习者为实现某种学习目标而作用于某种学习对象所采取的具体路径，主要涉及学习者参与学习活动的方式和在头脑中对信息进行加工的方式。影响学习方式的因素较多，主要有学生个体因素、教师因素和环境因素。学生个体差异对学习方式的影响显著，当学生具有积极的学习态度和良好的内在动机时，学生能够不断地通过自我管理，从而提升自主学习的能力。教师因素对于学生的学习行为起决定性作用，教师的教学方式直接影响着学生的学习行为，教师进行创新教学能够促进学生创新学习。环境要素有多个方面，信息技术作为其一，对学生的学习方式有着促进作用，新媒体和新技术为学生转变学习思维和学习观念、走出课程和课堂、学习方式多样化创造了有利条件。

## 二、转学后学生学习认同感降低的主要表现

### （一）难以适应新环境

1. 难以融入新班级

小学生在没有做好充分转学准备的情况下，面对转学后的新环境，在新鲜感慢慢消退后，渐渐产生一系列的学习问题、心理问题。转学生进入新班级后，与新同学相处不易，有时更是受到班级小团体有意或无意的排斥，不能较好地融入到班级氛围中。与此同时，转学生不了解班级的管理制度、奖惩制度等制度，转学生适应新班级的难度加大。朱小蔓的"情感理论"认为，稳定且积极

的情感有利于个体的身心健康发展，而转学生对新班级的难以适应会使其大部分的正当情感得不到表达，转学生产生不良心理的可能性加大，学习积极性降低。

2. 难以接受新教师

转学生对新教师的教学方式和教学习惯需要一个适应和熟悉的过程。小学生转学前后课程学习进度不一，其不仅要在短时间内熟悉新教师的教学方式，还要赶上学习进度，时而会有烦躁心理，若没有得到情绪的抒解，将会挫伤其学习积极性。部分转学生较为情绪化，对于不同于以往教师的教学方式，会产生不耐反应，不喜欢甚至讨厌新教师，对教师任教课程也产生不喜情绪。学生个体具有较为鲜明的个性特征，一些学生天性热情，课堂上常积极主动回应教师提问，但教师常常更倾向于与稳定的学生互动，忽视转学生；一些学生性格内敛，课堂上不善于主动提问和应答，当没有得到教师的及时重视，会逐渐地脱离课堂。这些都使得转学生对新教师的接受程度不高，学习行为未能配合教师教学进度。

（二）不改变学习现状

1. 无力改变学习态度

相对于原来的学校，转学生对陌生的新学校归属感弱，难以主动融入新学校环境。当难以赶上班级的学习进度或是遇到学习问题时，转学生怯于主动找寻教师的帮助，特别是在转学生还没有了解教师的性格特点、教学特点的情况下。转学生适应压力大、学习任务多、学习难度大，又没有教师的主动帮助，对于新教师的教学方式只能被动适应，没有余力对自身的学习态度进行评价和调整。

2. 消极转变学习方式

转学生进入班级后，为适应教师不同以往的教学方式，需要对自己的学习方式做出改变。学习方式被学习态度支配，学习态度的不积极，使得转学生对不符合学习要求的学习方式消极应对，不主动做出改变。设例，在一节语文课堂上，教师对学生的字词复习、课前预习、课后复习做出要求，而学生在转学前，教师可能只是直接讲解课文，对学生的要求较低。两位教师教学方式的差异要求转学生改变学习方式，提高学习效率。当转学生因学习压力突然增大或因自身的懈怠不想改变学习方式时，学生的学习进度就开始落后于同班同学，还将对学生长期的学习活动造成不良影响。

### 三、转学对小学生学习认同感产生影响的原因

（一）外在原因

1. 学校及教师方面

教育的区域发展差异是小学生转移学籍的一大原因，转学生通常是从教育水平较低的学校转入教育水平较高的学校，两个学校之间的教育水平差异会对转学生的学习认同感产生影响。转学生转出学校与转入学校的课程设置不相同，造成学生转入新学校后没有相应的学习基础的问题。当转入学校对于转学生和其他学生采用统一的标准去教育他们时，这对知识水平较低的转学生来说，是不公平的，也会加剧转学生适应问题的严重性。

教师是转学生学习适应过程中的重要人物，一位优秀的教师不仅能让转学生适应学习环境的改变，还能够为进一步提高转学生学习能力给予强有力的帮助。多数教师在对待转学生的教学上，更注重科学文化素质的教育，较少教师能够花时间观察转学生学习特点，发现学生学习的不足之处而强化教育。教师在未观察转学生学习特点，没有了解转学生时，就对转学生给出较低评价，只看到转学生的缺点而没有看到优点。教师对转学生的负面评价会表现在师生相处中，可能会造成转学生对教师产生不满情绪。

2. 班级方面

班级不仅是学生学习的场地，也是学生们交流、玩耍的场所。陌生的班级环境对转学生造成适应压力。班级小团体对转学生的排斥，也阻碍了转学生结交新朋友、融入班级社会心理氛围。

3. 家庭方面

转学生的家庭环境对转学生的学习有间接而深刻的影响。当家庭经济窘迫时，居住环境的恶劣让嘈杂的声音不断影响着学生稳定的学习状态，而家长为生计忙碌奔波，对学生的学习和生活缺少关注和帮助。当家长文化水平较低时，对转学生有更高的期望以及不切实际的要求，采取棍棒教育的方式，一味迫使学生提高成绩，不能对学生提供有效的帮助。

（二）内在原因

当转学生是由农村学校转入城市学校时，转学生自身存在学习基础较为薄弱的问题，对于教师的讲课不知其意，对于课后的作业也很难保证高效率、高质量完成，课后作业的拖欠又使得转学生对掌握知识点存在困难，如此恶性循

环，最后演变成为学习适应问题。转学生在学习基础不夯实的情况下，对学习方法也缺乏科学的认识，对怎么听课记笔记、怎么合理安排学习时间等有很多的疑惑。

## 四、转学生学习认同感的提升策略

### （一）熟悉环境

#### 1. 熟悉校园环境

校园环境可以指学校的自然环境、学习和生活的硬件设施环境、校园风气等。小学生转入新学校时，容易因陌生的校园环境感到恐慌、孤单，对整个校园环境产生拒绝感、回避感。为了消除转学生群体的恐慌感、拒绝感和回避感，教师和其他学生可以为他们提供帮助，如带领他们游校园、看教室，为他们介绍学校的基础设施和教室的教学设备，以及学习和娱乐的场所，还可以介绍学校的各项规章制度，讲述学校的发展历史，也可以讲一些有趣的课堂活动、温柔的教师或是一些校内流传的小故事等，促使转学生尽快将对校园环境的陌生感转变为熟悉感，加快适应新环境，对新学校产生归属感。除了教师和其他学生可以为转学生提供帮助外，学校可以组织迎新会，安排集体观看电影，举行小型运动会或游戏性质的比赛等，在轻松的氛围中使转学生增加对学校、教师和同学的认识，激发转学生的孩子天性，提高活跃度。

#### 2. 融入班级环境

转学生对于班级环境的适应，不仅要适应班级的教学气氛，还要适应班级的社会心理氛围。班主任在转学生融入班级的过程中有着重要的影响和作用。班主任可以举行一场"欢迎新同学"的主题班会，让转学生借这个机会向同学们介绍自己、展示自己并让同学们了解自己，同学们也能够让转学生感受到班集体的和谐、团结的氛围，并让转学生感受到每一个同学对他的欢迎之情、接纳之意，缓解转学生初入新班级的紧张和担忧之情。班主任还可以为转学生简单介绍班级课程的设置、各位任课教师的教学特点和性格特点、几位课代表和班干、课外活动的安排等。除了学期开始时为转学生提供帮助，班主任在之后也要时刻注意转学生的学习状态、生活情况等，当转学生遇到问题时可以主动施以援手，而不是枯坐着等待转学生的求助。转学生自身也可以采取措施主动融入班级环境。比如，在课堂上踊跃发言，凭借求学好问的精神刷新同学对自身固定的看法；在课外主动与同学交流、玩耍，通过对话或在玩乐中结交兴趣爱好相同的朋友，慢慢融入到班级环境中。

### （二）学习适应

#### 1. 培养积极的学习态度

积极的学习态度推动着转学生主动调整自身从而达到与学习环境要求相符合的目的，大多数的转学生较缺乏积极的学习态度，而要培养积极主动的转学生，教师可以在教学过程中采取措施对其进行引导帮助。教师首先要帮助转学生正确认识学习的意义，明确学习目标，增加对学习这一过程的认知，增强对学习这一个体行为的责任感，促使其将"要我学"的思想转变为"我要学"的思想，增加主观积极性。教师还可以适当对教学方法进行调整，使用较为贴合转学生的教学方法，激发转学生的学习兴趣，还要在转学生学习适应的过程中不断给予其正面的评价，多多表扬和鼓励转学生，让转学生看到自己的进步，能够在学习的过程中带着积极的情绪，增加转学生进行且长期进行学习活动的意愿。

#### 2. 采用适宜的学习方法

转学生在转学前后，教师教学方式的差异需要转学生采用不同的学习方法。为适应教师的教学方式，转学生要有正确的学习规划方法，及时做好预习，课上认真听课，课后耐心复习，课余时间进行有意义的书籍阅读，掌握应对考试的方法。

#### 3. 调整学习心态

转学生应接受自己在学习适应的过程中不能达到预期目标的情况，放宽学习心态，不要对学习成绩的排名固定了记忆，一直否定自己。转学生需要有正确的学习定位，明白没有一成不变的人，也没有停滞不前的成绩。在沮丧于成绩名次的落后时，要有更多的思考分析，按照本次测验和前次测验的难度差异，对自己的学习水平进行分析。

### （三）父母提供帮助

#### 1. 参与适应过程，促进家校沟通

转学生适应环境，提升学习认同感的过程，不仅需要教师和同学的帮助，还需要家长的支持和鼓励。作为转学生的家长更应该理解孩子在进入陌生环境后的紧张、焦躁的心理状态，并配合学校和教师的工作，共同帮助转学生度过困难期，良好地学习适应新环境。在学生转学前或刚转学时，家长可以和班主任沟通交流，让教师对转学生的学习情况、心理状态有一定的了解，让班主任

能够更好地针对问题提出解决方法。孩子转学后，家长也要不时地与班主任、任课教师交流沟通，了解孩子交友情况、心理状态和学习情况。

2. 营造温暖和谐的家庭氛围

温馨的家庭氛围也会对转学生的学习、生活和心理产生潜移默化的良好影响。转学生本身已经对新环境下的学习和生活产生焦虑，当家长因繁重的工作而抱怨时，或因生活的琐事愤怒地争吵时，又或因为孩子的学习适应问题而诉说担忧时，会向孩子传递消极的情绪，增加孩子的心理压力。而温暖的亲情、和谐的家庭氛围，会为孩子克服困难提供精神依靠和心理动力。

（作者系玉林师范学院教育科学学院2019级小学教育专业文科班学生）

**参考文献：**

［1］ James W. Brown. Social Psychology and Second Language Learning：The Role of Attitudes and Motivation ［J］. Studies in Second Language Acquisition. 1988，10（3）：419—421.

［2］ 李小平，郭江澜. 学习态度与学习行为的相关性研究 ［J］. 心理与行为研究，2005（4），27—29.

［3］ 向葵花. 中小学学生学习行为研究 ［D］. 华中师范大学，2014.

# 人工智能在小学班级管理中的应用途径研究①

秦柱秀

　　**摘　要：** 人工智能作为计算机科学的一个重要分支，可通过模仿人类思维智慧与行为方式，发挥其劳动力度小、严密精准性强以及管理效率高等显著优势，在小学班级管理工作中切实减轻教师、家长及班干部的负担，通过"更迭考勤管理方式""分析学生学业成绩""记录学生心理成长"和"加强家校互动联系"等途径辅助或代替管理人员的活动，实现在小学班级管理中的深度实践应用，建构普适化、标准化、创新化的小学班级管理。

　　**关键词：** 人工智能；小学班级管理；应用途径

　　传统小学班级管理仅靠人力开展管理工作，其管理途径单一、效率低下，管理人员在不断累积的问题中受到牵制，进而导致班级管理工作简单化、随意化、片面化和主观化。人工智能作为计算机科学的一个重要分支，可通过模仿人类思维智慧与行为方式，发挥其劳动力度小、严密精准性强以及管理效率高等显著优势，在小学班级管理工作中切实减轻管理人员的负担，通过"更迭考勤管理方式""分析学生学业成绩""记录学生心理成长"和"加强家校互动联系"等途径辅助或代替管理人员的活动，实现在小学班级管理中的深度实践应用，建构普适化、标准化、创新化的小学班级管理。

## 一、人工智能及其应用于小学班级管理的可行性

　　人工智能简称AI，是计算机科学的一个重要分支，也是信息科学技术发展的产物。它主要指通过计算机模拟人类的思维智慧及行为方式，用于延伸拓展

---

① 该文原载《广西教育》（义务教育版）2020年第1期。

人类智慧的技术科学，主要表现为智能机器或智能程序。[1]

人工智能未普及之时，小学教师、家长和班级干部的精力有限，他们对班级的管理难以面面俱到。新时代计算机科学井喷式发展，促使人工智能在教育中的实践应用日趋成熟。2018 年全国"两会"上，"人工智能+教育"成为众人瞩目的亮点，这预示着人工智能将不再是一门遥远的科学，它会逐渐深入社会生活，甚至与小学生未来的教育环境息息相关。其中，人工智能在小学教学、教务等方面已经有较全面的发展，而在日常的小学班级管理方面仍有较大的应用潜力。针对小学班级管理，该领域人工智能的研究项目包括智能考勤管理、智能成绩测评、智能心理记录和智能家校互通等。人工智能不是一成不变的概念，它也有昨天、今天和明天，它以劳动力度小、严密精准性强以及管理效率高的优势，驱使小学班级管理的智能化成为未来发展的必然趋势，其与小学班级管理的融合途径值得期待。

## 二、人工智能在小学班级管理中的应用途径

（一）人工智能更迭考勤管理方式

1. 点名系统

点名是小学班级管理常规工作，鉴于班级场景面积大，学生人数多，采取人工点名的方式程序繁杂且效率低下，且小学生大都爱玩好动，难以积极配合人工点名工作，导致管理员认不清、记不全，甚至因监管疏忽出现漏签、代签等不良情况。人工智能的植入为班级点名工作提供了便利，该应用含有智能人脸识别技术，既可以维护班级秩序，也为维护校园安全增添了一道强有力的防护线。完善的班级智能点名系统架构，可通过网络将班级学生人脸列表接入智能服务端，全方位捕捉识别学生人脸，无须学生配合即可完成无感人脸识别，自动完成班级点名工作，并能进行二次核验补签，支持教师拥有更换及删除人脸等操作权限，以保持该智能系统的有效性。[2]

2. 迟到信息

小学生迟到是较常见的一种违纪行为，但发现学生迟到时，教师往往处在固定的教室区域，无法及时判断迟到学生身在何处、是否安全、何时能到教室等。针对该情况，智能考勤系统将统一课程管理，在服务器内部导入课程时间管理库，实现校园信号全景覆盖，在既定时间提醒本班学生进入教室准备学习，当发现有迟到现象，智能系统将结合人脸识别清单，在保护学生合法隐私的情

况下，实时按照设定的轨迹对校园进行全景覆盖查找，其中包括教室、实验室、操场、会场等公共场所。此外，还可借助人工智能的力量，记录学生迟到原因，对迟到学生的学习生活习惯进行持续跟踪了解，纠正学生做事拖沓等不良生活习惯，并设置"出勤明星"等鼓励性奖项，教育学生合理安排时间，避免出现二次迟到现象。

### 3. 请假记录

小学生尚未成年，未能凭个人意愿做相应的请假决断，但不可因此忽视学生的个人诉求。人工智能背景下的小学生请假管理系统，主要分为教师端与家长端，家长端下还包括了一个子服务端，即学生端。该智能考勤系统有强大的信息管理功能，可根据学生的请假信息自动生成报表，将电子文档发送到班主任及相应的任课教师手中，并提醒责任教师尽快与学生家长取得联系，进一步确认学生请假信息，以提升班级学生安全指数。家长端设置了请假申请、销假申请、查询自己请假记录的权限，这几项操作均可由家长独立完成或授权由学生完成，而教师端设置请假审批、销假审批以及查询学生请假记录等权限，这几项操作互相配合，达到高效、准确和及时管理的效果。

### (二) 人工智能分析学生学业成绩

### 1. 分析学生成绩资料，理清学生学习需求

于小学班级管理而言，学生的成绩管理十分重要。但手工记录学生成绩或单凭教师个人的力量分析整个班级的成绩，这样的做法已经完全不能满足当代教育发展的需求。成绩资料杂乱冗长，教师需花费大量的时间与精力去分析学生的成绩，这样的做法收效甚微。若采用人工智能管理学生的成绩，则可大大提升管理效度，它适用于规模较大的成绩统计分析，以简单、方便、实用的优势成为许多教师的智能助手。该系统只需教师导入成绩，就可以精准记录学生的姓名、性别、班级、学号以及对应的课程成绩等，在短短十几分钟内对学生的随堂测试、期中以及期末考试等成绩数据进行精准的分析，并进行可视化的资料呈现，还可以实现基本的增删查改功能，它不仅可以实现总分、平均分、优秀率等常规统计，还可以在智能系统内部赋予各题型相关权重，根据各小题得分率判断学生对哪些知识掌握较好，对哪些知识掌握较弱，从而推断学生的后续学习需求。

### 2. 推荐适宜学习内容，开辟个性发展路径

智能推荐系统早已融入现代人的日常生活，对于教师来说，如何在众多的成绩数据中快速、准确地定位学生的个性化需求，把这些需求数据应用到自己

后续的教学中去，从而为学生开辟个性化的发展路径，是一个异常重要且极具挑战的任务。人工智能系统具有信息过滤功能，它能根据学生的历史成绩档案或学习行为记录，推测出学生的学习兴趣，预测学生的学习能力，生成有效的学习策略，结合学生长短期的学习情况变化，将学生的学习成绩与学习需求更紧密地结合起来。该智能系统还改变了常规的教师和学生的学习沟通方式，加强了教师和学生的沟通交互性。

3. 实时收集回馈评价，探索卓越培养范式

传统课程教学范式主要以教师为中心，对学生的关注较少。人工智能在这方面的作用是在为学生推荐适宜的学习内容，开辟个性发展路径的基础上，长期跟踪学生的学业情况，为学生挖掘其潜隐智力。系统能自动结合定性评价与定量评价，适应不同评价个体的需求，生成学生评语，智能系统中的数据挖掘与数据存储功能，也可为教师积累工作成果，实现集中数据化信息管理。围绕卓越人才培养目标，该智能系统将根据实际动态生成课程实践教学建议，为及时、准确地调整学生学习方案提供指导，为探索卓越培养范式提供科学依据，保障班级管理顺利实施，使班级管理工作更加规范化、科学化。

（三）人工智能记录学生心理成长

1. 预防学生潜在的恶性事件

鉴于小学生的身心成长特点，其易产生不良行为，而教师无法时刻在班集体中监督其一举一动，人工智能可针对学生的行为意识，检测其班级日常行为，对良好举止给予充分的表扬，为其余学生树立榜样模范。此外，也能提前发现并及时纠正学生的不良行为，如乱扔垃圾、打架斗殴、偷盗窃取等。其中，该功能分为学生行为预警、预警跟踪处理、行为统计分析、行为档案管理、短信实时提醒等几部分。它对学生行为等数据进行自动计算，达到预警值时自动触发警报，教师可根据系统导引找到需要帮助的学生，对进入预警状态的学生的行为记录档案进行了解后，参考智能系统对学生做出的状态分析，对学生施以有针对性的关怀教育。最终通过系统化、针对性强的跟踪调查，介入教育过程，改善学生的不良行为，降低学生不良行为的触发率。

2. 开辟学生心灵畅诉空间

小学班级的关注焦点常常是可视化的饮食卫生、身体健康、学业成绩和升学等问题，而小学生的心理问题也是班级管理应当密切关心的一个重要问题，特别是临近小学毕业的学生，他们面临的心理压力则更加沉重。据了解，小学

生也会处于社交敏感期，他们希望采用心灵倾诉的方式宣泄自己的情绪，从而保持积极向上的心态。对此，人工智能系统以"自主自助"为核心理念，设置自助心理测评模块，在充分保护咨询者隐私的情况下，支持咨询学生选择自助心理辅导，也可以选择将自己的心理活动通过互联网的形式传送给自己喜欢的教师。如此，教师就可以及时了解学生的心理健康状态，该做法也能进一步拉近教师与学生的距离。

（四）人工智能加强家校互动联系

1. 搭建家校沟通平台

过去教师与家长之间的沟通大都通过家庭备忘录、家长会、家访等形式来实现，随着人工智能的发展以及智能终端的普及，人工智能成为教师与家长沟通的重要途径，QQ群、微信群、公众号、博客等智能通信工具也以其便捷的优势成为小学班级管理中的重要工具，成为班级小群体的交流平台。智能通信工具的创建可以使教师、家长共同参与交流，实现多方与单方之间的交替互动，如提升家校互动频率、加强班级建设管理、为家长解决困扰等。[3] 教师在平台上实时发布班级教学动态、班级学习资源、班级活动照片以及班级通知信息，在此过程中，家长可以迅速感受到班级的凝聚力、教师的责任心，同时也关注到了孩子的成长，促使教师在众多家长心中建立起思想威信、品德威信、学识威信以及情感威信，较好地弥补了现实中家校沟通的不足。

2. 创建家校管理合力

为增进家校联系，众多学校在校园或班级内部设立"家长驻学岗"，而实际情况往往是家长忙于工作，极少到校参观学习，导致"家长驻学岗"形同虚设。但在人工智能背景下，小学班级将有条件创立线上的"家长驻学岗"，家长可在线上参观班级的晨读、上课、活动情况，知晓班级管理具体要求，也可对教师的管理建言献策，让家长在人工智能的协助下提升班级管理参与度。此外，小学班级家长委员会承担着协同管理、协同育人的责任，借助人工智能，家长委员会可在线商讨如何协助教师管理班级，民主决议可以采用智能系统发起投票，节省了大家的时间与精力。当家长委员会有需要发起面见会议时，智能系统还可以统计各位成员的行程时间，并自动预约最近的适宜时间，避免人工收集统计，此举更为方便快捷。

（作者系玉林师范学院教育科学学院2017级小学教育专业卓越班学生）

**参考文献：**

［1］贾泽宇．以人工智能为例浅析计算机科学技术对智能生活的影响［J］．中国战略新兴产业，2018（04）：191—192.

［2］李雪，扶青．人脸识别进课堂，有必要吗？［N］．郴州日报，2019—09—09（003）.

［3］贺妹文．运用微信助推班级管理的实践研究［J］．甘肃教育，2019（15）：33.

# 教师对短视频引发小学生问题行为的干预策略①

冯美琪　陈玉兰

摘　要：伴随经济发展和互联网的普及，越来越多的小学生接触网络，近几年依托互联网平台兴起的快手、抖音等短视频软件因其新颖性深受小学生青睐。小学生价值观还未定型，因而判断能力较弱，极易沉迷短视频，受低劣短视频影响而引发诸多问题行为。针对短视频引发的小学生问题行为，教师作为学生成长的"引路人"，应采取何种方式正确引导小学生显得尤为重要。

关键词：教师；短视频；问题行为；干预策略

随着电商以及各种直播的兴起，抖音、快手短视频迅速崛起，吸引了来自六岁到六七十岁人群的关注，但随着抖音、快手短视频平台对于视频发布者和APP 本身管理的缺失，短视频的弊端也逐渐显现，特别是对于小学生群体。针对小学生因为观看和使用抖音、快手而出现的问题行为，教师应该采取何种方式正确引导小学生显得尤为重要。

## 一、问题行为表现

在观看和使用抖音、快手的小学生里，问题行为最突出的主要有三类：价值观歪曲、思考力丧失、做出极端行为。

### （一）冲击价值观

抖音、快手这一类的短视频有时为了让创作者迅速走红，幕后推手会对其进行包装，例如：年纪小小的亿万富翁；多次整容变得漂亮自信；通过网络直

---

① 该文原载《时代教育》2020 年第 10 期。

播平台变得富裕等，这些包装其实经不住仔细推敲，但对于没有价值观念的小学生而言，经常观看这类短视频，其会认为"有钱就拥有了一切"，并开始模仿炫富，甚至只注重外表，不关注内在，喜欢整容过后的自己……无形之中，这些视频冲击了小学生的价值观，致使小学生的价值观扭曲。

（二）破坏思考力

短视频中也存在大量贴近生活却夸大事实或是将是非颠倒的视频，制作者在开始会利用生活中的一些小知识为看点制作视频，吸引一波粉丝后，则开始制作与事实相反的短视频。小学生的认知能力尚且不足以判断是非，但是其观看的视频会给小学生一个假象：这个制作者的视频都是真实的，在观看后面视频的时候，小学生的思考力就会被弱化，认为这个作者的视频皆是真实的，从而被作者牵着鼻子走。

（三）催发极端事件

吸引眼球得有一定的"爆点"，像上面提及的是其中两种，另外还存在较为严重的一种情况。有些短视频创作者通过破坏公共物品、虐待猫狗甚至是自虐来获取快乐，小学生还没有形成系统的思考模式，在观看时会认为：作者笑了，说明他是开心的，这件事是值得让人做的，从而模仿这些极端的行为。


二、干预策略

（一）多方面了解学生实际心理需求

探究学生实际需要，摸清学生实际情况，满足学生心理需求，是成为一名好教师的关键。针对"学生沉迷短视频而引发问题行为"这一问题，教师平时应多加了解学生心理发展特点，密切关注学生身心发展的实际需要，可以从以下几个方面了解学生需求：一是面对面交谈。教师可以与沉迷短视频的学生单独谈话，恰当适时地引导学生吐露自己真实的心声并耐心聆听，分析该学生沉溺此类短视频软件的根本缘由，并提出合理的建议。譬如，部分学生由于成绩差，缺少成就感，便设法从网络中获得成就感。对于这种学生，教师应关注其成绩落后的原因，帮助其提高学习成绩，重新树立学习自信心。二是问卷调查。教师可以通过问卷设计相关题目，通过问卷数据的统计、整理，分析短视频引发学生问题行为的根本原因，并采取相应的解决对策，以此减少此类短视频软件给学生带来的危害。三是向家长了解。教师还可通过家访和家长的校访，全面了解短视频引发问题行为的学生的校外表现、家庭情况及个性心理，能针对性地解决学生存在的问题。

（二）多渠道提升学生分析研判能力

学生能够自发形成是非观念，提升个人对短视频的分析及判断能力，是有效扼制短视频对学生产生不良影响的手段之一。作为教师，应重视培养小学生的媒介素养，利用多种渠道对其进行有针对性的价值观教育。其一，开展主题班会。教师可以在班里定期组织开展与"短视频"有关的主题班会，向学生科普有关网络媒介素养的知识，通过班集体教育，给予学生自由发表意见的机会，使学生在充分讨论中明白沉迷短视频会给自己带来的危害之大，从而提升其分辨力和自控力。其二，举办手抄报和征文比赛。学生通过自己动手绘制手抄报和撰写作文，依托文字与图画，既能生动地传达其内心对短视频的真实看法，又能借助张贴优秀作品的机会宣传短视频的有关知识，加深其对短视频的了解。其三，演绎情景剧。教师可以围绕"短视频引发小学生问题行为"为这一主题编写情景剧剧本，指导学生排练，最后面向所有学生公开展示，以此呼吁所有学生学会自我保护，避免庸俗短视频危害自己的身心健康。

（三）多方位增强家长正面引导意识

1. 家长自省，提高隐患防范意识

欲摆脱短视频对小学生的负面效应，家长是关键因素。因此，家长需做好"统帅"，注重引导和约束，掌握沟通技巧。学校可以面向家长开设与短视频相关的专题讲座，引导家长反思自身是否存在平时喜欢玩此类软件，潜移默化地影响了孩子的情况。教师还应告诉家长要提高对"不良短视频给孩子带来安全隐患和恶劣影响"的防范意识，以身作则，树立榜样，自觉营造良好的家庭氛围。

2. 家校联手，建立有效交流模式

老师和家长应该搭建沟通平台，建立持续有效的交流模式，发挥教育合力，引导孩子朝着正确的方向发展。例如：从学生家庭情况分析中可以得知，部分沉迷短视频的学生要么来自单亲家庭，要么就是留守儿童，抑或父母关系不和谐。因此，教师应多与家长沟通联系，指引父母给孩子更多的关注和关爱，帮助沉迷此类软件的学生尽快从虚拟世界中走出来。

教师是学生前行的引路人，面对当下短视频引发小学生诸多问题行为的乱象，教师理应肩负起神圣的育人职责，发挥其正面引导作用，充分了解学生个性心理，关心关爱学生，与社会各方合作努力，共同遏制短视频给学生成长带来的负面效应。

（作者系玉林师范学院教育科学学院 2017 级小学教育专业卓越班学生）

# 短视频触发的小学生问题行为及其应对策略①

冯美琪　陈玉兰

近年来,移动互联网碎片式阅读促使短视频出现,其因给用户提供了更加个性化、多样化的表达方式而得到迅猛发展。调查显示,短视频用户中,小学生用户占比趋势逐年上升,他们更容易受短视频的影响,触发问题行为。本文分析短视频触发的小学生问题行为主要表现并提出主要的应对策略,以便为小学生成长构建更加健康、安全的环境。

## 一、短视频触发的小学生问题行为主要表现

### (一) 人际关系严重冲突

小学生的喜好各有差异。同一类型短视频的作者有很多,小学生拥护和喜欢的作者不同,先不论小学生对于是非的分辨,其表现的喜欢甚是简单,人际关系冲突就难以避免。人际关系严重冲突不只存在小学生与小学生之间,还包括其他的人际关系。例如:曾经一名小学生因观看了抖音短视频,模仿抖音上的行为,决定放弃学业,与家长吵架离家出走。

### (二) 严重无助感

短视频的载体是虚拟的,许多短视频的作者抓住网络这一特质,发表的作品体现的往往是爱慕虚荣、用美色获益、崇尚金钱蔑视知识等。小学生看到此类短视频时,会联想自己的生活,产生失落感。甚至在短视频内看到同龄人时,小学生更容易因现实世界带给自己的真实感受而失落,产生严重的无助感。

---

① 该文原载《教师报》2019 年 10 月 6 日。

（三）弥漫性厌学

短视频对于好奇心强的小学生而言无疑是开拓了新世界。在观看短视频的过程中，他们会发现短视频中有许多同龄人拥有众多粉丝并获得关注和点赞，激发其产生"我也想和他们一样，发布视频就能出名、赚钱"等想法。由此看来，小学生的注意力及其思绪将被不同种类的视频扰乱，想要跳脱出"学习桎梏"，进而形成弥漫性厌学。

## 二、基于多主体的应对策略

（一）平台弥补技术漏洞和扫除监管盲区

近年来，"快手""抖音"等短视频软件纷纷推出"青少年防沉迷系统"，对小学生的保护有一定成效。例如：打开快手设置青少年模式后，将限定小学生的使用时间段和时长，提现、打赏、充值也将无法运作。此系统的作用不可否认，但也存在一定缺陷。它只有当小学生自主激活、选择防沉迷模式时才能发挥作用。因此，平台还需要不断完善防沉迷系统，扫除监管盲区和弥补技术漏洞，进一步提升对小学生的保护力度。

（二）政府制定规范的网络文化秩序

政府部门应继续健全法律法规，以此规范短视频平台及其用户行为，为小学生构建更加积极、健康、安全的网络环境。如：完善短视频"审核、监督、举报、惩处"有机结合的机制。首先，在审核方面，严禁发布暴力、色情、低俗等对身心健康不利的视频，强化视频发布者的绿色网络意识；其次，在监督和举报方面，可建立投诉处理部门，鼓励用户自发举报；最后，对于发布不良信息者，依法予以相应的处罚。

（三）学校提高学生的时间管理意识

小学阶段是孩子养成良好习惯、奠定其一生发展基础的重要时期。因此，学校应对小学生的时间管理教育加以重视，通过多种形式提高小学生的时间管理意识。如：学校可以组织每个班开展以"时间管理"为主题的班会课，让所有学生参与制订和落实时间管理计划，使得学生逐渐形成自主管理和合理支配时间的良好习惯。

（四）家长以身作则给孩子正面引导

家长的一言一行都能潜移默化地影响孩子的成长。倘若父母平时都热衷甚至沉迷于观看短视频，欲要达到"让孩子远离短视频诱惑"这一目的实属纸上谈兵。因此，家长应自觉树立榜样，有意识地放下手机；若是孩子真想看，应尊重并引导孩子合理使用手机，与其"约法三章"；另外，多与孩子面对面交流谈心，激励孩子参加户外活动。

（五）小学生提高自控力及网络素养

小学生提高自控力及网络素养是防止不良短视频毒害小学生的治本之策。首先，小学生个人要提升对短视频内容的甄别能力，自觉屏蔽暴力、低俗的信息；其次，合理规划时间，适当控制观看短视频的时间；最后，树立正确的价值观和养成良好的网络素养，仅仅把观看短视频作为学习娱乐的方式而非深陷其中，无法自拔。

（作者系玉林师范学院教育科学学院2017级小学教育专业卓越班学生）

# 小学新手教师优化课堂调控三大策略①

王钰　刘施祺

小学新手教师经验不足，往往面临课堂调控不当的难题。小学新手教师课堂调控失序主要表现在三方面：一是缺乏课堂规则，学生自我管理能力差；二是准备不足，把握教学节奏能力不强；三是缺乏经验，对课堂突发事件应对不够。小学新手教师优化课堂调控策略可从以下三方面入手。

## 一、立规建制，逐步培养学生自控能力

为了督促学生遵守课堂纪律，教师就必须制定出相应的课堂管理规章制度，让学生知道课堂上应该怎么做，不准怎么做，做好了有什么奖励，做不好会接受什么矫正。教师要根据课堂制定"五要""五不准"。"五要"即上课之前，要做好课前准备；老师讲课时，要专心听讲；同学答问时，要善于倾听；合作学习时，要积极参与；游戏活动时，要听从指挥。"五不准"即不准吵架、打架，不准上课溜号，不准插嘴，不准上课说话，不准做与上课无关的事。除此之外，教师也可以使用口令让学生听从指挥，如：课堂纪律较乱时，教师说"123"，学生回答"我坐好"；在学生发言时，发言者说"我发言"，其他人会说"我倾听"；学生回答问题后，教师可以带领同学一起说"棒棒棒，你真棒"。这些规章制度的建立，对于规范学生上课的行为起到了很好的指引作用。

有了制度，教师还要想办法督促学生去自觉遵守规则。调查证明，根据小学生年龄特点，采取小组竞赛和组内互评的形式对于学生的守纪行为能起到很好的促进作用。教师通过奖惩的方法对学生进行管理，并且为严明纪律，应当奖励先行，处罚落后，这既能提高学生自我约束的能力，也不会因为过度惩罚

---

① 该文原载《教师报》2019 年第 1 期。

而激化矛盾，引起学生对教师的怨恨情绪。教师可以对在小组竞赛中获胜的第一名进行奖励，如：一人给一朵小红花。如果违反班级规章制度，教师就会采取相应的惩罚措施，如：上课说话或溜号，应当对违规者进行批评教育，若严重影响他人学习，可以惩罚他值日一天；课间打架或吵架，轻者可以下课时在办公室对他们进行批评教育并劝和，重者应当联系家长并处理。

### 二、张弛有度，恰当把握教学节奏

因为小学生的注意力集中时间不长，所以教师应当把握好教学节奏，讲课要张弛有度。第一，教师可以设计有趣的、有层次性的、有逻辑性的问题，让学生自主探索，这不仅能激发学生学习兴趣，还可以培养学生独立思考的能力。第二，教师可以在学生感到疲劳或注意力分散时，穿插一些小游戏，如学习生字时可以利用多媒体制作"摘苹果"的游戏，每个苹果上有一个生字，让学生正确念出生字的发音并组词，就可以摘一个苹果。这样既能顺利完成教学任务，又能巩固知识。第三，教师提前做好课堂教学时间规划，在进行课堂任务或者小组讨论时，严格把控时间，当时间到时，可以使用如"小眼睛，看黑板"的口令，调控秩序并进行下一个任务。

### 三、对症下药，巧妙处理课堂突发事件

课堂突发事件的出现常常是教师始料不及的。教师在课堂教学中应该掌握应对突发事件的调控方法，针对不同类型的事件进行调控。处理方式一般有三种：第一是冷处理。即对非影响班级大局的突发事件不要急于解决，而是采取冷静和冷落的方式等待时机再做处理。如：两名同学之间出现矛盾，教师无须急于解决，而是让学生自己处理。第二是温处理。即由于某些失误引起课堂混乱或骚动，教师要主动承担责任，并以温和的态度消除失误带来的影响。如：教师课堂出现口误或笔误的情况，应该冷静而坦率地承认错误，并按正确的方法改正过来。第三是热处理。即教师对影响整个班级的突发事件采取必要的措施，立即消除影响。如：学生内部散播不良信息或谣言时，教师应当立即阻止学生散布言论，并进行思想教育。

（作者系玉林师范学院教育科学学院2016级小学教育专业文科班学生）

# 非原生家庭小学生人际失调表现及矫正策略[①]

朱广新　宣雨薇

新时代背景下，人类的思维观念日益开放自由。传统的婚姻观念受到冲击，离婚率持续增高。由离婚导致家庭解体会破坏原生家庭的结构，从而产生重组家庭，也叫非原生家庭。生活在非原生家庭中的小学生往往面临着不同的心理障碍，阻碍其人际交往。

## 一、非原生家庭小学生人际失调主要表现

人际失调直接影响个体的心理、性格和行为发展。非原生家庭小学生人际失调主要表现在四个方面：一是性格自卑，自我评价能力较低；二是散漫自由，自我控制能力较弱；三是敏感多疑，逆反心理严重；四是狂妄自大，以自我为中心。为提升非原生家庭小学生心理健康水平，帮助家长减少培养压力，为教师、学校提供有效调控借鉴，本项目通过问卷调查、访问等多种手段，收集、整理了真实、科学的数据，并根据实践数据制定一系列矫正策略。

## 二、非原生家庭小学生人际失调矫正策略

1. 刚柔并济，营造和谐氛围

著名教育理论家苏霍姆林斯基曾说"父母是孩子的第一任老师"，可见父母对孩子的成长影响至深。基于非原生家庭的特殊性，其父母更应在孩子成长的过程中细致审慎。当孩子出现心理障碍时，父母必须承担起家庭教育的责任，及时解决孩子的心理问题。

非原生家庭父母对孩子的教养应有明确的认知，不应过少关爱或过分溺爱，

---

① 该文原载《教师报》2019 年 10 月 20 日。

要采用正确的方式对孩子进行家庭教育，如：定期召开家庭会议，对父母自身以及孩子近期的表现做出总结，做到赏罚分明；民主制定家庭规则，约定严格遵守，为孩子树立良好榜样。这些教育方式为非原生家庭的小学生树立良好的行为规范。

此外，父母应持续关注孩子心理健康，致力于营造和谐的家庭氛围，避免孩子因家庭变异而产生不良应激反应。与此同时，父母可多组织家庭活动，如家庭郊游、亲子游戏等；离异的双方也应增强沟通，共同关注孩子的成长，给孩子一个适应期，减少家庭离异给孩子带来的自卑感，增强心理安全体验。

2. 循循善诱，建构交往平台

学校是小学生人际交往最密切的地方，学校应承担起育人的责任，为矫正非原生家庭小学生人际失调做出行动。如：开展人际交往教育主题班会，让学生理解人际交往的概念，促进他们对人际交往态度和人际交往方式的反思。通过这些方法，让学生深刻理解人际交往的重要性并让他们学习正确的人际交往规范。学校可以增设有关人际交往的娱乐活动，寓教于乐，通过活动增强小学生的人际交往能力，帮助他们融入集体。教师还可以通过观察非原生家庭小学生在活动过程中的语言表达、行为动作和表情细节推测个体的心理特点，以发现问题并及时纠正。

教师在关爱非原生家庭小学生的同时，应注意采取灵活的手段。如：在班级集体游戏的时候给予非原生家庭小学生关注，但不能过于明显，否则会让他处于被孤立的状态；在引导非原生家庭小学生进行人际交往、树立正确的人际交往观念的同时，不要轻易提及家庭情况，以免伤害小学生的自尊心。

3. 锤炼性格，引导良好发展

性格的发展状况影响人际交往能力的水平。非原生家庭小学生由于特殊的家庭情况，心理素质通常较为脆弱。随着信息的传播以及知识面的增广，小学生会在重组家庭这一特殊阶段自动纳入不良的信息，如：联想到《白雪公主》和《灰姑娘》等童话故事，故事中"继母"的恶毒形象使他们的心灵产生现实共鸣，由此对继父继母产生畏惧与抵抗情绪。而小学生的性格处于形成阶段，对许多事物的认知较为片面。针对这种情况，家长可以改变小学生对原有事物的浅薄认知，通过外部手段引导其性格良好发展，如：组织家庭联谊，培养小学生在非原生家庭中的家庭幸福感，淡化家庭异同观，让他们与继父继母有更多的相处时间，产生更强烈的家庭归属感。

综上，非原生家庭小学生的人际失调问题可以通过外部措施进行解决。通过具体有效的矫正策略，可有效缓解其心理问题，帮助他们培养良好的人际交往能力、提升人际交往品质、拓宽人际交往途径。

（作者系玉林师范学院教育科学学院 2018 级小学教育专业文科班学生）

# 论小学低段亲子绘本阅读的问题、归因及对策①

霍星如

**摘　要：**《义务教育语文课程标准》（2011 版）对低学段学生的课外阅读量提出了明确要求，亲子绘本阅读的开展也将给儿童成长带来很多益处。但是目前，我国亲子绘本阅读活动的开展存在普及度低、部分地区缺乏优质绘本阅读资源、家长参与活动时间不足、缺乏教师指导、家长导读能力较弱等问题。基于上述问题，本文将深入分析亲子绘本阅读开展存在的问题及归因，并相应提出"三维一体"开展模式，详细论述"双向听读""互动提问式""融入情景式"三种亲子绘本阅读开展的主要方式并分析其优缺点，为亲子绘本阅读活动开展提供模板。

**关键词：**小学低段；亲子绘本阅读；开展方式

低段亲子绘本阅读，又称低段"亲子绘本共读"，就是以阅读绘本为基础，让低段儿童和家长采用多种形式的阅读方式开展阅读活动的过程。低学段亲子绘本阅读活动的开展不仅可以增强父母和儿童之间的感情，同时还有助于培养儿童的情感认知、培养其良好的阅读习惯、激发并促进其形成发散思维。《义务教育语文课程标准》（2011 年版）指出："喜欢阅读，感受阅读的乐趣；借助读物中的图画阅读；课外阅读总量不少于五万字。"其充分肯定了小学低段阅读的重要性，并为低段孩子的阅读指明了方向，即借助读物中的图画来培养儿童的阅读兴趣，从图画阅读中体验阅读的乐趣。但是目前小学低段亲子绘本阅读开展存在普及度低、绘本资源良莠不齐等问题，因此为小学低学段亲子绘本阅读开展寻求优良的方式是当前所需的。基于上述的思考，本文将深入分析亲子绘

---

①　该文原载《广西教育》（义务教育版）样刊未到。

本阅读开展存在的问题及归因，并相应提出建议，为亲子绘本阅读活动开展提供模板。

## 一、低段绘本阅读活动开展中存在的问题

### （一）亲子阅读普及度低

目前，我国亲子绘本阅读普及度较低，很多地区的社区、学校、家庭未开展亲子绘本阅读活动。低学段学生刚刚进入小学，进入一个新的人生阶段，虽然每天大多数时间是在学校中度过的，但对家长仍有很强的依赖性。此时，家长应在课外时间多与其接触，在提高亲子感情的同时，教授其知识，促进其各方面的发展，亲子绘本阅读活动就成了一个较优的选择。低学段学生如果缺乏亲子绘本阅读活动，与家长接触时间就会减少，不利于亲子感情的培养。同时，亲子绘本阅读活动在低学段的开展也补充了语文阅读教学形式。对小学低年级学生来说，阅读绘本可以帮助他们从多个角度看待世界，从而促进他们认知和思维的发展，为其终身发展奠定重要基础。如果缺乏亲子绘本阅读活动，那么将不利于儿童各方面的发展，尤其是语言逻辑能力等。

### （二）绘本资源良莠不齐

目前，我国绘本读物虽数量大、种类多，但质量却良莠不齐。一些精品畅销书售价较高，一些"伪精装"读物错字、语病、漏字等情况较多。此外，我国国内编写绘本的作者较少，出版社更倾向于直接引进当代国外儿童绘本畅销书，或对已有的畅销儿童绘本经典读物进行重组，导致了我国适合低段儿童的绘本读物较少。选择合适的优质绘本读物对于低学段亲子绘本阅读的开展来说是尤为重要的。优质绘本读物所传递的价值观和给儿童带来的各方面的促进作用也是品质较差的读物所不能比拟的。绘本资源的良莠不齐使得我国家长在缺乏专业指导的情况下，很难趋"优"避"劣"选择合适低段儿童的优质绘本读物，而在阅读中选用不适合低段儿童阅读或是"伪精装"读物往往会使得亲子绘本阅读的效果大打折扣。

### （三）阅读目标存在偏差

家长对于绘本的阅读目标存在一定偏差，大部分家长在进行绘本阅读教学时的目标不准确，大多是为了开展绘本活动而开展，他们认为只要让儿童理解绘本内容即可，在阅读的过程中他们也只是让儿童注意图片，自己来讲述内容，

然后引导儿童进行复述，最后对故事进行大概的总结，并获得结论。如果仅用此种阅读方式开展亲子绘本阅读活动，儿童就只能通过家长的引导和思维方式进行想象，容易在潜意识里形成思维定式，降低了儿童自主思考问题的能力，束缚了儿童的想象空间，不利于儿童想象力、逻辑思维的提升。同时，仅仅采用此种单向输入的方式进行教学，不利于儿童表达自己的想法，不利于丰富儿童的阅读感受，对其更深一层了解故事的寓意也有所影响。

（四）阅读陪伴流于形式

很多家长在亲子绘本阅读中的陪伴流于形式，大多数家长投入亲子绘本阅读活动的时间远远不够，且参与活动态度较为消极，这是导致亲子绘本阅读质量大打折扣的一大原因。儿童并非天生对书感兴趣，此时作为第一任教师的父母就成了一个很好的媒介。父母完善亲子绘本共读观，与儿童共同开展亲子绘本阅读活动，能将书本带到儿童的世界，带领儿童走出价值认知误区，让儿童在享受绘本故事的同时潜移默化地增多其对世界的了解。我国大多数家长将开展亲子绘本阅读活动看作任务，未能正确认识到亲子绘本阅读对于儿童成长的重要性，对亲子绘本阅读的价值没有足够的认识。同时，在家庭教育中，家长往往更重视物质给予，忽视了亲子活动等精神陪伴。

（五）阅读方式毫无章法

大多数家长没有经过系统培训，不熟悉亲子绘本阅读指导，导读程度浅且不能很好地将同类绘本归类。在亲子绘本阅读活动中，我国大多数家庭的亲子绘本阅读活动开展无固定时间段、内容随机且形式较为单一。研究表明儿童和大人相处的时间是儿童成长中重要的一部分，尤其是对于低段儿童来说，他们未形成自己完整的"三观"，对家长的依赖程度较高，大人的一言一行对于低段儿童一生的影响将是无法估量的，家长是否能全面地认识到绘本的价值、规范指导、正确导读，很大程度上影响着儿童一生的成长。所以，上述现象的出现就易导致儿童在阅读中不能深入浅出，影响儿童的各项发展。

## 二、低段亲子绘本阅读开展中存在问题的原因

（一）落后地区宣传不足

宣传力度的不足在很大程度上影响了亲子绘本阅读活动的普及度，是导致亲子绘本阅读普及度不高的一大原因。落后、较落后城市及乡村的社区、学校

等地对亲子绘本阅读活动重视程度较低，同时亲子绘本阅读活动的开展缺乏有效的外围支持，自然对该活动的宣传力度就比较小。很多落后地区的家长甚至没有听说过绘本阅读，更不懂得亲子绘本阅读活动对于低段儿童成长来说具有怎样的重要性，自然也不会主动去开展亲子绘本阅读活动。

（二）绘本资源难以协调

绘本资源难以协调在很大程度上影响了亲子绘本阅读资源的质量，是导致绘本资源良莠不齐的一大原因。目前国内外绘本资源差别较大，我国很少有编写面向低学段学生的绘本读物的作者，国内优质绘本读物较少，大多数经典读物都是来自国外。由于从外国引进读物的成本较高，绘本资源难以协调。同时，由于我国落后、较落后地区的学生接触绘本较少，此类地区拥有的优质绘本资源也相对较少。

（三）家长认知片面盲目

家长对儿童绘本亲子共读价值的认识片面且较为盲目在很大程度上导致了家长在亲子绘本阅读活动中阅读目标存在偏差。很多儿童在进行亲子绘本阅读后仍只能体会到绘本文字的表面意思，许多家长对此类现象都备感无奈。同时，很多家长对亲子绘本阅读价值的认识不够全面，有的家长认为绘本阅读对低年段儿童而言就是消磨时间或是娱乐的一种工具；有的家长则认为绘本阅读是为了让儿童掌握更多知识，是纯知识性的教学；还有的家长甚至认为绘本阅读对儿童的发展毫无意义，只是一些图片的堆积，不值得花时间开展此类活动。

（四）家长态度敷衍被动

家长对于儿童绘本中亲子阅读的态度趋于消极很大程度上导致了在亲子绘本阅读中家长的陪伴流于形式。大多数亲子阅读活动存在形式化现象，很多家长是为了完成阅读任务才开展亲子绘本阅读活动。家长在选择绘本时也存在一定的盲目性，很多家长购买绘本的主要途径是在网上搜索绘本读物并购买，选择的读物也相对缺乏科学性。此外，在绘本亲子阅读活动开展时，家长也往往忽视学习环境的营造，这也是导致亲子绘本阅读活动效果不佳的主要原因之一。家长往往在开展亲子绘本阅读时采用的形式比较单一，方法不甚恰当，很难真正发挥出亲子阅读的教育作用。

（五）阅读脱离专业指导

大部分亲子阅读脱离了专业的指导，缺乏系统性，是导致绘本阅读没有固定时间段、内容随机、形式单一、亲子阅读方式毫无章法的主要因素。儿童并非天生对书感兴趣，而父母正是儿童与绘本之间的一个良好的媒介，能够将书带到儿童的世界。对于低学段儿童来说，开展亲子绘本阅读活动有利于激发他们的阅读兴趣，家长是儿童绘本阅读的支持者、引导者，活动中的亲子互动还可以满足亲子间的情感交流需要。在专业指导下开展亲子绘本阅读活动，正确将绘本中的形象思维和抽象思维结合，完善家长的亲子绘本共读观，提升其对绘本的选择能力，营造适宜的亲子阅读氛围，有助于儿童在享受故事的同时也在潜移默化中提升了对自然的了解程度。

### 三、小学低段亲子绘本阅读的改进策略

#### （一）以点带面深入宣传

以点带面深入宣传亲子绘本阅读活动，建立、健全教育资源共享机制和组织机制，以达到扩大宣传、资源共享的效果。建立和建全乡村与城市教育资源共享机制，通过社区、学校等机构牵线，实现城市与乡村优质教育资源共享，着重加大绘本资源在各类教育资源中的比重。在各城镇试点建立亲子绘本阅读宣传点，以城市辐射乡村，再进行深入宣传。

#### （二）灵活利用有效资源

灵活利用各类有效资源，如学校、网络、社区等资源。充分发掘学校资源，由学校牵头，对家长绘本解读进行培训，包括解读方式、方法等。专业教师可用丰富的实例给家长从阅读的环境、形式、朗读技巧、读图等方面提供具体的方法，深入浅出地剖析小学低学段儿童的阅读特点和观察能力，从而指导家长选择适合儿童的图书。家长要注意趋利避害，深入发掘网络资源，利用网上优质资源，学习、借鉴优质绘本阅读活动开展方式。在利用网络资源时家长要注意区别优劣，选用真正好的活动开展方式。充分利用社区资源，家长应积极主动报名参加由社区牵头开展的亲子绘本阅读活动，在社区的组织下开展相关活动。

#### （三）树立科学阅读意识

家长要树立正确的亲子绘本阅读意识，明确亲子阅读教学的重要性。家长必须提高对亲子绘本阅读的重视程度，积极参与到儿童绘本阅读活动之中，为儿童阅读成效提升打好基础。家长需要积极投身于绘本阅读教学之中，不断强

化绘本阅读教学意识，且在开展绘本阅读活动中要注重儿童能力的提升，不断创新教学形式，对儿童进行正确引导，为之后儿童学习能力的提高营造良好的外部环境。家长在提高自身对亲子绘本阅读重视度的同时，要引导儿童重视绘本阅读活动，儿童要自己感觉到绘本阅读是重要的、有必要的、有趣的，他们自然就会在活动中集中注意力。所以，在亲子绘本教学中，家长需要帮助儿童提高对绘本阅读学习的重视程度，为之后儿童自主学习习惯养成提供便利。

（四）明晰家长角色责任

家长需要明晰自己在亲子绘本阅读中的角色与责任。家长需要明确自身在活动中占主导地位，在亲子绘本阅读活动中，家长需要做到科学选择绘本读物，选择良好的阅读方式，引导儿童学习理解绘本内容，为儿童营造良好的阅读环境等。由于每本绘本内容与意义不同，家长选择时需要根据儿童的具体情况进行选择，以便个性化教学，同时促进儿童能力的提高。为了全面提高儿童的绘本阅读能力，家长需要为儿童营造良好的阅读环境。可以为儿童提供专门的阅读区域，该区域内只放一两件玩具，避免过多玩具对儿童注意力造成不利影响。

（五）推行科学阅读模式

1. 开展"三维一体"的绘本亲子阅读活动

培养阅读能力一直都是亲子共读的目标，其中语言的学习是主要目标，家长应始终引导学生读结构，读语言，读情感，以"结构、语言、情感"三维一体的有机结合为依托，方能在开展有效亲子绘本阅读教学时做到详略得当，有的放矢。读思想和情感是文本研读的一个重要方面，也是亲子阅读教学的深度解读。在亲子阅读中注重家长与孩子两者之间的互动性，先读后想，为思而读，读结构、读语言、读情感，从"结构、语言、情感"三个维度的有机结合入手，建构相应的互动模式开展阅读后的复述与思考，如此，孩子的听就有了目的，有了依托，有了成果。[1]

2. 开展亲子绘本阅读的良好方式

（1）"双向听读式"亲子阅读

"双向听读式"亲子阅读，一般是指以家长读给儿童听，儿童也读给家长听的方式开展亲子阅读。在绘本阅读中采取双向的"一听一讲"方式，可以使孩子了解绘本的主要内容，感受到读本的独特魅力，更重要的是激发了幼儿的阅读兴趣，培养了儿童良好的阅读习惯和口语表达能力。对于低年级小学生来说，由于他们已经有了一定的语言组织能力，所以家长在讲述绘本后，可以试着让儿童自己讲述或是复述绘本内容。在儿童自己讲述或复述内容的过程中，他们的思维能力、语言能力以及写作意识也能够得到有效加强，对于其未来的学习发展能够起到积极的作用。

（2）"互动提问式"亲子阅读

"互动提问式"亲子阅读，一般是指在亲子阅读的过程中，家长运用多种提问方式去支持儿童的阅读，或是儿童在阅读中提出问题或者见解，即通过一问一答，家长和儿童形成有效的互动。低学段儿童正处于渴望认知外界的阶段，对于一些事物未能形成完整的认知，比较喜欢问"为什么"。此时，作为家长，应做好充足准备来回答儿童提出的种种问题，从而更加深入地支持儿童的阅读活动。这"一问一答"的过程，有助于儿童专注力的培养，同时也可以训练儿童的听说能力，不断地"输出"与"输入"有助于儿童自信地表达自己想法和感受，有助于加深儿童对绘本内容的了解。

（3）"融入情景式"亲子阅读

"融入情景式"亲子阅读，一般是在孩子对读本有了一定的了解和熟悉之后，家长和孩子以读本为主题，将读本中的人物、故事情节以及主要内容以多种形式再现的过程，这类别样的亲子阅读方式，是对家庭亲子阅读的升华。[2]

（作者系玉林师范学院教育科学学院2018级小学教育专业文科班学生）

**参考文献：**

［1］卢松琳. 浅析"结构、语言、情感"三维一体的英语阅读课设计［J］. 读与写（教育教学刊），2016，13（03）：140.

［2］周燕. 三种亲子阅读方式，让阅读更精彩［J］. 早期教育（家教版），2017（10）：6—7.

第四编 **04**

**教学方略**

# 小学生课堂归属感增强路径①

黄秋霞

**摘　要：**随着教学环境与教育体系的优化，增强小学生的课堂归属感成为当代教学的首要任务。在大数据智媒体时代背景下，各种不良因素导致小学生远离课堂。面对这一现状，本文针对教师教学技能、学生学习心理、家庭环境因素导致的学生课堂归属感不足的原因，为培养小学生对课堂的依恋感，增强学生学习的动机，提出相应的课堂归属感增强路径和策略，实现"要学生进入课堂"到"学生主动走进课堂"的目标，投入到课堂学习，由此推进课堂教学，实现师生共赢。

**关键词：**小学生；课堂归属感；增强路径；课堂投入

为顺应教育改革，课堂归属感的增强成为现代课程教育的首要任务，它可以更好地培养小学生对课堂的依恋感，增强小学生学习的动机。增强课堂归属感，从其概念出发，阐述其增强的意义，分析小学生课堂归属感不足的原因，通过调整教学方式以提高教师的教学技能，重构学生健康心理，家校协作加强课堂管理建设，创建一个学生主动学习、团体互助学习的课堂，提高小学生课堂的参与度与投入度，对推进课堂教学、实现师生共赢、提高课堂效益具有导向作用。

## 一、课堂归属感概念的界定及其增强意义

课堂归属感，指学生积极主动参与课堂教学活动，并在思想上、感情上和

---

① 该文原载《教育观察》2020 年第 44 期。

心理上对自己所处课堂认同与投入的一种心理表现。[1] 著名心理学家马斯洛这样阐述了"爱和归属"的需求：当一个人想要自我实现，则需要获得一定的归属感去支撑。

学生是课堂学习的参与者，增强小学生的课堂归属感，对实现学生主动走进课堂、投入课堂学习有重要意义。其意义主要表现在：一方面，课堂归属感的增强可以提升小学生学习的行动力，促使小学生积极融入到集体之中，感受集体学习的乐趣；另一方面，可以增强小学生的抗挫折能力，并肩作战胜过单枪匹马，小学生心理素质还不够强化，容易受到外界不良影响，严重时甚至一蹶不振，产生不良心理情绪。增强课堂归属感，可以发挥团体的作用，构建小学生强大的心理，并加强小学生的自律行为。在班级的管理下，小学生能严于律己，对学习进行合理规划和安排，积极投入课堂，实现自身全面发展。

## 二、课堂归属感不足的归因

### （一）教师教学方式出现偏差

一名合格的教师，除了精通必要的教学理论知识，还需要掌握恰当的教学方式进行教学。然而在真正的课堂教学活动中，教师教学方式普遍存在问题，导致教学质量效果不佳。问题表现在：其一，教师的教学方式不符合学生心理发展特点，未能真正做到"以学生为本"。尤其是处在小学阶段的学生，无法长时间投入到课堂学习中，进而产生不良的学习心理。其二，教师教学内容过于繁杂，无法规划好当天的教学任务，没有深入挖掘教材，一味追求知识点的盲目灌输，教学方法守旧，缺乏实践创新和理论创新，抑制了学生学习思维的发展，干扰教学，不利于创建高效课堂，使学生在情感和心理上无法得到寄托，渐渐失去学习的行动力，必然导致课堂归属感不足。

### （二）学生学习心理产生歪曲

受自身状态和外界环境各种不良因素影响，学生的学习心理普遍未能按照良性方向稳定发展，学习心理产生歪曲的原因主要分为主观原因与客观原因。

主观原因表现在，小学阶段的学生，自身约束力不足，自我调控能力差，心智发育还未成熟，导致他们的意识常受自身和外界的各种干扰，自制力不强，易动摇主观立场；部分学生过于懒惰，学习缺乏行动力，表现出一副事不关己的状态，进而产生一系列的心理问题。

客观原因体现在，学习内容的趣味性不强，课程内容枯燥无味，学生学习目标不明确，加上学习难度过大，导致无法激发小学生对课堂学习的兴趣，很难融入班集体学习氛围之中，无法形成课堂归属感，易出现焦虑、厌学等心理情绪。在这些因素的驱动下，小学生很难在课堂上保持高度的重视和积极的投入，对课堂归属感的增强毫无意义。

（三）家庭环境导致教育缺失

研究表明，家长的"无时间教育"观念是导致学生教育缺失的罪魁祸首，家长对孩子放任不管，与学校缺少交流，更容易出现教育缺失的问题。学生父母因为工作关系无法陪伴和教育自己的孩子，更多的是交给爷爷奶奶这一辈的人去抚养，由于文化和观念的差异，祖辈的管理主要还是生活方面上的管理，没有对孩子提出具体的学习规划要求，缺乏学习目标，也没有对其进行良好学习习惯养成的教育，导致学生缺少学习的主动性，难以形成课堂学习的归属感。[2]另外，家庭与学校缺少沟通，学校无法了解学生的内心想法和外在情况，无法提出有针对性的思想教育方案，抑制了学生的发展。家庭环境是学生性格形成与发展的摇篮，良好的家庭氛围给学生提供了优质的学习环境，有利于增强学生学习动机。但是由家庭环境导致的教育缺失带来的不良影响却立竿见影，以致学生在心理和情感上无法投入课堂学习。

### 三、课堂归属感增强的路径

（一）调整模式，优化课堂

1. 提升教师教学技能

教学技能是指教师应用自身所掌握的教学理论知识，经过反复练习而形成的稳定的、复杂的教学行为。[3]教学技能是取得良好教学效果、创建高效课堂的重要手段，因此提升教师的教学技能，便显得格外重要。首先，教师要深入贯彻"以学生为主体"的科学教育理念，运用专业的理论知识和积累的教学经验调整自身的教学模式。教师要善于引导学生运用正确的学习思维解决问题，并运用于其他学科学习，促进学生在面对问题时对辩证思维和敢于质疑精神的培养；其次，教师备课时切忌对教材照本宣科，守旧照搬，应结合学科特点，总结出相似的规律，创设丰富且具有趣味性的教学情境，吸引学生主动进入课堂学习，培养发散思维。低年级的学生课堂集中力不足，学习缺乏主动性和规划性，教师要根据这一特点，对教学活动进行适时调整，使学生在情感上和心理上感受到集体学习的愉悦，实现学生对课堂的心理投入，增强其课堂归属感。

2. 提高课件美化技术

毋庸置疑，课件制作及美化技术在教学任务中必不可少，使用该技术推动了课堂教学与课堂学习的进程。课件美化包括对声音、图像、文字和动画等方面的美化，一个精美的课件具有声音优美、富有童趣、图像清晰美观、文字有趣味、动画效果有个性等基础美化效果。随着教学环境的优化和网络技术的高速发展和广泛普及，现代教育将多媒体技术教学模式与传统教学模式紧密结合，助推教学活动的开展，运用多媒体课件有助于突破教学重难点，使课堂教学更生活化、技术化，激发学生创造性思维。教师要与时俱进，通过互联网或别的渠道学习有关课件制作及美化的方法，按照不同学科类型、不同教学任务，制作相应的课件。提高课件美化技术并运用到日常教学中，给学生带来的不只是感官上的刺激，在情感态度上也能促进其更积极地投入到课堂学习之中。

3. 创设小组评价体系

小组评价，指在学习和工作中，把组内所有成员看成一个整体来进行有效评价。评价体系是现代教学工作的一个有机组成部分，是实现学生长足发展、提升个人价值的有效方法，创设小组评价体系，符合当代教学特色。学生可以通过小组游戏、小组答辩、小组交流、小组合作发现并解决问题等形式展开学习活动，比如：教师在上新课《测量》时，可以要求学生小组合作共同测量一些实物的长度，在其过程中感受集体实践学习的愉悦，当小组完成任务的时候，教师才能给予肯定的评价，尽可能地实现学生自身价值。通过小组合作学习的方式，学生可以形成和发挥自己独特的想法和意见，学会倾听和理解他人的想法，拓展思维，启发探索解决问题的思路，培养学生的创新合作意识。[4]在课堂上建立一个这样的评价体系，可以保证学生积极投入小集体的学习活动中，在课堂上获得心理的满足感，实现整体发展。

4. 创建生动活泼的课堂

课程标准指出，学习应该是一项充满个性的教学活动，一个生动活泼、富有个性的课堂，能促使学生激发积极情绪、活跃思维，投入课堂学习中。教师的教学氛围、个性特点、肢体动作和言语风格会在潜移默化中给学生留下深刻的影响。一个充满激情的课堂，应体现在教师具备幽默风趣的言语特色，充满激情，拒绝呆板沉闷，积极调动学生的情绪；学生想学、愿学、乐学，学习热情高涨，充满活跃感。活跃的课堂氛围能有效提高课堂教学效率，促使学生主动参与课堂学习、勤于思考，达到教学相长的目的。教师要端正教学态度，转化教学思想，拉近师生距离，给学生一种安全感，才能让学生融入课堂，把学习变成一件有趣的事情。

（二）重构心理，回归课堂

1. 密切关注学生个体

小学生成长环境千差万别，个体发展前景不同，对学生个体密切关注，满足不同层次学生的心理需求，对构建健康的学习心理具有导向作用。教师要尊重学生的个性发展，特殊对待在学习上有困难的学生，有的放矢地对其给予帮助和鼓励，及时缓解焦虑，关注其学习进度；在性格上分析小学生个性，积极捕捉闪光点，调动学生内在力量；在其他方面，引导学生发展自身特长，关注到某些超群轶类的学生，激发其潜能，使学生在同辈中实现自身价值最大化，拥有更好的发展空间。密切关注学生个体，让学生情感上感受到教师的关心与照顾，促使学生主动参与课堂学习。

2. 培养良好学习习惯

学习习惯，是指在长期的学习活动过程中经过反复训练形成与巩固，成为个体发展所需的自动化学习行为方式，培养良好的学习习惯要持有发展的眼光，抓住关键时期打下基础。[5]低年级的学生可塑性强，虽然自制力不足，但只要加以约束管理，便可达到良好的改善效果。一是要做到课前学会预习，善于思考，提出质疑；二是课上认真听讲，集中注意力，主动回答教师问题，学会做笔记；三是课后学会复习，查缺补漏，按要求及时完成教师下发的作业，善于反思，自觉培养批判性思维，实现各科全面发展。培养良好的学习习惯，对重构健康学习心理，提高学习效率有促进作用，积极引导学生回归课堂，以促进课堂归属感的增强。

（三）家校协作，巩固课堂

1. 注重家校合作，实现双管齐下

为了促进小学生良性发展，学校要积极推动家校合作方案的实施，让学生充分感受来自学校和家庭的关心与照顾，心理上获得归属感。家校合作指教师要密切关注学生学习动向，及时向家长反馈学生情况，家长则积极配合学校反映孩子在家的心理、生活和学习等方面的情况，做到家校教育一致。和谐的家校合作关系可以达成教师家长的共识，实现家校之间的信息传递，优化教育环境，使家校教育更有针对性、目标一致性，学生在心理上感受到学校与家庭的关注与认可，由此增加对课堂、学习的投入程度。家长需要腾出时间与孩子进行心理方面的沟通，发现并及时解决由于家庭因素导致教育缺失的问题，学校要注重学习方法的教育，弥补部分学生由于家庭因素导致学习动机不足的漏洞。家校合作，实现小学生教育双管齐下，促进课堂教学发展。

2. 推进课堂建设，提高课堂效益

学校优质的管理在巩固课堂建设方面充当着一个不可忽视的角色，推进课堂建设，以提高课堂效益，对学生投入课堂学习有导向作用。课堂建设要求学校在管理层面必须做出有效的制度安排，督促教师在建设高效课堂之前，转变自己的思想，树立全新的育人观念，尊重每个学生的学习见解。课堂是学生学习的载体，推进课堂建设以创建更为高效的课堂，使全体学生在共建共享发展中获得更多的学习获得感和满足感。学校在发展过程中，多汲取他校优秀的管理经验，促进学校之间的交流学习。除此之外，学校还可经常举办一些有关促进班级建设的活动或比赛，例如班级美化大赛、班级团体活动比赛等，在建设高效课堂的同时，相应的团结意识也得到了有效培养。这一课堂建设的推进，巩固了课堂教学，给学生提供了优质的学习场所。

（作者系玉林师范学院教育科学学院2019级小学教育专业理科班学生）

**参考文献：**

[1] 李蓉. 从"要我进课堂"到"我要进课堂"——谈学生课堂归属感的形成 [J]. 文教资料，2014（26）：143—144.

[2] 杨平. 家庭教育缺失对学生学习的影响及教育策略 [C]. 教育理论研究（第四辑）：重庆市鼎耘文化传播有限公司，2018：396—398.

[3] 傅兴春. 提升当代教师教学技能 提高课堂教学质量 [J]. 福建基础教育研究，2012（11）：8—9.

[4] 郑桂芳. 如何满足中小学生在课堂教学中的心理需要 [J]. 学理论，2010（05）：192—193.

[5] 苏思慧，金盛华. 学习习惯及其形成的影响因素 [J]. 学科教育. 1999（9）. 27—31.

# 新手教师课堂提问策略研究①

陈小琦

**摘　要**：课堂提问是优质课堂的重要手段之一，同时也是课堂教学活动的主要组成部分。作为学校"新鲜血液"的新手教师由于对课堂提问不够重视、没有扎实的专业知识、不能做好因材施教，致使课堂出现提问目的不明确、提问启发性不强、提问过于单一化等失当表现。本文针对新手教师课堂提问的现状进行分析和归因，提出解决新手教师课堂提问失当的应对策略，促进其肩负起教育重任，克服初入职场的诸多困难和迎接挑战，为学校教育教学注入活力。

**关键词**：新手教师；课堂提问；提问失当；策略

课堂提问是课堂教学活动的重要组成部分，有效的课堂提问能够增进师生交流，活跃课堂气氛。然而，作为学校"新鲜血液"的新手教师由于种种因素致使课堂提问的效果没有真正实现。针对新手教师课堂提问的现状进行分析，寻找失当表现的根本原因，并提出解决其课堂提问失当的应对策略显得尤为重要。

## 一、课堂中提问失当的表现

（一）提问目的性不明，学生思考能力减弱

在课堂教学中，大部分新手教师不断地向学生抛出问题，并选择集体回答模式进行教学，认为这是提高学生课堂注意力和课堂效率的好方法，但实际上，问题太多会让学生思考不过来，感到课堂氛围紧张。而集体回答则会使一些学

---

① 该文原载《教师》2021 年第 05 期。

生不善于思考，产生惰性。这种提问会使课堂效率降低，学生主体地位容易被忽视。

（二）提问启发性不强，学生思维发展受阻

新手教师对于内容的掌控也决定问题设计的价值、对学生是否有启发性、能否引导学生深入思考问题。目前大部分新手教师在提问过后，会自己做出回答，这会让学生的探索能力减弱。或者，在学生思考过程中，新手教师没有给予适当的启发和引导，学生会在探索问题中迷失方向，发现不了问题的更深层次的内涵。

（三）提问过于单一，学生学习兴趣下降

新手教师所提出的问题多以低认知水平为主，不善于设计问题的层次和提高问题的多样性。每个阶段的学生认知水平不一样，即使同一个年级的学生，也有可能身心发展稍落后。例如，对于认知水平发展较高的学生，新手教师提问低效问题，学生的知识面难以得到扩充与满足以致学习热情低下。另外，新手教师在课堂教学过程中比较拘束，上课只会依照课本和课件讲授，提问方式单一且乏味，也会导致学生学习积极性下降，教学达不到效果。

## 二、新手教师课堂提问失当表现的原因分析

（一）对课堂提问不够重视

新手教师虽然在课前会进行备课，但也仅仅是"走流程、形式化"，计划"做什么、怎么做"而已，没有从真正意义上设计和实施问题情境，从而出现课堂中的随机发问或选择自问自答。对课堂提问次数也很模糊，认为多一点少一点皆可。在候答时间上，教师往往会预设好时间给学生思考，但在实际课堂中，新手教师的实施情况不容乐观，时间掌握不够恰当。长此以往，课堂效率降低，学生兴趣性也随之下降。

1. 没有扎实的专业知识

据了解，大多数新手教师是从师范院校毕业的，虽有着扎实的学科专业知识基础，但这不代表其能将在校学习的理论知识很好地应用到现实课堂中。俗话说，实践才是检验真理的唯一标准。新手教师往往侧重理论学习，而忽视实践应用，无法熟练利用本专业知识和积累学习经验，从而在实际课堂中出现课堂提问失当的表现。除此，有些新手教师是非师范专业毕业，进而从事教育事

业，这些教师在课堂中虽然也能顺利进行教学，但在某些方面却与一般教师有着很大的差别，课堂提问的运用不是很理想，容易出现失当表现。

2. 不能做好因材施教

因材施教在教育教学中有着极其重要的作用，它不仅是一项重要的教学方法，还是一种重要的教学原则。[1]教师要善于发现不同学生的个体差异，坚持"以学生为主体"的理念，从而设计问题。在实际教学中，新手教师容易忽略学生主体，在课堂提问上不能面向大多数学生，往往只选择学习能力强的学生回答问题或者个别学生回答后随即提问下一个问题，没有很好地顾及一些低认知水平的学生。新手教师没有充分了解学生自身发展水平、学习习惯、学习方法等，就仅凭个人片面判断来设计问题，无法激励学生发挥自身优点，弥补不足，无法调动学生积极性，进而造成课堂效率低下。

### 三、提高新手教师课堂提问的应对策略

#### （一）提问要具备目的性，学生积极性得到提高

提问要有明确的目的，这是课堂提问成败的先决条件。[2]课堂提问可应用于教学过程中的各个环节。思考课堂教学的导入环节，其目的在于激起学生对本节课的学习兴趣，以顺利推进教学活动的进行。明确这一目的，才能进行问题设计，通过激趣性问题让学生主动思考并探索新知识，尽快进入学习状态，知道本节课所要完成的任务。例如：在"十以内加减法"的学习中，可以设置故事情境："兔子爸爸在田地里挖了6个萝卜，小兔子吃了3个萝卜，兔子妈妈又挖回来了4个萝卜，兔子爸爸让小兔子算算还有几个萝卜，小兔子聪明极了，脱口而出还剩7个，兔子爸爸开心地笑了。"在给学生讲故事的时候，教师可以配上图片，吸引学生兴趣，并伺机提问："大家知道小兔子是怎么算出来的吗？有谁知道请举手。"学生被小兔子的聪明所吸引，会对此付出努力，动脑思考并踊跃举手回答。通过这样的提问，学生能积极主动去思考问题，学生的学习兴趣得到激发。

在教学实践中，不仅要明确提问的目的性，还要知道通过提问实现教学目标和突破重难点所需的教学手段。新手教师在课前可先了解教材，对内容进行分析，明确教学目标和教学重难点，精心设计问题。例如，小学数学教材中的《数学广角》内容，是从课本知识回归生活实际的学习，教师对于这种生活问题的讲授有一定难度，应思考如何做才能使这个问题通俗易懂，以便学生更好地

掌握。

**（二）提问要具备时效性，学生理解力得到发展**

提问要具备时效性，这样才有利于学生更好地理解所学知识。新手教师可以从两方面入手：一是把握好提问时机。一节课的教学环节主要包括激趣导入、新知讲授、练习巩固、课堂小结，提问则穿插在整个教学过程当中。教师需抓住恰当时间进行课堂提问，善于捕捉良机，否则一旦错失良机，将很难实现提问的效果。二是掌握好提问的数量。课堂提出的问题数量要适当，可以根据实际教学情况进行适度调整，不可一堂课问到底，次数冗余，但也不能一节课完全没有提问或只有一两个与教学内容无关的问题。

**（三）提问要具备启发性，学生思考力得到加强**

课堂提问的效果体现在学生对知识的接受和得到启发。带有启发性的问题可以让课堂氛围得到提升，学生思维活跃。新手教师需要结合小学教学特点和学生的实际学习需要，赋予课堂提问启发性，实现教学的真正价值。例如，《分数的意义》一课中，教师组织学生进行小组任务活动，指导学生将八张圆形卡纸平均分，分完后随意拿出一份，并提问："大家拿出一份时，有没有发现为什么部分同学的其中一份是一个圆，有的同学却是两个圆或者四个圆呢？""大家想一想，你们拿出的一份用分数怎么表示呢？"这种适当的引导能给学生带来帮助，从而让学生对本节课内容的重点知识有了一定的掌握、学习数学的兴趣得到激发。

启发性提问可以使小学生的思维得到更好的发展，便于小学生在计算数学问题时获得更多知识，保证了教学的价值性和有效性，利于达到教学效果，进一步为小学生学习提供有力平台。

**（四）提问类型多样化，学生兴趣点得到激发**

现代课堂提问现象普遍，分为多样化问题和单一化问题。单一化问题具有针对性，能促使学生把握所学内容的重点。但对于心理发展阶段不同的学生，这种单一化的问题会出现很大的弊端。因此，新手教师应根据学生学情的不同，设置不同层次的问题。例如，学习较好的学生，可以提出发展性强的问题，包括综合提问和评价提问等；对于学习上有困难的学生，可以提认知水平一般的问题，包含实际性提问和描述性提问等。

此外，教师的提问方式多样化对于学生发展也至关重要。提问方式可以采取"自问自答式"（由教师向全班同学提问，稍作停顿后，再由教师自行回答），"集体提问式""小组提问式"，等等。新手教师也可进行适当转换，将直接性提问改为填充性提问，让学生进行填充，集中学生对关键点的注意力。

（五）提问要具备层次性，学生接受力得到匹配

良好的课堂提问具有层次性，因此，在进行课堂提问时，不仅要把握问题本身的层次性，还应该注意到问题的主体——学生的层次性。[3]对于小学数学课堂而言，课堂以学生为主体，在设计问题时，要考虑到学生的个性特点、个别差异及认知发展水平，这些都影响学生对学习内容的接受程度。每个阶段的学生认知水平有差距，即使皆为同一个年级的学生，也有可能某些学生身心发展稍为落后。基于此，教师设计的问题要有层次性，由易到难，由浅入深，尽可能照顾到全体学生。当然，问题本身的层次性还要考虑到结合教材内容、教学目标和教学重难点，以便新手教师在学生汲取知识的过程中，能够设计合理的问题，达到牢固学生基础、提高其积极性的效果，利于课堂教学活动的顺利进行。

例如，在教授《5的乘法口诀》一课中，教师展示图片（桃子数量），接着对学生进行分层提问："一共有几份桃子？每份桃子有几个？""你能写出加法算式吗？""那乘法算式怎么写？""根据上面的推理，你能写出乘法口诀吗？"在这个过程中，设置的问题难易程度恰当，学生能从中获得成就感，从而积极性和兴趣得到激发，促进教学的顺利进行。

综上所述，新手教师在"课堂提问"这一方面需投入大量时间与精力，才能不断提高课堂提问水平及减少失当。新手教师是教师专业发展的起步阶段，其不仅肩负教育重任，还面临初入职场的种种困难和挑战。如何让新手教师尽快适应教学岗位，促进其加速成长，关键在于自我反思与总结。希翼新手教师们虚心学习，积累经验，共同增强学校教育教学活力。

（作者系玉林师范学院教育科学学院2018级小学教育理科班学生）

**参考文献：**

［1］刘彩静．小学数学课堂提问的有效性策略研究［D］．华中师范大学，2017（2）．

［2］许高厚．课堂教学技艺［M］．北京：北京师范大学出版社，1997：99.

［3］刘彩静．小学数学课堂提问的有效性策略研究［D］．华中师范大学，

2017 (2).

　[4] 王雪梅. 课堂提问的有效性及其策略研究 [D]. 西北师范大学，2006 (4).

　[5] 王方林. 何谓有效的课堂提问 [J]. 教育理论与实践，2002 (7)：45—47.

# 小学课堂中隐性知识的习得途径与支持策略①

黎裕明

**摘 要**：小学课堂教学实际上是一种隐性知识习得的方式。隐性知识的价值在于难以被人表述传播，且不易于被人驾驭运用。在小学课堂上，必须给学生提供相应的隐性知识习得途径，以完善其自身的显性知识。本文就隐性知识的习得途径与支持策略展开叙述，可协助学生更好地习得隐性知识，实现师生共同进步。

**关键词**：隐性知识；小学课堂；教学研究

每一名学生在校内、校外都可以通过实践、非正式学习或模仿等途径获得大量的知识，这些知识虽可以被学生感知并烙印于脑海之中，在学生的言谈举止中不断被体现，但是这些知识对于学生来说，往往缺乏适当的方法去传递与转化，使其成为自身的一种技能。而在小学课堂中，隐性知识的习得对学生的知识掌握、学习程度的高低有着相当大的影响，在此习得过程中学生的探寻与教师的引导便起到了重要的作用。

## 一、小学课堂中隐性知识的分类

依照小学课堂中对学生技能与知识掌握的程度要求，可将小学课堂中的隐性知识分为技能类与认识类。

### （一）技能类

技能类的隐性知识通常是指个人或组织学习的积累，但是难以用语言或符

---

① 该文原载《家长》2021 年第 06 期。

号进行表达或编码传播给别人的技能、技巧与经验等。例如，一位长期坚持打篮球的学生，经过不断的训练对于打篮球的技巧烂熟于心，能自如地掌握运球技巧，投篮时精准得让人赞叹。若让他分享其中的技巧与方法，他可能就觉得很困难，不知怎样用语言表达出来。这位学生对篮球熟悉的感觉就是一种难以整合成文字或者符号来与别人共同交流分享的隐性知识。

（二）认识类

认识类的隐性知识指的是个体中非常形象的、潜藏的、难以传达的洞察力、直觉、感悟、素质、修养等。野中郁次郎认为，隐性知识包括了个体的思维模式、信仰观点和心智模式等，这些模式信仰观点深深扎根于个体，以至于我们习以为常，不自觉地接受了它们的存在，并在了解世界的时候受到它们的巨大冲击[1]。它宛如人的意念，存在于个人的头脑之中不易被人领会。

## 二、隐性知识习得途径

（一）课程渗透

在小学的课程中，任何一门课程都可以习得隐性知识。由于隐性知识的存在表现出一定的模糊性和隐蔽性，学生更应重视和恰当地利用这一特征，将课程进行整合。通过自己在课堂上的不断积累，持续渗透，将知识系统合理划分在自己的脑海中，利用知识本身的系统化与专业化，在探索和发展隐性知识中寻找恰当的习得途径。

（二）课堂管理

课堂管理是一门艺术，是师生互动的系统。在小学的教学活动中，学生一般都具备好吃、好动、好玩、好奇四个特点，教师起到的是调控主导作用。而学生需要在教师的管理下，逐步规范自己的课堂行为，紧跟教师的教学步伐，让自身零散的显性知识得到系统的整合。学生在遵守课堂规则的情况下，才能更好地掌握课堂上的显性知识，并且一个好的课堂更能培养学生自身的语言表达能力，明确课堂目标，发现并习得隐性知识。

（三）学习竞争

竞争是人们互相争胜、较量，以此达到自己目标的心理需要和行为活动。竞争是一把双刃剑，如果学生在教师适当组织和指导下敢于接受挑战，积极参加学习竞争或者竞赛，学会将自身隐藏的知识内化，形成有益的心理模型，比直接获取容易过时的显性知识更容易激发学习动机，开发自身潜能，在竞争过程中不断积累、磨炼，培养自身的隐性知识。

### 三、隐性知识习得的教师支持策略

（一）改变"满堂灌""一言堂"

在教学活动中，"满堂灌""一言堂"是不被教育学者认可的教学模式，其弊端在于学生疲于听课，缺乏自主思考。因此，教师需要改变当下"满堂灌""一言堂"的教学模式。

1. 转变教学观念，确立学生主体

在小学课堂中视学生为被动接受教育的客体并不利于学生隐性知识的发现与习得，想要让学生充分领悟与习得隐性知识，并体现出学生在学习上的主人翁意识，教师需要打破传统教学观念，逐步引导学生开发自身潜能，让学生在自主动手、动脑，并参与学习的过程中领悟自己的内隐知识。

2. 选择合适教法，提高教学效率

在小学课堂教学中，适合学生发展的教学方法可以系统整合零散的显性知识让学生迅速习得，而潜藏的隐性知识在学生不断进行的认知活动中产生，但它不易被感知与表述并且不能很好地发挥它的价值。因此，基于原有的教学基础，合适的教学方法需要教师不断地尝试与创新，以便于学生更好地掌握自己的能力，激发潜能，发现并习得潜藏的隐性知识。

（二）推动"实践教学"

隐性知识的习得不仅依赖于阅读或听课，还需要开展相关的实践活动让学生积极参与，以便其全面掌握相关知识和解决相关的实际问题，使相关知识真正深深扎根于学生的思想。

1. 实践教学内容设置

在小学课程教学改革下，为了进一步开拓学生的创新思维、对课堂教学进行创新，小学实践教学内容应根据课程性质的不同而采取模块化教学措施，每一个模块都需要设定相对应的实践教学目标、教学任务、课时安排以及通过实践教学让学生把握与每个课程相关的技能，逐步引导学生如何用文字将潜藏的隐性知识外显化，让学生感悟并习得隐性知识。

2. 实践教学方法选择

小学课程实践教学模块可以依据课程的性质选择多样的实践教学方法。例如，在小学数学课堂上，设定一个与数学问题相关的情境，让学生尝试解题过程，进入到了解新知识的情境中，学习并应用与巩固新知识，而小学数学教师在使用尝试实践教学法时，需要根据学生年龄特点、知识结构，系统且有序地展开教学[2]。因此，不同的实践教学方法将会开发学生的潜在能力，并让其从中感悟与习得隐性知识。

3. 实践教学效果评价

通过实践教学能够发现，关于学生有效学习能力的评价仍然是教学中不能缺少的部分。传统的教学中教师对学生采用"优评、差评"的评价方式，以此来区分学优生与学困生，这对于相当数量的差生和处于中等水平的学生产生了中性甚至负面的影响，这样对于学生的发展相当不利。教师必须关注每一个学生的智力发展、能力提升等，发现学生自身存在的特点，采用多种评价方法，引导学生清楚地了解自己的能力，懂得开发自身潜藏的隐性知识并懂得将隐性知识应用于实践。

（三）践行"因材施教"

在小学课堂教学过程中，教师必须充分了解每个学生的差异，依照学生的学习能力水平的高低，知识掌握程度的多少，或是由于环境的差异、文化背景的差异所带来的隐性知识的差异，有目的地践行"因材施教"。这需要做到以下两个方面。一是教学内容层次化。面对学生差异，教师需要了解每一个学生的发展情况与产生差异的因素，把学生的差异作为一种潜藏的资源来进行开发培养，引导学生善于发现自身与他人身上所隐藏的隐性知识并能找到合适的方式进行表达。二是课程练习层次化。在小学课堂教学中，教师为了让学生能够更全面地把握教学内容，会给予学生不同程度的练习，让不同层次的学生都可以得到更好的训练，给学生提供更大的发展空间。

综上所述，在小学课堂中教师可以引导学生将隐性知识直接转换为显性知识，或将难以习得与表述的隐性知识转化为另一种或几种更易掌握与发展的隐性知识，让学生在习得的过程中不断探寻更适合自身发展的途径，提高自身学习水平。

（作者系玉林师范学院教育科学学院 2018 级小学教育专业理科班学生）

**参考文献：**

［1］李建华. 网络学习中的隐性知识转移研究［D］. 湖北：华中科技大学, 2011.

［2］刘历华. 尝试实践教学法在小学数学教法课中的应用［J］. 文学教育·中旬版, 2017,（06）：165.

# 小学数学教师备课资源整合策略研究①

李瑞婷

摘　要：备课是教师每天必要的工作之一，关于小学数学备课，教师要发挥主导作用，站在学生的角度选择有利于数学课堂教学的资源，致力于打造探究式的小学数学课堂。由于教师平时工作量太大，备课效率较低，所以教师合理运用备课资源整合策略，有利于节约时间、高效备课。本文针对小学数学教师备课资源整合，采取全纳选取、分类存储、重构使用这三个策略，为小学数学教师打造高效的课堂做铺垫。

关键词：小学数学；备课资源；整合策略

　　备课是探索、整合、使用教学资源的过程。对小学数学教师而言，备好课有利于教学活动有计划地开展，有利于发挥教师的主导作用，打造探究式的小学数学课堂。目前小学生学习的自主意识、探究意识和问题意识日益增强。故而教师在备课时会用大量的时间搜索资料，但由于教师平时上课、改作业、对部分学生个别指导等工作量太大，感到力不从心，备课效率也就不高。所以教师合理运用备课资源整合策略，有利于节约时间、高效备课，有利于打造良好的学术氛围，有利于充分利用教育资源，有利于推广优秀教师的教学经验、加速教师专业成长，有利于学校教学质量的整体提高。本文将针对小学数学教师备课资源整合，提出以下策略。

---

　　①　该文原载《教育现代化》2019 年第 86 期。

### 一、全纳选取策略

#### （一）资源选取范围要广

数学问题源自生活，生活是数学赖以生存的根源。在互联网广泛覆盖的当下，教师大多习惯运用网络资源备课，如借鉴网上优秀教案、课件、作业、试题等。但有的教师也时常埋怨教学资源不够充足，其实每一位小学数学教师都应该拥有一双善于观察的眼睛，那么就会发现教学资源在生活中无处不在，所以在选取教学资源时，不应该局限于课本的资源，而应该结合生活实际多观察、多应用、多反思。首先，教师可以参考各区期末试题或小升初模拟试题、平时测验试题以及教学设计比赛、PPT 制作比赛、教具比赛的优秀作品等，这些资源对教师备课帮助很大，其中包含了许多优秀教师的教学经验与教育智慧。其次，请教身边的优秀教师也是一个获取资源的好方法。这不仅有利于教师备课质量的提高，还对构建教师良好的人际关系有一定作用，智慧与情感的共识就这样产生了。此外，学生资源也可以充分利用起来，在数学名师的课堂中我们常常可以发现教师喜欢让学生去讲，这样不但可以检测学生对知识的消化情况，而且可以充分利用学生这一现有资源。另外，教辅资源、原创资源也可以作为小学数学教师的备课资源。在工作和生活当中，有许多与教学相关的资料可以收集，如实物、图片及视频资源等。[1]最后，教师在课后也要多进行反思，并且及时记录反思所得，反思结果作为下次备课资源便能优化课堂教学。

#### （二）资源选取种类要多

小学数学教学往往是以创设情境入手，情境的创设又与资源的选取密不可分。小学生一旦被教师创设的情境所吸引，那么小学生便能有效地吸收知识。资源选取的种类有许多，常用的有以下几种。

##### 1. 生活资源

学生对数学的感悟首先是从观察生活中的事物开始的，在生活中累积的经验可以成为进一步学习数学的基础。教师在备课时结合生活实际创设一些有趣的问题，学生便能结合生活经验学习数学，用数学的眼光解决生活中的数学问题，也提高了学习数学的兴趣。例如，教师在准备《年月日》这节课时，准备一些特殊的日期，结合学生的生日发现和认识年月日。另外可以准备一份年历表，让学生理解年月日之间的关系。将十二个月根据月份的天数分类，帮助学生理解平年、闰年、大月、小月概念，在观察年历表时发现二月份的特殊性。

学生的数学学习以直接的生活经验作为基础，更容易理解、掌握和解决数学问题，促进学生对数学知识的主动建构。[2]

### 2. 实物资源

低年级的小学生抽象思维较弱，形象思维占主导地位。在准备《认识人民币》这节课时，教师可以备一些纸币或硬币，在课上花一点时间进行模拟买卖。学生在观察事物的同时思维也得到训练，对书上人民币的感知也逐渐形象化。在准备《角的初步认识》这节课时，教具的准备可以结合学生已有的经验，准备一些如金字塔等带有"尖尖的角"的事物图片，也可以剪切正方形、圆形等不同的形状让学生触摸感受角的特点，亦可准备小棒让学生拼一拼心目中的角等。结合实物资源认识角，使学生感受到"角"在生活中无处不在，并在学习探索角的过程中获得成功的体验。利用实物资源教学不仅让学生体会到生活与数学的联系，还可以将观察与思维相结合，让学生主动发现学习数学的乐趣与其中的奥秘。

### 3. 游戏资源

数学是一门十分有趣的学科，把数学学习游戏化，不仅能提高学生的学习主动性，而且数学课堂也能从紧张严肃变为轻松愉快。根据小学生喜欢游戏的这一心理特点，在准备练习回顾环节时，可以设置为采用游戏的形式进行。如开火车回答问题，比比哪列火车开得最长；摘星星，回答问题即可摘一颗星星，星星最多的小组可以领取小奖品；帮助小兔回家，在小兔回家路上设置数学问题障碍，解答难题即可帮助小兔等。教师在为小学低年级的学生备课时，适当加一些游戏环节，不仅可以活跃课堂氛围，还可以让学生在游戏中玩出数感。

### 4. 故事资源

小学生对新鲜的故事总是充满兴趣。因此，教师可以在备课时编一些有趣的小故事贯穿在数学课堂中，再利用 PPT 展示出故事的画面，让学生有身临其境之感。利用故事资源能有效地调动学生学习数学的积极性，让学生快速进入学习的状态。例如在准备《排列组合》这一课时，教师可以用彩纸制作一些衣服裤子，再创设小兔参加派对这一故事情景，让学生帮助小兔选服装搭配的方式，从而初步理解排列组合的概念。

## 二、分类存储策略

教学资源的良性存储与备一节好课是密切联系的。教师在分类存储资源时可以按时序、按类别存储资源，为备课提供丰富、优质的教学素材，真正实现教学资源的集中、优化管理，避免在今后备课中做大量无用功。

**（一）按时序储存**

按时序存储，顾名思义，即按时间顺序储存教学资源。把每日资源整理成文件，并标上日期，由小及大，分别以每日、每周、每学期、每年来命名。例如，在电脑某盘内建立"2019 年小学数学备课资源"文件夹后在其下建立"2018 年—2019 年上学期"和"2018 年—2019 年下学期"两个二级子文件夹，再在这两个二级子文件夹内分别建立学期第一周至最后一周的三级子文件夹，再到每日的四级文件夹。这样将来储存资源时，按时间顺序存入相应的四级文件夹内就做到了教学资源的井然有序。

**（二）按类别储存**

按类别存储教学资源是大多数教师常用的策略，小学数学教学中时常运用到以前所学的知识，如果教师在储存资源时，能按课题名称分门别类进行整理，那么便解决了将来教学资源过多时查找困难这一问题。在整理资源时可以以六个年级作为六个一级文件夹，各单元作为二级文件夹，课题名称作为三级文件夹，教案、课件、作业、试题等作为四级文件夹。这样教师在备课时工作效率大幅度提高，教学资源也能被较好地利用。

**三、重构使用策略**

随着时代进步，教育改革不断深化。许多教师都意识到再次备课的重要性。上课前的备课只是教师对课堂的预想，而在上课过程中，预设的教学流程、方法等会出现一些问题，这些问题都是对原有教学设计的挑战。教师在课后把这些问题记录下来，并进行反思总结，发现教学的不足，优化教学设计后再次备课。另外，教学资源五花八门，有的资源不适合直接运用于课堂中，教师需要对其加工处理，重构使用，主要有合并、删除、调序、创新这四个策略。

**（一）合并**

在一定条件下，学习可以通过学习者之间的协作从而达到意义建构。同样，合并教学资源是教师相互借鉴教法学法、资源共享的好机会，对教师的成长有很大的帮助。教师在备课时，独自备课的智慧有限，资源也有限。独自面对一个课题时难以深入理解，而通过集思广益，教学资源合并后就可以起到相互启发的作用。尤其对小学数学教师而言，数学问题的解题方法多样，合并教学资源能学习到更多讲解方法，听取到其他教师的指导意见。

（二）删除

资源合并后，教师要把收集到的资源加以整理研究。因为现成的资源再好，都只是间接的经验。在借鉴其他教师的优秀备课资源、融入自己课堂的基础上，要进行个人备课，删除不当的教学环节。总之，在备课环节中要明白是资源整合不是资源凑合。每个班的学生学习情况不同，备课资源的处理方式便不同，要删除对本班教学不适用的资源，删除非重点教学的资源，删除较为简单的、学生已经完全掌握的资源，删除特别复杂的、超过了现阶段学生掌握能力的资源。

（三）调序

一些教师认为备一节课可以毫无修改地反复使用多次，其实不然，要想教学质量有所提升，课后再备课是不可缺少的环节。这是因为课前备课是为准备教学而做的工作，这不等同于实际的上课情况。教学设计写得再详细，预设始终是虚拟的，不可能完全符合实际教学情况。只有学生课堂掌握知识的实际情况才能反映教学的效果，所以教师在课后都会通过教学反思来发现教学环节中存在的问题。根据上课中的感受，综合课上学生对知识的吸收情况，并结合经验教训不断地调整修改教学环节。即备课与上课，周而复始，螺旋式上升。如此积少成多，持之以恒，教学质量就会有所提高，备课资源也会逐渐增多。另外，教师在教学中不能拘泥于当前教学资源的顺序，要把已有教学资源作为备课基础，并在此基础上用心收集、筛选教学中适用的资源，灵活调整教学资源，从而让已有教学资源具备生成新素材的能力。

（四）创新

1. 模仿

教学设计是教师备课的成果。科学的教学设计是教学环节顺利开展的基础。部分教师对于课本的解读和教学环节的设计还比较迷茫，可先以学习模仿优秀教师的教学设计为主。借助他人的优秀教学资源，模仿优秀教学方法、教学环节、使用的教具等。但是模仿不等于照搬，要知道怎么设计，更要知道为什么这样设计。在模仿过程中要不断探索，多思考、多总结、多改变，对优秀教学资源进行反复思考和推敲。只有这样才能体会教学设计的目的，实现教学资源的充分利用，也能帮助教师不断积累备课资源，汲取更多经验，提高备课的水平。

2. 自创

备课的过程是教师创造性地展开工作的过程。教师在备课中，借鉴别人资源的同时，要勇于尝试、不断创新。在名师的课堂上时常可以看到教师自创的教学环节，例如带着魔法帽上课的数学教师，将魔术与数学相结合，把数学课变得有魔术的味道。教学中加入适当的自创元素会让数学课堂变得更有魅力。

总而言之，备课这一环节是每位教师每天都要进行的基本工作。备课资源选取多样化，小学数学教师要站在学生的角度选择有利于数学课堂教学的资源，要有一双善于发现的眼睛，多在生活中寻找教学资源。对教学资源的存储要有序合理，另外对收集的教学资源要进行重构后再使用。只有这样教学过程才会有条不紊地开展，并能取得事半功倍的效果。作为一名小学数学教师，应当重视备课，学习并掌握备课的策略，如此才能打造出高效的数学课堂。

（作者系玉林师范学院教育科学学院2017级小学教育专业理科班学生）

**参考文献：**

[1] 袁英. 如何有效利用教学资源进行教育教学 [EB/OL]. https：// zhidao. baidu. com/question/5607312334319680.

[2] 杨永明. 对小学数学教学的实践研究 [EB/OL]. https：//www. xzbu. com/9/view-5425739. htm.

# 数学思维定式负效应的成因及教学对策
## ——以"图形与几何"为例①

黄小洋

**摘　要**：在追求高效率教学和创新思维教育的今天，思维定式负效应在数学学习中的严重性日趋凸显。思维定式负效应的一系列表现对学生的思维发展产生不良影响。针对思维定式负效应，本文探究和阐述了其主要表现和成因，以"图形与几何"为例，提出小学数学教师在教学过程中引导学生克服思维定式负效应的对策，帮助小学生走出在数学学习过程中因思维定式而陷入的困境，关注小学生解决问题的能力，培养小学生的创新思维，促成小学生数学学习能力的长远发展。

**关键词**：思维定式；负效应；教学对策

　　思维定式，是指人在先前活动探索中获得经验和教训，之后能够顺应感性思维解决问题的一种倾向性方式。思维定式具有积极性和消极性，而思维定式负效应则是其消极的一面。思维定式负效应对于小学生学习数学知识是有害的，会导致小学生片面地、静止地、简单地去看待和分析问题，从而束缚思维、干扰学习。目前，部分小学生存在直觉思维束缚、本质概念混淆、解题方法僵化等主要表现，因此解决思维定式负效应、优化教学方式是当前小学教学所需。

## 一、小学数学思维定式负效应的主要表现

### （一）直觉思维的束缚

　　直觉思维是指未对问题进行逐步的逻辑分析，只是凭借已有的知识和感觉

---

① 该文原载《广西教育》（义务教育版）2020 年第 12 期。

迅速地对问题做出判断的方式。直觉思维相较于逻辑思维具有不确定性、快速性等特征。学生在解决问题时经常会运用到直觉思维，但未经过深入思考和逐步分析，对问题做出的判断就不够准确。同样，当问题形似质异时，学生思考问题过于迅速会导致在寻求解题的过程中逻辑不够清晰和明确，这对知识体系的巩固不利。解决问题时本该循序渐进，直觉思维过重则会导致思考问题时渐进性中断。例如，学生已经学习"平行四边形面积"这一版块的内容，在解题过程中又获得了"平行四边形的底相当于长方形的长，高相当于长方形的宽"的结论。当把问题转变形式，求平行四边形的周长时，部分学生却犯了"平行四边形的周长＝（底+高）×2"的错误。

（二）本质概念的混淆

本质概念是人们认知事物的基础和形式，它反映对象的属性与内涵。在教学过程中不难发现，部分学生对某些定义只是进行机械化背诵，能够轻松做到倒背如流、脱口而出，在遇到基础性问题时尚能利用背下来的概念进行解决，但当遇到具有迷惑性的问题时，思维就开始被误导以致解题效率低下。除此之外，也有部分学生对于解决问题的相关概念，只注意到了它们相关联的部分，而忽略了它们之间相异的部分，在混淆概念后误用形似概念去分析问题，结果的准确性就得不到保证，甚至无法解题。例如，"三角形的高"这个概念的理解与"作高"对于小学生来说是有难度的。主要表现在小学生作非常规水平的底边上的高时经常会出错，计算三角形的面积时不能正确找到相对应底边的高，这种错误大部分是对"三角形的高"这一基本概念理解不透彻引起的。再比如，学生将钝角三角形的高画错，看起来是不会作高，而实质上也是对高的概念不理解。

（三）解题方法的僵化

解决问题是数学教学内容中的一个重要版块，在小学阶段要求学生掌握基本解决问题的能力。每一个学生都有属于自己的方法，教师应引导学生多角度思考和解决问题。实际数学中，部分学生还是存在解题方法僵化的问题：通过"题海战术"记住了相关的解题思路，看似掌握诀窍，但只要将题目稍加改变，就无所适从；学生在数学问题中筛选信息、提出问题能力较弱，在课堂上学习到的知识和技能也不能综合运用；解决题目的基本策略单一，实践能力与创新能力较弱；学生消化、掌握知识的速度不够快，对问题的理解也还不够到位，无法将知识容纳成为自己解决问题的关键要素；学生在解决问题之后，没有及时反思做题规律和总结评价的意识。如，在解决有关三角形的应用题时通常需要学生画图进行计算，学生在一般情况下会画锐角三角形，却很少画直角三角形和钝角三角形，这些习惯虽然正确，但有的时候不转换方式则会造成解题错误。

## 二、小学数学思维定式负效应的成因

### （一）教师未遵循学生思维发展规律，学生抽象逻辑思维得不到发展

小学是儿童思维发展的关键时期，直觉性则是小学生最为主要的思维特征。但是部分教师却忽视了这一特征，在讲授如何处理某一问题时，通常会对这个问题进行分析，随后总结经验和归纳得出的规律，让学生死记硬背。当学生真正应用时，往往只记住了解题公式，随便套用，造成解题的失误。同时，部分教师没有注意到帮助学生克服前摄抑制的干扰作用。前摄抑制，也称前摄干扰，是指先前学过的知识对后来学习新知识的干扰。小学生在学习新的数学知识之前已经有了一定的知识储备，从而对新学的教学内容有了新的思考和判断，形成了类似新学数学概念的知识体系，这种知识的积累会使学生在接受新知识的时候产生直觉思维从而出现前摄抑制。

### （二）教师未厘清数学概念的脉络，造成学生对数学概念记忆不全

每一个数学概念都有其独特的内涵和知识属性，对数学知识的把握程度会直接影响到学生对概念发展的认知和理解、数学问题的解决。部分教师忽略小学生的概括、理解和推理辨析能力还处于初级水平的学情特点，在概念教学中往往会存在以下问题：对概念的形成过程不够重视，对概念的讲解也只是蜻蜓点水，不注重引导学生学习概念的方法，让学生死记硬背常用的法则和定理；忽视概念间的联系，没有采取分析、比较等教学手段把许多本来有联系的概念整理成概念系统，学生未能形成良好的认知结构和知识框架；不注重知识积累和概念细化也会导致数学概念记忆不全，教师过于注重抽象化概念而忽视概念细化的过程致使学生对概念的认识不够深刻。随着学生掌握的知识越来越多，记忆就会偶尔出现混乱，又或者学生对某些知识本就一知半解，在学习新的知识后就更容易对于原本的概念产生混淆。

### （三）教师缺乏解题的有效方法和策略，造成学生思维的封闭和单一

在不理想的解决问题教学中，如何解决现有的不良问题成了当务之急。目

前小学数学的教学大多还是采用传统的方法：教师讲解课本中的例题，然后让学生完成课后习题，之后教师就学生完成的习题进行点评与讲解，这就缺乏了课堂的灵活性。在教学中，造成解题方法僵化还有以下原因：第一，教学模式单一，并且僵化。部分教师在教学时只注重对教材内容的阐述，展现的教学内容单调导致学生思维不能得到很好的强化。第二，学生上课掌握的知识有限，在学习新知识后未能与旧知识联系起来，使其在解题时思维得不到发散，导致思考角度狭隘，解题方法欠缺。第三，过于重视考试成绩，却忽略数学思想的渗透。部分教师持着完成题目就是成功的观点，想通过刷题来训练学生的解题能力，让学生在大量习题中摸索经验，没有向学生渗透在解题过程中体现出来的数学思想，这样的方式不仅会浪费学生的时间，还可能会让学生对数学产生畏难心理。第四，存在与其花时间用多个方法解题不如把时间花在多做几道题的思想，并且布置的大部分题目呈现单一化的特征，学生得不到充分的思考。

### 三、消解小学数学思维定式负效应的对策

#### （一）遵循学生思维发展规律，熟练掌握直觉思维到逻辑思维转化的方法

1. 注重检验过程

对于某些数学问题，学生凭借直觉就能直接得出答案，而教师往往会由于回答正确而忽视引导学生对问题进行验证导致答题错误，这就需要教师引导学生进行直觉思维到逻辑思维的转化，避免学生解题时产生错觉。[1]教师除了结合教学内容教给学生一些必要的验证方法外，在例题、作业练习、板演等教学活动中，还要通过强调理解题意、瞄准数据、认真分析解题过程、写出清晰答案并加以验证等步骤，让学生自觉将检验变成一种习惯。

同时，教师也应该规范自己的解题行为，为学生做出认真检验的榜样。小学生的模仿性强，很多习惯都是潜移默化而形成的。在教学过程中，教师要注重在讲解例题、面批作业、个别辅导时将每道题一丝不苟地按照步骤进行验算。久而久之，学生也能照着老师的方法和步骤理性思考和检验问题。

对学生进行课堂练习和考试是检验其是否养成检验习惯的有效方法。一般的考试习题只是局限在验算答案，没有对验算过程提出要求，这样虽能够考察学生是否掌握了某些检验方法，但是对于培养学生的检验习惯影响不大，所以教师在拟定练习或者试卷时可以提出明确要求，通过考试教育让学生自觉进行检验，养成检验习惯。

2. 克服前摄抑制

学生在解决问题时总是出现固性思维，对于那些学生容易先入为主的题目套路，教师可以提前干预，就一些比较容易出错或者条件含糊的问题提前进行纠正和解释。又或者教师在教学生学习新的知识之前预测学生在哪个内容会出现思维的偏差、理解的错误，根据学生以往做错题目的现象，在课堂上提前干预，有效防止学生因产生前摄抑制而导致出现错题的情况。

(二) 向学生渗透数学思想，通过概念变式使问题变得清晰化

1. 强化概念运用

部分教师对讲解概念的形成过程不够重视，学生就有可能出现概念知识的漏洞，所以，教师在讲授数学概念时要强化概念运用。数学概念通常表现出抽象性，小学生的思维还不够完善以至于不容易理解其本质内涵。在授课时，教师可以采用有效强化概念的方法，突出概念的本质特征，每当讲授一个概念就可以引导学生做一些适当的归类练习，帮助学生全面理解概念。

另外，教师还可以将概念进行变式。利用反例来强化概念的运用，这样不仅可以使学生对数学概念的把握更加精准，还能预防或澄清学生在学习新概念的过程中出现的混淆。在一般教学中，要先从正面例子引导学生熟悉概念的本质特征，当概念形成后，就要充分运用概念的变式，使概念变得精确化。

2. 连接概念关系

部分教师不注重连接概念之间的关系，导致学生对概念的理解不够深刻、概念不成系统，学生对于概念的概括能力也就会有所欠缺。教师要从概念的本质出发，在平时的教学中要重视连接概念的具体实例中各种属性之间的关系，培养学生学习新概念的能力，让学生独立探究概念之间的联系。

对于存在同一关系的概念，它们的内涵虽不完全相同，但在外延上却是完全相同的，因此在具体的教学中，教师要注意在外延上，从同一关系上启导学生，要严格区别它们的本质，不可混淆。如果不严格把控关系，就会容易出现把意义不同却相近、名称相仿或外形相似的两个概念混淆的现象。例如，矩形和长方形属于同一关系的概念，但是它们的内涵又不尽相同。对于存在主从关系的概念，教学中要建立好一个新的概念，将所学的概念放在它所处的主从关系中去考察和识别。例如，平行四边形是四边形属种关系中的一种。对于存在交叉关系的概念，教学中就要对此做好概念的分类。例如，以三角形的边的长短进行分类，就可以得到不等边三角形和等腰三角形两种类型，而等腰三角形

又包括等底和腰不相等的三角形、等边三角形。[2]

### 3. 抽象概念具体化

数学概念多数呈现出抽象化的特征，而小学生的理解能力和辨析能力还处于低级水平，在概念教学中将抽象概念具体化就显得格外重要。要想将抽象概念具体化，首先要做的就是联系事物的表象。教师可借助教具演示概念，学生可以通过观察在头脑中建立表象，概念也就变得形象具体；教师也可让学生动手操作，动手操作可以达到多个感官参与学习的效果，抽象概念就会变得立体起来；教师可通过指导学生进行默想、默记、默画等手段，逐渐强化其概念分析能力，在理解概念之后默想一遍，深化印象。

在准备进入新课教学之前，教师可以利用生活中的数学例子激发学生的兴趣，逐步引入问题，随着交流逐步深入课堂。同时，教师也可以鼓舞学生在理解了概念之后，寻找有哪些生活中的例子可以具体说明抽象概念，让学生学会自主概括。

### （三）对解题活动的再思考，多角度地总结解题方法

#### 1. 教学模式的变换

不同于传统的教学模式，教师要先了解学生在学习内容上的需要，仔细观察不同学生之间的差异，充分考虑学生对于教学活动或者老师提出问题时的反应，做好相应的对策。在课堂教学中，要改变教师问、学生答的传统教学模式，推崇学生主动提出问题、教师追问的新型教学模式。教学模式的单一会让学生感到枯燥无味，上课积极性不高，为此，教师要充分利用多媒体技术、课堂游戏、小组合作等方式来改变学生的学习态度，让全体学生积极投入数学学习中去。

#### 2. 新旧知识的衔接

在向学生讲授新的数学知识的过程中，大部分教师总会将新旧知识衔接，这个时候如果不注意合理运用教学方式就非常容易引发学生产生思维定式负效应。教师要给学生留足整理新旧知识的空间，在教学中牢抓新旧知识之间的联系，教导学生带着问题去预习和阅读，大胆思考学习内容上的前后变化。通过知识迁移、类比等教学方式完善学生原来的知识结构，构建新学知识体系。对于新旧知识衔接中容易出现的错误，教师也应该挖掘错题中的价值，引导学生分析产生错误的缘由，并及时纠正，让学生有所警惕。

#### 3. 解题活动的反思

解题过后的反思对学生学习尤为重要，如果不经过反思进行查缺补漏，那么再次做类似的题目时就很容易再出错，这就需要教师在小学阶段适当培养学

生的批判性思维。批判性思维，指的是学生对自己和他人的工作进行批判性反省，能以公平、客观的态度看待事物的思维。[3]在课堂教学中，教师可以在解决问题后对学生加以追问，给予思考的机会，也可以故意用错误的解题方式激发学生的批判性推理能力，从而发展学生的批判性思维。对于解答过程中成功的典型例题，要回顾解题思路，正确掌握解题方法。对于在解答过程中容易出现错误的题目，要追究其原因，思考纠正方法。教师可以就学生的易错题做好记录，按照不同错误类型给题目进行分类，利用错题记录布置巩固性练习，引导学生高效利用错题本，让他们能够快速重温和反思错题中的知识点。

4. 解题方法的多样

新课标提倡多样化的学习方式，要求教师尊重学生个性，让学生通过深入信息、自主思考获得问题的解决方法和策略。教师在教学中要鼓舞学生提出自己的解题思路和解题方法，每当学生思考出一种解题方法后，可以对学生独特的见解表示肯定并让他讲解方法，调动学生思维的积极性。同时，生活中存在许多有价值的数学素材，这就需要教师细心挖掘，保证题目的多样性，将数学知识融入生活。

小学生不擅长寻找和运用问题中的全部信息，思考问题角度单一，容易造成思维的封闭。因此在教学中，教师要善于灵活运用教材并能够结合自己的教学技能，通过一道题转换多种情境、一道题得出多种解决方案等一系列方法，发展学生自主探究能力和创新思维，让学生在之后的学习中通过独立思考得出多样的解题方法。[4]除此之外，让学生尝试从多种解题方案中寻找最优的方案，在以后的练习中能够简便快速地解答问题。

（作者系玉林师范学院教育科学学院2019级小学教育专业理科班学生）

**参考文献：**

[1] 卢了之. 浅谈直觉思维的负面影响及对策 [J]. 初中数学教与学，2011（08）：38—39.

[2] 赵东金. 小学几何概念图形表象教学中存在的问题与对策研究 [J]. 南京晓庄学院学报，2010，26（05）：71—74.

[3] -[4] 杨芳. 对消除学生数学思维定式负效应的思考与研究 [J]. 小学教学参考，2016（02）：40—41.

# 小学生朗读障碍：表现类型、成因及矫正策略①

张文静

摘　要：朗读在小学语文课程的学习中具有至关重要的作用。边读边学能让学生展开想象，形成某种画面，画面唤起情绪反应，从而获得体验与感悟，同时正确、流利、有感情的朗读能调动学生多感官，以多种渠道吸收丰富信息，实现对作品的整体感悟，提升语文教学效果。但是，随着朗读教学的逐步推进，小学生在朗读方面暴露出了诸多问题，严重阻碍了朗读教学的进行。本文将对目前小学生朗读障碍的现象进行表述并分析其成因，提出建议性矫正策略，以帮助小学生解决朗读障碍。

关键词：朗读障碍；表现类型；成因；矫正策略

　　小学语文学科的学习中，朗读对学生理解和掌握课文有着至关重要的作用，因为学生可以通过朗读展开想象，形成某种画面，画面唤起情绪反应，从而获得体验与感悟，同时朗读能够调动多感官处理信息，加深学生对于学科内容的理解。所以边读边学成为小学语文课堂中重要的学习方法。随着新课改的推行，对于小学朗读研究的加深，如何进行朗读教学、如何引导学生形成正确的朗读技巧和朗读习惯成为众多教师关注的问题。然而，随着朗读教学的深入，小学生在朗读方面暴露出了诸多问题，对于朗读教学的推行以及教育目标的有效落实造成巨大阻碍，也引发了教育工作者的广泛研究与讨论。本文将对目前小学生朗读障碍的类型进行表述并分析其成因，从问题出发解决问题，提出建议性矫正措施。

---

① 该文原载《教育现代化》2019 年第 86 期。

## 一、小学生朗读障碍的表现类型

### （一）不敢朗读，羞于表达

在充分观察小学语文课堂的情况下，首先发现的朗读问题是学生存在不敢张口、不敢朗读的现象。表现为：齐声朗读声音小，甚至不出声；不敢在同学、教师面前或一些公开场合独自朗读；朗读无感情无起伏，并且认为有感情的朗读很难为情，甚至羞愧。

### （二）不爱朗读，兴趣不浓

在追踪观察小学语文课前学生朗读作业的完成情况、课堂上进行朗读时的注意度与兴趣度以及学生对朗读的认识与态度中发现，许多存在朗读障碍的学生有以下特点：不重视朗读作业，认为朗读作业不重要，甚至认为其不能称之为作业，朗读作业完成度低、质量差；课堂朗读中兴趣度与注意度低；朗读中易出现疲态心理甚至产生厌恶心理，认为朗读很累并且耽误课堂时间，是没有必要的教学环节；对朗读的要求、作用与功能不清楚也没兴趣了解，认为朗读唯一的要求就是流利与发音准确。

### （三）不会朗读，方法缺失

由于长期缺乏科学合理的引导和系统、有效的训练，小学生朗读时经常会出现以下几种不良的朗读方法，并且错误的习惯根深蒂固：

1. 断句式

这是由于学生错误地划分句子，没有足够依据就将字和词划分为朗读停顿点而形成的一种不良的朗读方法。这种朗读的弊端就是几字或几词一停顿，不能连贯、流利地朗读文章，将文章念得支离破碎，并且声音与音调平实，没有起伏变化，导致文章听起来毫无音律的美感。

2. 念经式[1]

念经式朗读方式在小学生的朗读中最为常见，其特点就是声音小，速度快，朗读时无明显的停顿，语调没有变化，一口气念到底。学生急于完成朗读，丝毫没有注意到文章内容所表达的思想与情感态度。

3. 模具式

这种朗读方式听起来好似有感情与音调的起伏，实际上却是一种固定的朗读模式，多以"前高后低"或"前低后高"的模式朗读，无论作品内容表达情感态度如何变换，学生始终用相同的语气、语调、语速进行朗读，就如模具印刻一般地朗读，完全没有深入了解和分析作品的感情色彩。

4. 假情式

这是一种学生假装全情投入到文章中的朗读方式，意图通过不停转换的语气等朗读技巧表达出充沛的情感。实际上，学生没有理解作品的核心思想与情感态度，只是一味追求音调上的高低起伏、抑扬顿挫。"假情式"经常导致学生在朗读中出现夸张与曲解的朗读，朗读所表达出的感情色彩与文章内容极度不相符。

## 二、小学生朗读障碍的成因剖析

### （一）学生滋生自卑心理

在观察存在朗读障碍的学生时发现，学生之所以不敢朗读、羞于表达，其关键原因是学生缺乏朗读技能，如发音不准确、朗读不流利、语调和语速把控不好、朗读时不敢融入和释放情感，进而导致了自卑心理的产生。譬如，认为自己朗读得很差，不敢朗读，尤其怕老师上课点名进行朗读，畏惧教师的批评和同学们的嘲笑等。这种自卑心理严重挫伤了学生的自信心与学习动力，长此以往，他们就害怕朗读，形成了朗读障碍。

### （二）学生朗读兴趣培养缺位

在探索小学生如何形成"不爱朗读，兴趣不浓"这一朗读障碍时发现，最重要的原因在于教育者对学生朗读兴趣培养的缺位。学生对朗读的态度很大程度上受教育者在教学中对朗读重视程度的影响。在具体教学过程中，教师很少或未曾向学生强调过朗读的重要性，甚少练习朗读以培养学生对朗读的兴趣，因此学生对朗读没有一个清晰的认识并缺乏机会接触朗读，不了解直接导致了学生不热爱朗读并且认为朗读是无关紧要的教学环节，长此以往就形成漠视朗读、不爱朗读的现象。

### （三）教师朗读教学障碍

孔子曰："诵诗读书，与古人居；读书诵诗，与古人谋。"朗读在中国拥有悠久的历史，是中国传统教育的重要方法，是学习诗文的关键，诵读圣人经典，能够感受圣人传达的思想感情，达到与圣人"相谋""共语"的境界[2]。因而，从古至今，朗读都是教师培养学生理解、表达等语文学科能力的重要教育方法。

但是，如今由于许多语文教材中对于朗读没有十分明确的培养目标、具体教学方法和考核要求等，教师误认为朗读教学不重要，就不重视自身朗读能力的训练。教师长时间缺乏对自身能力的培养就导致不知道如何对学生进行朗读指导、如何评价和考核学生的朗读能力等，从而形成了教师朗读教学障碍。教师形成朗读教学障碍的结果就是学生长期缺乏科学、系统的朗读指导，形成"不会朗读，方法缺失"的朗读障碍。

教师朗读教学障碍具体表现在以下几个方面：

1. 教师对朗读教学目的认知不明确，教学缺乏目的性

一些教师自身对朗读的教学目的认知有偏差，误以为出了声就是学习了朗读，不知道朗读是为了调动学生的多感官感受作品内容，通过语气与语调将作品字里行间的内容与情感表达出来，从而深刻理解感知文章。

朗读教学缺乏目的性的课堂教学表现为：教师在朗读前没有提出明确的要求，例如，通过朗读，你能感悟出作者哪些思想情感或情感变化？只侧重于在课堂教学中设置各种形式的朗读，五花八门地全班齐读、个别读、小组读、分角色朗读[3]，一个学生读完另一个学生读，男生读完女生读。课堂氛围看似活跃，实际上，目的不明的朗读，一味追求数量和形式上的"多"导致学生即使读得再多，也只是为了读得快和读得对，朗读能力却没有得到真正的培养与提高，甚至极容易形成"念经式"的朗读习惯。

2. 教师缺乏朗读技巧指导能力

存在朗读教学障碍的教师在进行朗读指导时因自身缺乏一定素质能力，常出现朗读技巧指导方法单纯、机械、生硬[4]的现象。

具体表现为：朗读前未能教授重音、语速、停连、语调、语气等外部朗读表达技巧，从而导致学生朗读缺乏科学、系统的引导与知识框架的构建；朗读教学过程中采用错误的朗读指导，不引导学生感悟文章，只机械地规定学生具体用某一种语气、语调朗读文章内容，如"请同学以……语气读出以下内容"等教学现象，这种方式无异于隔靴搔痒，刻板地要求学生用某一种语气，自然导致"模具式"和"假情式"朗读，并且将"学"与"思"剥离，一味要求模式化地"学"，忽略了学生的主观能动性，压制学生独立思考，必然造成朗读无效果，学生无法体会作品的思想感情。

3. 教师朗读教学缺乏评价与反馈机制

有些教师没有扎实的朗读能力，不知道如何评价学生的朗读水平和采用什

么样的评价语，也不能及时给学生反馈朗读存在的优缺点和矫正措施。教师缺乏评价和反馈机制易导致学生形成朗读障碍，比如无表扬造成学生无法从朗读中获得成就感，削弱学习兴趣与动机；无反馈导致学生无法得知自己的朗读情况与水平，容易将错误的朗读方法沿用，久而久之，形成"学生腔"且不良朗读习惯根深蒂固。

### 三、小学生朗读障碍的矫正策略

（一）善于引导，消除朗读心理障碍

矫正"不敢朗读，羞于表达"这种朗读障碍的关键在于消除学生朗读的心理障碍。学生在接触朗读这一新领域时，无论是在学习还是在练习中都会遇到许多困难，面对一些不敢朗读、朗读中多次出现错误的学生，教师应以包容的心态对待他们，允许学生犯错误，多鼓励，耐心指导他们。针对一些对朗读已经产生心理障碍的学生，教师要积极主动地与学生进行沟通，了解其存在的困惑，引导学生合理归因，找出形成朗读障碍的主要因素，再依据具体因素指导学生制订合理、可落实、循序渐进的学习计划。同时，多给存在朗读障碍的学生提供朗读机会，帮助他们多锻炼以克服恐惧心理并时常鼓励这些学生，让他们获得学习成就感，从而激发其学习信心与动力，不再恐惧朗读，敢于朗读。

（二）多措并举，激发学生朗读兴趣

学生存在"不爱朗读，兴趣不浓"朗读障碍的重要原因在于教育者对学生朗读兴趣培养的缺位。矫正策略的关键是教师重视对学生朗读兴趣的培养，例如，从低学段开始，教师要多给学生示读或播放精准、高质量的朗读材料，让学生从一开始接触朗读便有一个良性的认知，了解到朗读是一种能够深入体会作品思想感情的重要技能，可以提升自我学习能力、理解能力和多感官协调能力等，从而提升对朗读的兴趣爱好；朗读教学中应给学生提出明确的学习目标，有目的有意识的学习能提高学生的自我控制力，更能获得好的学习结果，提升学生学习的成就感，同时对学生的朗读多进行鼓励和表扬，让学生获得学习的满足感；具体朗读中可以采用"看图朗读""配乐朗读"等新颖、趣味性强的朗读辅助性方法激发学生的朗读兴趣，让学生爱上朗读。

（三）主动学习，提升朗读教学能力

学生形成"不会朗读、方法缺失"朗读障碍的主要因素在于一些教师存在朗读教学障碍。教师是教学中至关重要的一环，在今天以讲授法为主要教学方法的教育模式下，教师自身的素养和技能水平直接影响着教学效果。"打铁还须自身硬"，针对现在小学生朗读出现的诸多障碍，教师必须先从自身能力出发，广泛关注并了解有关朗读的研究，系统学习朗读技巧与指导方法等。只有教师自己拥有卓越的朗读能力，才能对学生产生的各种朗读障碍做出合理预判和规范性指导，矫正学生朗读障碍。

小学语文朗读自身发展过程中还存在许多缺陷，教育者缺乏对朗读的重视和技巧的训练，必然导致其在落实中产生诸多问题。我们需要辩证地看待问题，发展的道路虽然是曲折的，但发展的方向是前进的，未来是光明的。小学生朗读教学落实中反映出的各种障碍和问题，正是我们解决问题、不断前进的不竭动力源泉和发展的阶梯。

（作者系玉林师范学院教育科学学院2017级小学教育专业文科班学生）

**参考文献：**

[1] 吕小君 . 小学语文朗读实践与研究 ［M］. 北京：科学出版社，2018：5—7.

[2] 熊春锦 . 浅论道德救世 ［EB/OL］. http：//ishare. iask. sina. com. cn/f/13541651. html.

[3] 吕小君 . 小学语文朗读实践与研究 ［M］. 北京：科学出版社，2018：5—7.

[4] 李莺歌 . 小学语文朗读教学存在的问题及对策 ［A］：基础教育理论研究成果荟萃（下卷）［C］. 北京：中央民族大学出版社，2007：270.

# 小学语文识字教学干扰现象及应对策略①

姚冰雁

**摘 要**：识字是小学生阅读的重要基础，因此"教好字"成为小学语文教学的主要目标之一。但目前，记忆的抑制干扰现象严重影响了小学语文识字教学的效率和效果，主要体现在字音干扰、字形干扰和字义干扰三个方面。小学语文教师可以通过熟悉教学内容、运用多种教学方法、加强考核力度来规避干扰。

**关键词**：识字教学；干扰现象；应对策略

## 一、当前小学语文识字教学的主要干扰现象

认知心理学中，记忆的抑制现象可分为前摄抑制和倒摄抑制，前摄抑制又称前摄干扰，指的是之前学习的材料对保持和回忆以后学习材料的干扰。而倒摄抑制是指后来学习的内容对先前学习的内容的干扰。因为人的记忆有限，人要想维持记忆不但需要保持相关信息，而且需要有效地抑制干扰信息。所以这些记忆的抑制严重影响了小学生识字教学的效率和效果，其具体表现有以下三个方面。

### （一）字音干扰，先入为主

字音类似的情况下，先学习的字音会影响后来学习的字音。字音指的是汉语最小音义结合体（字）的语音形式。汉字属于表意文字，在现代汉语中存在着相当数量的字音相似的汉字，这就往往出现先获得的字音印象在头脑中占主

---

① 该文原载《作家天地》2021年第1期。

导地位的情况。[1]

例如，巴金《星空》中的"我爱月夜，也爱星空"。此例中，星（xīng）指的是夜晚天空中有光亮的小星体，由于在汉语的字音中有前后鼻音的区别，小学语文在识字教学中，会出现小学生把先学习的新（xīn）的前鼻音换成后学习的星（xīng）的后鼻音等类似情况，即先学习的字音干扰后来学习的字音。

（二）字形干扰，张冠李戴

字形为文字的形体，当前后学习的汉字形体相似时，小学生会认错或用错汉字。小学生识的字按结构分为两类：一是独体字，二是合体字。合体汉字也称合文，是将两个或两个以上独体字重新组合所构成的字，其大部分是会意字和形声字。小学识字教学中以形声字为最多，因此汉字形体是重要的识字教育教学设计部分。在字形的相似度较高时，前后学习的字形就会影响小学生整体的识字情况和汉字掌握程度。

例如，"一幅幅的对联，全洋溢着这样乐观、诙谐的情趣"中的"幅"应是"副"。小学生后学习的量词"幅"（fú），用于布料、毛料、图画等，如"一幅布、三幅油画、四幅插图"等。而小学生先学习的量词"副"（fù），用于成套或成双配对的东西，如"一副象棋、一副对联、一副眼镜"等。对联是由上下联两部分内容组成的，属于设计成双配对的东西，应该用"副"。[2]但是小学生后学习的"幅"（fú）干扰了先学习的"副"（fù），导致两个量词的用错。

（三）字义干扰，望文生义

一个汉字只有一个意义的单义字并不多，多数汉字都有两个及两个以上的意义。[3]在单字多义的情况下，小学生不能准确地解释在不同语境下的单字意义，就会容易出现从字面上牵强附会，做出不确切解释的情况。

例如，"不足为训"的"训"是"准则"之义，该成语的整体翻译为不足以当作典范或做法，但小学生先学的"训"为"教导"之义，并且该义运用率是较高的。因此，小学生会从字面上牵强附会，把"不足为训"理解成不足以被训导。

## 二、小学语文识字教学主要干扰现象出现的原因

（一）教师识字教学意识不强，不熟悉教学内容

小学语文教师对识字教学的意识不强，不注重识字教学，不熟悉小学语文

的识字教学内容。小学语文识字教学以学习成绩来考量学生，注重对生字的死记硬背，较少关注汉字的讲解和拓展。即使有讲解，小学语文教师大多数针对的也是小学生写错的汉字，讲解内容没有计划性。部分教师甚至只教授小学生如何读写汉字，导致小学生在理解汉字意义方面存在困难。

教师的意识不仅存在个人的生活世界中，也存在个人的工作环境中，对教师的教学工作产生影响，继而影响教学过程。小学语文识字教学要求教师首先要熟悉教学内容，特别是对教材的熟悉。在了解教学内容的基础上，教师才能依据具体学情进行教学设计。一些教师不熟悉教学内容，在识字教学的课堂中会出现思维混乱、逻辑不清晰等情况。

（二）教师识字教学能力欠缺，教学方法不当

教师识字教学能力欠缺，教学方法不当。因为小学语文教师的时间和精力较为有限，且自身对识字教学的研究深度不足，他们对识字教学理论和方法的了解知之甚少。此外，小学语文教师接受专业培训的机会较少，缺乏关于识字教学的指导，致使其对识字教学技巧的了解不够深入。部分小学语文教师由于自身能力不足，极少能根据不同学情选择恰当的教学方法，且其识字教学的水平程度较浅。

（三）教师识字考核不力，教学回馈不佳

教师对识字考核力度不足，教学回馈不佳。小学语文教师在识字教学时，可利用不同的考核方式来了解学生的识字情况，以便其进行有针对性的教学。应试教育的观念深植于教师心中，他们以期中和期末的考试方式为主，因此，对小学生的识字考核数量较少且考核时间间隔长。此外，小学教师缺乏创新，考核方式单一化。因此，小学教师不能及时得到识字教学的反馈，且情况反馈不全面。

### 三、规避小学语文识字教学主要干扰现象的策略

（一）熟悉教学内容

目前，小学语文识字教学的内容以教材为主。因此，小学语文教师要熟悉识字教学内容，首先要熟悉教材。

1. 熟悉《课程标准》

《课程标准》是语文基础教育的纲领性文件。语文识字教材的编者要深度了

解《课程标准》，在体会其含义的基础上进行教材编辑。可以说教材是完全符合课标精神，在课标的指导下完成的。

小学语文教师熟悉教材内容首先要熟悉课标。教材的内在联系指的是教材中概念、原理等之间的内在关联。课标是指导性文件，教师通过系统的课标学习，可了解教材内容的知识体系和知识的编排结构，从而形成理解教材内容的逻辑思维。

语言与思维密切联系，思维活动是语言表达的主要依据。[4]识字教学就是语言表达的一种，通过熟悉课标，形成理解教学内容的逻辑思维，锻炼并进行逻辑思维的语言表达，传授紧密性强的知识。识字教学是一项任务重、耗时较长的教学活动。教学内容无逻辑上的环环相扣就会造成教学上的困难，教师就易于产生教学上的自我怀疑。如果教师识字教学内容碎片化，难以系统学习和记忆，就会加大学生的学习难度。因此，小学语文教师需要通过熟悉课标，了解小学语文识字教材的内在逻辑，从而锻炼形成识字教学的逻辑语言表达能力。

2. 熟悉教材内容

教师应经常看甚至天天看教材，做到对教材内容了如指掌。小学语文教师在熟悉识字教材内在逻辑的基础上，会形成具有逻辑的识字教学知识体系框架，而识字教材内容则是知识体系框架的细节补充。因此，小学语文教师熟悉教材内容，才能最大限度地进行详细的、高质量的识字教学。但是教材内容较多，不能一概而论。教师在熟悉识字教材内容的时候，要有难易的区分，如此才能做到一定意义上的了如指掌。因为教师的教学对象是学生，要想使学生在学习上得到体验和收获，就要因材施教。每个地方、每个学校、每个班级的学情都不尽相同，只有教师熟悉教材内容，并对教材内容进行难易的区分，才能真正有针对性地对学生施教。

（二）运用多种教学方法

1. 集中识字

"集中识字"指的是以汉字学习为本体，集中大量地学习汉字。它继承了前人"先识字，后阅读"的识字教学经验，旨在通过大量快速识字，达到尽早大量阅读的目的。集中识字教学法则是将汉字归类，集中教小学生一批生字，进而阅读数篇课文。学生在阅读中巩固生字，将阅读与识字充分结合。[5]

教师可根据汉字的特点进行分类，具体方法有同音字归类、形声字归类等。在读音上，汉字可进行相近的前后鼻音的分类。例如，前鼻音为"in"后鼻音为"ing"，其相对应的汉字有"信"与"姓"，且绕口令有"同姓不能说成通信，通信不能说成同姓。同一姓氏可以互相交流。通信不一定是同一个姓"。这样，学生不仅能复习之前学习的"信"字，还能学习后来的"姓"字。

认知心理学中，记忆的抑制现象影响着识字教学，且抑制现象出现的原因很大程度上是识字教学内容的碎片化，未能及时进行前后汉字的联系学习和巩固。上面的例子中就很好地运用集中识字的归类法，把"信"与"姓"有机结合，这样不仅能清晰地形成汉字的对比，避免"信"与"姓"的混淆，而且成功地把新知识融入原有的知识体系，激发学生的学习兴趣。

2. 字理识字

字理识字教学法，又称"造字理据识字法"，是二十世纪九十年代由湖南省岳阳市教育发展科学技术研究所的组织成员贾国均创制的一种学生识字课堂教学研究方法。所谓字理就是汉字的构字依据和组成规律。汉字是表意文字，具有理据性。[6]理据性指的是事物内在的道理和依据，而汉字构造就是汉字内部的理据性。

汉字的构造，一般采用许慎《说文解字》中的造字六法，其中有象形、指事、会意、形声四种造字方法。因为小学生学习的汉字以形声字为主，字形又与字义相联系，所以教师可通过造字法，从汉字的构造起源上解析汉字的含义。例如，"杖"字为形声字，"木"形体像棵树，表木头，"丈"读 zhàng，表声，有扶、倚之义，"杖"则是扶着走路的长棍。此例中，教师从形体上解释了汉字的表义，通过表义间的联系，解释了整个字的"棍棒"意思。

字理的说明，厘清了汉字的由来，学生在一定程度上把握了汉字的基本意思。如果小学语文教师在识字教学过程中，不分析汉字内部的理据性，则小学生的汉字学习多数依赖教师直接的汉字意思输出，并且学生只能运用传统的"死记硬背"方法来记忆汉字，这就使学生易于忘记新学的汉字。因此，字理识字是规避小学语文识字教学干扰现象的重要方法之一。

（三）加强学生识字考核，重难点突出

1. 纸笔测验考核

纸笔测验考核，在教学中指的是教师对学生提交的准备试卷进行详细的审查。小学语文教师可通过传统的考试形式进行量化评定，对学生识字情况进行了解，这不仅能够有效地保持考核标准的统一性，而且也能够对考核的内容进行详细的记录。[7]因为教学内容是课标对于普遍学生所制定的内容，具有普遍性，所以纸笔测验考核较为适用于了解学生对汉字的整体把握。

例如，经常使用的课堂测试，教师会根据学生在课堂上已学的知识，制作一张试卷，对学生进行学习效果的测验，试卷的考点就包括了课标中提及的重难点和学生要把握的汉字。测验的结果由分数的高低来呈现，量化评定学生对所学汉字的整体把握程度。当然，教师试卷考核的时间间隔可以依据学生识字的具体情况而定。综上所述，适用范围广、可实施性强的纸笔测验考核应当是学生识字考核的重要方式之一。

2. 趣味活动考核

小学语文教师可利用课堂的闲余时间，组织学生开展趣味活动，活动的核心内容为识字考核。活动考核为动态考核，这能极大限度地调动学生各方面的感知觉，不仅活跃学生的学习思维，而且作为活动组织者的教师能实时了解学生的考核情况。例如，无纸化竞猜汉字，学生根据教师提示，思维快速跳跃地寻找答案，尽力为自己的小组争取更大的胜算。这不仅培养了学生的团队精神，也对学生进行了"无痕"的汉字实时考核。此外，趣味活动的方式虽有多种，但不变的是活动对学生汉字考核的目的。

（作者系玉林师范学院教育科学学院2019级小学教育专业文科班学生）

**参考文献：**

[1] 侯兴泉. 论汉语方言"字音类"的历史比较 [J]. 中国方言学报，2016（01）：1—14.

[2] 朱文献. 小心因字音近同字形相似而写别字 [J]. 阅读与写作，2004（01）：31—32.

[3] 梁君. 字义在对外汉字教学中的重要性 [J]. 教育现代化，2018，5（23）：287—289.

[4] 周国伟. 高中语文教学中发展学生逻辑思维的研究与实践 [J]. 语文教学通讯·D刊（学术刊），2020（08）：51—52.

[5]［6] 郑礼立. 对小学语文识字教学方法的研究 [D]. 陕西师范大学，2013：13—18.

[7] 吕明钊，陈锐. 航空质量管理体系审核评价方式的变化与发展 [J]. 科技经济导刊，2020，28（23）：218.

# "微翻转"在小学语文高学段阅读课中的应用①

潘雪娟

**摘　要**：随着我国小学语文新课程标准的改革，小学各学科的教学模式、教学目的等各部分都呈现出很大的变化，语文学科的教学模式越来越丰富、多样，而"微翻转"模式的应用较为突出。为了帮助小学语文教师融入现代教学模式，提高学生的语文阅读兴趣，促进学生语文阅读能力的发展，本文提出了更适合于小学语文高学段阅读课堂中适量、适时翻转的"微翻转"课堂模式，探索"微翻转"在小学语文高学段阅读课堂的具体应用，从课前预设环节、课中环节、学习效果内容的选择性三个方面来提出建议，为提高小学语文高学段阅读课堂的教学效率提供借鉴。

**关键词**：微翻转；小学语文；高学段阅读课；应用

## 一、"微翻转"在小学语文高学段阅读课堂的应用概述

（一）"微翻转"概述

"微翻转"和"翻转课堂"有所不同，"微翻转"是指在教学过程中适当地使用翻转课堂、局部使用传统课堂的联合式教学，在知识传授与知识内化方面适当地借助信息技术与学生探究性学习活动来完成。[1]在课前筹备时，教师通过精心预设，选择契合教学目标的结构化教学的材料，并通过一定的学情分析，利用情境、协作、会话等引领学生自主学习、交流反思、探究新旧经验的建构。同时，以信息技术辅助教学的方法来提高学生学习阅读课文的兴趣，从而提高教师的教学表现。这种适当地使用翻转课堂、局部使用传统课堂的教学模式称

---

① 该文原载《广西教育》（义务教育版）2021（4）。

为"微翻转"。

（二）小学语文高学段阅读课运用"微翻转"的意义

小学语文阅读课对小学语文教学具有重要意义，阅读能培养学生的语言深刻感悟能力，提升语文阅读水平。在小学语文课堂中，教师要充分发挥自己的引导作用，带领学生学会运用多种阅读方法，在课内外积累丰富的语文阅读知识，在阅读过程中提高自己的审美能力，丰富情感与精神世界。小学高学段的学生在阅读方面具有较强的可塑性，教师可以根据小学高学段学生已有的知识储备和学习特点，运用科学的教学模式，来培养学生良好的阅读习惯，为学生学习其他知识做好铺垫。"微翻转"课堂教学模式给小学语文高学段阅读课提供更加实用的便利性，从而进一步帮助小学语文教师融入现代教学模式，为小学语文高学段的阅读教学提供某方面的借鉴。

## 二、"微翻转"在小学语文高学段阅读课中的应用程序

"微翻转"教学模式要在小学语文高学段阅读课堂中积极发挥作用，并不是语文教师随意采用微课视频，也不是学生课前做好预习，在课中与小组成员展开讨论交流就可以的。而是要依靠教师的职业素养和专业知识，对小学语文高学段阅读教学目标有正确的认识，拥有全面的把握语文文本内容的能力以及具备掌握学生基本学习情况的能力。因此"微翻转"在小学语文高学段阅读课中的应用程序要从教学的课前、课中、课后三个环节进行教学设计管理，提高学生的语文阅读兴趣，促进学生语文阅读能力的发展，从而帮助小学语文教师提高小学语文高学段的阅读课堂效率。[2]

（一）课前精心准备

在小学语文高学段阅读课堂中，教师在教学前要对课堂进行精心预设，仔细准备教学视频及其他教学材料。根据不同教学内容，教师可以将课文的背景、结构、内容、思想感情等以"微导读"的形式，录制适当时长的视频，学生可通过规定的学习平台自由收听教师上传的视频。按照班级之间的差异，在录制教学视频时也可因材施教。教师在制作课前教学视频时需要合理借助多媒体技术来做好视频的视觉信息、内容的简洁清晰性以及设计程序的教学策略等，为学生提供良好的学习平台。例如，在《鸟的天堂》的阅读教学中，教师根据课文的内容及学生的学习特点，制作出符合教学内容且精美的教学视频，引发学生积极参加阅读预习活动的学习兴趣。同时为了进一步提高学生对文章的主要

内容和主旨的理解，教师也对"天堂"所处地点进行补充。在此基础上，教师对学生预习课文的重难点的设计是"一边读一边想象'鸟的天堂'的美丽场景，学习文章表达的思想感情"，随后教师指导学生从文章结构出发，并结合一定的写作手法，展开课文的阅读。

　　学生学习完教师制作的阅读教学的视频之后，及时对视频中的知识点及疑难点进行记录。同时，教师根据不同的教学要求，给予学生完成相对应的课前练习任务，学生在做练习的过程中需要巩固课文的知识点并发现学习过程中的疑难点。对于学生课前的学习，教师运用信息技术与学生进行互动交流，了解学生学习比较吃力的知识面，同学们也可相互交流学习，互相解惑，再进一步加强对课文的理解，为课中学习奠定基础。比如，学生学习完《少年闰土》的课文视频后，教师可针对课文内容向学生提出"文中描写了哪些事情？课文中作者对闰土的描写有哪些句子，有哪些描写手法？闰土在你心目中有什么样的形象"等问题，学生通过结合视频与原文阅读来完成任务，并借助网络交流工具对疑难或自己有独到见解之处与同学老师交流。

　　（二）课堂深入内化

　　语文阅读活动的课中环节是"微翻转"教学模式的关键环节。教师设计阅读的课中教学环节时，要与课前预设环节环环相扣，在阅读课堂中，要积极利用协作、情境、对话等部分的作用，发挥学生的主体作用，实现对现有知识内化的目标。课堂内化过程一般分为确定问题、独立探究、合作学习、交流成果、反馈评价这几个环节。

　　1. 确定问题

　　学生利用翻转课堂这一形式，在课前自主阅读学习中，对文章大意有一定的熟悉程度，同时，在课前自主预习的过程中，学生在不同情形下产生各样的疑难问题。对此，可以先依照课文内容创设相关的情境，也可以通过学生临场表现做出的反应以及同学协助等方面，最终确定在课堂上需要着重探讨的问题。

　　2. 独立探究

　　传统教学中老师是课堂的管理者，翻转课堂中老师是引导者，将两种角色结合起来带领学生对问题展开独立探究，在此过程中，学生在教师组织的活动中学会独立思考问题并寻求答案。

　　3. 合作学习

　　学生展开独立探索之后，教师可以利用小组合作等方式，创设问题情境，进一步指导学生展开相关内容的探讨，对疑难问题进行梳理与攻克，或根据文体及教材内容需要，进行情境对话、情景重现等深度学习。在此过程中，学生各方面能力都能得到一定的提升，进而完成知识的内化，不断提升阅读教学质量。在这一过程中，教师选用适当的教学手段与教学方法可以促进教学活动有效开展。

4. 交流成果

学生经过课中独立自主与合作学习之后，可以将自己的学习观点以及小组的学习成果进行汇合。进而在课堂上通过辩论会、小型比赛等形式进行展示、交流学习过程及发现，与他人分享学习成果与喜悦。在交流成果的过程中，对参与的人员可酌情扩大范围，参与的形式可因内容而定。

5. 反馈评价

在"微翻转"教学模式下，评价方式可采用传统课堂与翻转课堂相结合下学生学习结果的反馈评价与学生学习过程的评价。评价可从问题的确立过程、学生展示成果时的表现等方面来形成。从知识和技能的掌握程度来突出对学生学习结果的评价，对过程的评价则着重强调学生在行为记录表、学习感想、反思短文等方面的表现。在此过程中，教师可根据教学需求因地制宜地采用反馈评价方法。

例如，在小学语文高学段课文中的《落花生》教学中，学生在独立学习的过程中，可能会因为能力等因素产生诸多疑难问题，随后教师可对学生提出的疑难问题进行汇总，并按照小组合作学习的原则，让学生通过各种组织形式展开阅读学习。学生经过规定时间的讨论后，每个小组指定同学发言，对问题进行总结与展示并与同学交流学习的过程，随后教师结合小组的学习汇报与表现，对其进行总结。最后，教师对学生问题的形成、独立探究过程中的表现、在小组合作学习中的表现、成果汇报等进行总结评价。

（三）学习效果巩固

学生的学习效果需要进行课后学习来加以巩固，教师可根据学生在课前预习及课中学习的知识能力来布置科学合理的作业。在"微翻转"模式下，可灵活利用传统课堂下大量练习巩固的环节，与翻转模式下借助信息技术成果汇报等课后巩固环节结合使用。比如，经过对《空城计》的阅读教学后，教师给学生布置了相对应的练习作业，在了解了诸葛亮的智谋之后，向学生提出："你是如何看待诸葛亮这个人物的？阅读的名著中像他这样足智多谋的人物还有哪些?"这样可以让学生对自己的讨论形成讨论报告,最终做成成果展示的形式,汇报的形式能够起到加深学生对文章阅读理解的作用,从而拓展阅读,充分发挥语文阅读的意义。在学习阅读文章后,教师引导学生进行拓展性阅读,引导学生通过各种渠道独立阅读其他相关的课外读物。教师可根据学生的阅读兴趣,布置与之相对应的课外阅读作业。比如,在学习鲁迅的文章《少年闰土》时,教师视学生的学习兴趣而布置学生阅读鲁迅先生其他的文章,以此来加强学生的文学素养。总之,"微翻转"模式下阅读课中巩固学生学习效果的方式丰富多样,教师在选择方法时可灵活处理。

### 三、"微翻转" 在小学语文高学段阅读课中的应用建议

(一) 重视课前预设环节

"微翻转"模式下阅读教学课前准备阶段大体使用"微导读"或视频剪辑下的"微视频"来进行知识的传授,教师在录制教学视频时,要根据学生的基本学情及学习特点来对教学内容进行有效的讲解,在此过程中,教师要充分重视语文阅读教学的资料准备,且要充分考虑视频的效果。课前练习要充分考虑教材的内容以及学生学习的情况特点,制定有针对性的学习任务,并指导学生进行有效的交流,在这一环节中,教师还要做好家校联合的工作。

(二) 精心设计课中环节

实施"微翻转"教学模式的关键是语文活动的精心设计,同时,也正是因为教学活动设计需要精心准备,教学有效性和目的性才能够提升上来。在设计课中教学环节时要根据教学需要因地制宜地使用"微翻转"模式,要最优化地设计教学环节,使学生能用心感受阅读、用心感受语文,从而达到语文素养的升华;使学生在学习时能感受语言的魅力,达到知识的内化。例如,在《军神》一文,教师在教授这一课文前,要先根据课文内容设计出类似的情境,随后通过学生的临场表现做出的反应以及协助学习等方面,最终确定在课堂上需要着重讨论的问题。在课中环节设计中,教师要特别注意学生阅读材料的时间,避免重复教学,使教学目标得以完成。

(三) 学习效果上注意内容的选择性

课后学习巩固部分要注意根据教学目标来制定相关学习巩固的任务,教师设计这一环节时要充分使用"微翻转"模式的灵活性来适度开发教学资源,从

学习效果来看，教学内容要注重学生对文本的理解及对思想情感的把握，从而促进学生小学语文高学段阅读能力的提升。在这一环节的内容选择上，要重视由浅及深、由表及里，按教学目标的三个维度进行。在推荐课外阅读书目时，需要注意选择的内容是否符合学生阅读、学生是否有条件完成阅读等。要求学生借助信息技术汇报成果时也要注意内容的选择性，从而使学生增强学习能力，提高语文素质，增强文化修养。

### 四、结语

"微翻转"教学模式要求教师在小学语文高学段阅读课中从教学的课前、课中、课后三个环节进行教学设计管理，这样更好地带动和吸引学生加入到阅读过程中，帮助学生提高梳理阅读重点和难点的能力，让学生充当课堂的主人，使学生养成独立自主学习的好习惯。在这一过程中，教师要扮演好引导者和启发者的角色，营造良好的课堂氛围与打造和谐的师生关系，增强学生的阅读兴趣，促进学生高效阅读，提高学生的整体语文阅读能力。

（作者系玉林师范学院教育科学学院 2018 级小学教育专业文科班学生）

**参考文献：**

[1] 李晓宇 . "微"翻转课堂："双阶六环节"初中语文教学模式研究 [D]. 哈尔滨师范大学，2019：1.

[2] 逯斌 . 小学语文阅读教学中翻转课堂教学模式的应用 [J]. 课程教育研究，2020（16）：100—107.

# 网络学习环境下小学生学习效能提升策略①

宁海燕

　　**摘　要：**伴随着计算机网络技术、新媒体技术的飞速发展，我国建立了许多具有自身特色的网络学习平台，网络课程也在如火如荼地开展。[1]网络环境下的学习，有着许多优点，也存在许多缺点，其中尤为突出的一点是网络学习环境下小学生学习效能相对较低。基于对上述问题的分析，本文将相应从学生、教师、学校、家庭层面提出网络学习环境下小学生学习效能提升的策略。

　　**关键词：**小学生；学习效能；网络学习环境；提升策略

　　网络环境下的学习，有着以下优点：学生不仅可以对网络上大量丰富的学习资源进行利用，而且可以克服时空的障碍，借助网络学习平台与老师和同学进行实时和非实时的相互交流。学生能够根据自身的学习特点和需求、学习计划安排学习时间和学习进度，增强了小学生学习的自控性和自由性。[2]在这许多优点的前提下，我们更应该注重网络学习环境下学生的学习效能。本文主要阐述了网络学习环境下小学生学习效能提升的策略。

## 一、网络环境下小学生学习效能现状

　　由于在网络环境下上课的时候缺乏老师的监督和师生间面对面的直接交流，网络学习环境下小学生对信息的处理模式不理想，而且他们的逻辑推理能力、运算能力相较于线下学习有所降低。除此之外，他们的学习态度会由于各种客观原因和主观原因的影响而变得消极，主要表现在作业不能按时完成或者完成的质量很差、听课走神等，从而导致他们的学习效能大大降低，他们的测验成

---

　　①　该文原载《作家天地》2021年第1期。

绩、考试成绩也不理想。

## 二、网络环境下小学生学习效能低下归因

（一）主观原因

1. 小学生对于学习价值的认知存在偏差

很多小学生的学习价值观比较消极，普遍认为学习的价值并不是为了追求自身更好发展，而是为父母、为家人、为成绩而学。小学生对于学习的态度消极，从本质上讲是由于小学生对学习价值认知不清晰不准确，没有认识到学习的价值，没有建构积极的学习价值观。还有就是由于小学生年龄相对较小，各种价值观都处在构建时期，有的小学生甚至可能根本就没有形成学习价值观。但构建积极的学习价值观对小学生来说也是至关重要的，并且习近平总书记曾提出培养"心中有阳光，脚下有力量"的人。"心中有阳光"就是一种积极的心态，表现在坚定信念、顽强拼搏、努力学习、幸福生活等方面，也就是在学习上体验到开心的意义，意识到学习或其他行动是有价值的，以乐观积极的态度面对未来等。积极向上的学习价值观对于提高小学生的学习效能是至关重要的。[3]

2. 小学生线上学习时缺乏积极的学习自主力

小学生作为学习的主体，在家进行线上学习的时候学习的自主性和积极性并不强，不主动学习、不主动提问、不主动完成作业。剖析其缘由，一方面是因为小学生自控力差，会被各种各样的网络游戏诱惑，从而忽略学习。另一方面是学校的教学内容、教学方式和课程结构等直接束缚了小学生的自由，小学生不能充分发挥学习的自主权，"填鸭式"的学习导致小学生自主水平低，学习的动力不足。缺少较为有力的内部学习驱动力，缺少学习的乐趣，学习自主力不足，是小学生在网络学习环境下学习效能低下的原因之一。[4]

3. 小学生线上学习时不懂得进行科学的学习

大多数小学生居家线上学习时，都不懂得进行科学的学习。大部分小学生只是在上课时间听老师讲课，不会提前进行预习，也不会课后进行知识的回顾。就算老师布置了相关任务，也不能自主完成。并且他们在老师上课的时候不会好好地利用课堂时间，也不能很认真地做好笔记来帮助自己记住老师讲授的内容，尤其是不能积极主动地独立思考，及时跟上老师的节奏。并且小学生自控力不强，不会合理安排自身的学习时间，大部分时间都用来娱乐，从而影响了

他们的学习效能。

（二）外部客观原因

**1. 教师在网络环境下欠缺高效能、积极性教学**

教师在网络环境下高效能、积极性教学，对学生高效能积极地学习具有非常大的影响作用。然而当今大多数教师不习惯网上教学，他们弄课件、板书时因为不能适应网上教学而受到影响，从而导致他们上课的状态不太好，欠缺了高效能、积极性，教学效果也因此大打折扣，小学生网上学习效能也因此降低。

**2. 网络环境下班级的学习氛围有待提升**

网络环境下班级的学习氛围大部分不是很好，基本上就是老师在屏幕的另一边讲，学生在屏幕那边听。当老师在课堂上提问的时候，大多数学生不会主动发言，也不会主动发信息跟老师交流学习的想法或者主动向老师提问。积极的学习氛围是由老师引导学生、与学生之间互动交流而形成的，在学习环境中，小学生应对自身和伙伴持有积极向上的心态，和其他成员以及教师进行密切积极的合作，并拥有课堂学习活动所需要的个人技能和群体技能。网络课堂的学习氛围对小学生的学习主动性、积极性、合作性等积极品质的培养具有重要的意义，是促进小学生高效能网上学习的重要因素之一。[5]

**3. 缺乏促进小学生线上高效学习的家庭环境**

许多小学生的家长都不能为孩子提供一个高效学习的家庭环境。很多小学生在家进行网上学习时，他们的学习环境是嘈杂而吵闹的。大多数小学生的家长不会在孩子学习的时候主动放轻动作，降低交谈的音量。还有一些家长，可能根本就没有在孩子学习时给孩子提供高效的学习环境的意识。

### 三、提升网络学习环境下小学生学习效能的对策

（一）学生层面

1. 实时共享视频，培养小学生树立积极的学习价值观

教师在网络环境下教导学生时，可以与小学生实时分享一些关于学习的有趣视频或者一些有意义、有价值、有意思的视频。让他们在观看视频的同时慢慢构建积极的学习价值观，让他们知道学习不是枯燥无味的，而是有趣的；也让他们知道学习最终是为自己学习，他们努力学习的最大受益人还是他们自己。

2. 点赞网上作业提交情况，培养小学生学习的自主力

许多小学生在家网上学习的时候，都不会去主动学习和完成作业。其中的一个重要原因是他们缺乏学习的自主力。在网络教学的环境下，老师可以通过实时点赞他们网上学习与作业的情况来培养小学生的学习自主力。例如：当第一位小学生提交作业时，老师进行点赞与点评，并给予适当的奖励，让小学生知道老师很重视他们提交的作业，尤其是第一位提交作业的学生，可以得到老师更多的关注，以此来鼓励小学生学习，培养小学生的学习自主力。

3. 让小学生在线上进行科学的学习

小学生不懂得如何科学地进行网上学习，导致他们在家进行网上学习的时候会有点力不从心，从而影响他们在网络教学环境下的学习效能。因此，小学生进行网上学习的时候，教师应对如何进行科学地学习加以引导。比如，小学生在家的时候应该养成良好的作息习惯；课前认真地预习；在教师讲课的时候专心听讲、做好笔记，充分利用好上课的时间；课后积极主动地完成作业等。

（二）教师层面

1. 营造轻松、愉悦的网上学习氛围

营造一个轻松、愉悦的网上学习氛围的前提是：首先，师生间的关系是平等的，老师和学生能够进行平等的对话。其次，教师在上课的时候是有趣的，最好能用通俗易懂的话语向学生解释知识，用流行的话语向学生传递知识。除此之外，学生与学生之间也可以通过课下与课堂的交流合作，形成良好的同学关系。老师与学生一同"学习"一个知识点，一同探讨，一起交流。做到以上几点，就能营造一个相对轻松、愉悦的网上学习氛围了。而有了这样的学习氛围，小学生就很可能会喜欢网上学习了，他们的学习效能自然也会因此提高。

2. 课间通过网络实时聊天，共享趣事，形成积极向上的师生关系

在课间的时候，教师可以与学生一起共享最近听过的好听的音乐、好看的视频。教师还可以和学生分享自己平时遇到的趣事和好吃、好喝的东西以及最近在学习的东西，让他们知道，他们的老师也和他们一样在网上进行学习。并且，教师可以在与学生的交流中了解学生，让今后的教学往学生感兴趣的方向讲解知识点；老师也能在与学生的交流中无形地影响学生，让他们能建立正确的价值观。

3. 运用积极有趣的语言艺术实时给予学生评价和反馈

当学生在课上向老师提问或者回答问题的时候，教师应该认真地回答学生的疑问并运用积极有趣的语言给予学生恰当的评价。当学生在课下找教师请教问题的时候，教师应该尽快回答，并且鼓励他，让他多在上课的时候提问，告诉他，他提出的问题很好，他可能帮很多同学问出了他们的疑问，希望他下次在课堂上勇敢一点，帮其他害羞的同学提一下他们可能也不懂的问题。

（三）学校层面

1. 网络比拼，创建积极学习的班级文化

以学校为主导构建网络平台，让学校的各个班级可以在这个平台上展示他们的班级文化，并且每两个月进行一次比拼，评选出优秀班级。优秀班级可以获得奖励，这份奖励属于班级的每个成员。每个班级可以在这个平台上展示他们的班服、班徽、班歌、班训，以及平时开展的一些活动，也可以展示他们在课堂上的一些趣事，一些有意义、有意思的小段子等。通过学校构建的这个平台，他们能够创建更积极的网上学习的班级文化。

2. 建设网络环境下高效能工作的校园文化

建设网络环境下高效能工作的校园文化，对提升小学生的学习效能具有一定的作用。以学校为主导构建一个教师工作打卡平台，让教师在平台上列出自己的工作时间表，而且按照时间表完成自己的工作，并让学生监督教师任务的完成情况。如此做，一方面能够提高教师工作的积极性，建设高效能工作的校园文化；另一方面能让学生了解教师的辛苦，知道在屏幕的另一面，当他们在努力完成作业的时候，教师也在挑灯为他们改作业、准备课件等。当小学生和教师一起努力的时候，那小学生的网络学习效能自然就提高了。

3. 培养教师队伍熟练地运用各种教学软件和教学工具

为了更好地进行线上教学，提高小学生在网络教学环境下的学习效能，学校应该培养本学校的教师队伍熟练地运用各种教学软件和教学工具。学校可以引进一些这方面的人才，让他们教学校里使用教学软件和教学工具效能不高的教师尽量熟练地使用教学软件和教学工具；学校也可以派一些优秀教师去其他学校进行交流学习，然后交流学习回来的教师可以教本学校的其他教师。

（四）家庭层面

1. 网课期间为小学生高效学习提供家庭保障

网课期间，家长应该主动为孩子提供相对安静的学习环境。当家长知道孩子在学习时，应该主动、自觉地放轻动作，降低交谈的音量。有条件、有能力的家长可以为孩子建一个装备相对齐全的小书房。当小学生居家进行线上学习的时候，家长为孩子提供一个安静、稳定的学习场所，能够让孩子更加专注地学习，从而能够提升孩子在网络教学环境下的学习效能。

2. 督促和陪伴小学生完成网上作业

当小学生居家学习的时候，家长要适当关心自家孩子的学业，监督孩子完成网上作业。如果家长能陪着孩子一起完成网上作业或者在孩子做作业的时候，家长也在一旁工作或者学习，让孩子知道他们的父母也和他们一样在努力地工作和学习，那孩子完成作业的主动性和积极性将会大大提高。他们的孩子也会因为家长的督促和陪伴而大大提升学习效能。

3. 积极地进行网上家校合作交流

学校和家长的目标是一致的，都期望学生能学有所成。而积极地进行网上家校沟通为孩子提高学习成绩提供了保障。因此，当家长发现孩子在家遇到任何学习问题时，应主动与学校进行交流。学校构建的班级文化平台和班级群里的信息，家长也应该多多关注。有想法的家长，在了解学校规章制度的前提下，可以为学校提供一些建设性建议。家长还应关注学校给出的关于学生的作息时间表，敦促孩子养成良好的作息习惯，为他们在网络环境下学习效能的提升提供作息保障。

（作者系玉林师范学院教育科学学院2019级小学教育专业理科班学生）

参考文献：

[1][2]张智勇.大学生网络学习效能的评价指标体系构建研究[D].宁波大学，2015：1，2.

[3][4][5]孙新宇.积极人格教育视域下提升初中生学习效能的策略研究[D].哈尔滨师范大学，2019：31，31—32，33—34.

# 小学低年级课堂口令类型及适用条件研究①

凌宏红

**摘　要**：在小学课堂教学中，增强教师和学生间的互动交流，调控好整个课堂教学环节，能较好地促进小学生课堂学习习惯的养成。但由于教师缺乏对学生的管理知识和经验、低年级学生的心理发育不完全等因素，小学低年级课堂管理难度增大，严重影响教学效果。本文通过对小学生低年级课堂口令类型及适用条件的研究，分析了不同的课堂口令类型对学生的实际意义、作用及其适用条件，从而达到提升课堂教学效果的目的，同时提出了对教师提升课堂口令有效性的一些策略。

**关键词**：课堂口令类型；适用条件；有效性

小学低年级课堂口令具有内容明了、简洁扼要、语言精练的特点，多元化口令组合，可丰富教学形式，激发学生兴趣，提升其对课程教学的掌握水平。[1]"课堂小口令"具备内容清晰、语言精练、生动有趣、节奏感强等特点，让学生乐于采纳课堂口令管理的方式。另外，对于新手教师而言，课堂口令的使用便于教师对课堂的有效管理，同时又能活跃课堂气氛，培养低年级学生良好的习惯。

## 一、小学低年级课堂口令类型

小学低年级课堂口令类型主要可以分为课堂调控类、学习评价类、学习规范类等。不同类型的课堂口令发挥着不同的作用，合理地运用课堂口令可以更好地管理课堂，同时也能让低年级学生更大限度地接受课堂知识。一方面有利

---

① 该文原载《作家天地》2021 年第 1 期。

于学生集中注意力于课堂，提高汲取知识的能力；另一方面有利于教师更好地管理课堂，增强班级学习氛围，产生良好的教学效果。

（一）课堂调控类口令

主要目的是调控课堂教学秩序，确保课堂教学活动顺利进行，同时提高学生的组织性和纪律性。学生在课堂教学中遵守课堂纪律，形成良好的班风学风，整个教学过程中学习氛围浓厚，教师的教学效果才会愈发良好。例如，当教师在教学中发现有学生违反了课堂纪律，这时教师使用课堂口令能够让学生在片刻间内发觉自己的上课行为有失，并立即将自己违反课堂纪律的行为纠正过来，不再干扰课堂的正常进行，提高学生们的课堂注意力。

（二）学习评价类口令

主要是指课堂教学中对学生表现情况所实施的奖罚口令，对学生不恰当的行为要进行及时的提醒，对表现优秀的学生应当及时予以表扬，这样不仅能够建立起学生的自信，还能激励学生努力学习，变得更加优秀。例如，当学生在课堂教学中说悄悄话时，教师可以说"小耳朵，听一听，哪个宝贝有声音""小嘴巴，不说话"等学习评价类口令，通过让学生感知周围环境的动态来让学生意识到自己上课行为有失，并立刻将自己的行为纠正过来。另外，当学生上课认真思考，迅速地计算出准确的结果，回答出了教师的问题或者很好地完成了作业时，教师应当及时对这种行为予以肯定、赞扬，如可以说"棒、棒、棒，你是我们的好榜样"等口令。这些奖励类型口令的使用，可以让学生产生一种成就感、自豪感，如被老师认可、得到同学们的关注等，都能够引导学生朝着好的方向发展，有利于学生的成长。

（三）学习规范类口令

指教师在低年级课堂教学中观察学生的课堂行为表现，当其出现不规范行为时，使用相应的学习规范类口令加以纠正，使用这种学习规范类口令的主要目的是培养学生的组织性和良好的学习习惯，便于开展相应的教学活动。例如，针对一些学生在课堂教学中的坐姿不规范问题，教师就可以使用"小手手，放端正""头正，身直，脚放平""双手捧书，端身正义"等口令。

不管是哪一种类型的课堂口令，都有着其重要的应用意义，主要体现在维持课堂教学纪律、形成积极的班级学习风气、激发学生学习积极性、培养学生良好的学习习惯等方面。例如，在课堂中当学生们思想开小差、不认真听课、做与课堂无关的小动作、无聊发呆时，可以运用"小手手，放端正""小眼睛，看黑板"等课堂口令提醒不认真听课的学生，同时集中学生的注意力，让其重新回到课堂中去。在小学低年级语文课堂教学中，课堂口令对于提高小学生注意力有重要意义，如有助于提高学生的课堂学习效率；有利于学生更好地理解和掌握新的知识；有助于学生培养自信，学好语文；有利于学生良好学习习惯的养成，规范自己的课堂行为，打下良好的基础，实现未来长远的发展。[2]

## 二、小学低年级课堂口令的适用条件

### （一）小学低年级课堂规模大及课堂管理难度大的班级

在某些乡镇小学，教育资源紧缺、师资力量薄弱、教学设备单一、学校的规模有限，学校开设的班级规模会相对较大，只为了让当地的孩子能够拥有平等的上学机会。尽管这很大程度上保持了当地的文化普及率，但也带来了相应的问题，出现了小学生低年级课堂规模较大、课堂管理难度大的问题，从而导致教学效果不明显，学生的知识水平较低，严重影响了当地的升学率，同时也不利于学生的发展，导致教育的滞后。另外，小学生低年级课堂规模大容易出现人多嘈杂的问题。例如，小学生在上课的时候会忍不住说话，于是一个人说话带动了整个班级，不一会儿整个班级就沸腾了，严重影响了教师的教学进程，不得不中止讲课来强调纪律，这个过程将会耗损大量的课堂时间，致使整个教学进度缓慢，很可能导致学业教授任务难以完成；班级规模过大也容易导致教师出现顾及不周、管理不到位的问题，面对这么多的学生，教师无法将注意力平均投到每个学生的身上，对于课堂中部分不安分的学生，也没办法做到一一提醒，而这部分学生的行为会影响到周边的学生，致使整个课堂陷入一种躁动的状态，学生们在下边蠢蠢欲动，完全听不进去教师的授课内容。若教师在教育教学中适当地运用课堂口令，不仅能够在很大程度上解决课堂规模大导致课堂管理难度增大的问题，而且能够很好地维持课堂纪律，顺利推动课程的进行，同时也让扰乱课堂秩序的学生集中注意力于课堂，促进其良好的学习习惯的养成。

### （二）低年级课堂的小学生注意力难以集中

低年级小学生心理年龄低、阅历少，正处于不断探索外界事物的阶段，对一切事情充满着强烈的兴趣和好奇心，其注意力的保持能力比较薄弱，容易出现注意力涣散、不集中以及容易被其他事物所吸引的现象，这给课堂教学带来了一定的困难。而课堂口令凭借其内容明确、语言精练的特点，并有多元化的口令组合，有利于学生们组织性、纪律性的形成，激发其学习兴趣，体验学习的乐趣。另外，在小学低年级课堂教学中，可以通过多种多样的方式增强学生注意力。例如，可以通过改进传统的教学模式，形成极具特色、富含童趣的教学方式，激发学生的兴趣，让学生的注意力聚焦于课堂；组织一些相关的实践活动，如团辅、竞赛等，利用小朋友们爱玩的天性，让其在活动开展的过程中体会集中注意力的重要作用；建立合理的评价机制，适时地进行学生评价，采取多方面对学生进行教育和督促的措施，以此激发并提高学生的课堂凝聚力。[3]此方法顺应了教学改革的发展潮流，不仅能促进学生高效学习学业知识，而且可以使课堂教学效率得到很好的提升。[4]除此之外，提高小学生注意力的策略可以体现在三个方面：在教师方面，要优化班级环境，排除外界不利因素的干扰，让学生能在一个良好的学习环境里踏踏实实学习；根据学生的心理成长及注意力的变化规律设计出科学的授课内容和方法；提高课堂的管控能力，通过学生的课堂表现所反馈的学习情况随时调整课程的教学内容和进度。[5]在学生方面，应提高自身涵养，做到自律，抵挡外界的诱惑；提高自主性，勤学多问，摒弃恶习。在家长方面，给学生提供一个良好的学习环境，及时排除家庭环境中的不利因素的干扰，让学生能够在良好的环境中健康成长；同时家长要督促好孩子，安排合理的生活作息并以身作则，履行好家长的监管责任；增设相关提升注意力的训练等。

（三）在不同学科中起辅助作用

在小学语文课堂教学中，课堂口令的使用可以在一定程度上促进课堂教学，达到优质教学的水平。在语文教学中有时候会出现比较枯燥乏味的内容，学生不感兴趣，从而将注意力转移到其他事上，造成教学效果不佳、学生思绪到处飘飞，阻碍了课堂教学的进行。这时可以运用俏皮活泼的课堂口令与学生互动，聚集学生注意力，让学生重新回到课堂。教师也可以创编一些与教学内容相联系的俏皮小口令，不仅能让学生感到有趣，还可以通过口令加深对所学内容的已有印象，能在很大程度上促进教学。在小学数学课堂中，课堂口令的使用也很普遍，一般结合相应的知识点创编有趣新颖的课堂口令，模仿口诀的特点，让学生对其产生兴趣，更好地推动小学数学的课堂教学；在小学体育课堂中，会经常使用到口令，其所起的辅助作用也十分明显，学生按照口令的指示及时做出相应的反应，体现了强烈的组织性、纪律性，让学生们更加有秩序、整齐划一，规范学生的行为，课堂口令在体育教学过程中起了很大的辅助作用。另外，课堂口令在体育课堂教学中十分受用还有其他原因，例如在体育课堂教学中，教师的有些指令不是一两个口令就能够完成的，某些比较抽象的技术动作，仅凭教师的一两句话是无法让学生理解的，这时候需要教师将手势、肢体动作、口令等融为一体给学生示范标准动作，进行多方位的表达，学生才能够真正领悟。

（四）新手教师缺乏班级管理经验

在很多新手教师中，困扰他们最大的难题就是对班级的管理，因为他们缺乏教学经验、管理经验等，当学生不听话、课堂秩序混乱时，常常感到十分头疼。不管如何强调课堂纪律，效果都不是很明显，不出三分钟，学生们又会在下边交头接耳、搞小动作或出神发呆等，导致教学无法顺利进行甚至中止。若能合理使用课堂口令，将会对课堂教学有一定的帮助，而课堂口令也恰恰适合于新手教师。学生对课堂口令有一定的兴趣和感知度，当听到特定的口令时会条件反射地做出反应，停止一切与课堂无关的动作，从而让课堂重新步入正轨。简单有用的课堂口令，新手教师们容易上手，对课堂管理起到很大的作用，缓解了新手教师所面临的难题。

### 三、教师提升课堂口令有效性的策略

提升口令的有效性至关重要，也是口令的意义所在，若所使用的课堂口令意义不大，甚至是画蛇添足，这对课堂不但不会起到什么实质性的帮助，还会让学生产生无聊抵触心理。课堂口令的有效性取决于它在课堂中发挥的作用，这需要掌握一定的课堂口令使用策略。现就提升课堂口令有效性提出三点策略：

（一）教师方面：树立威信让课堂口令令行禁止

一个德高望重的教师，早已在学生心中树立起了威信，无形中具备了威慑力，能让课堂口令令行禁止。对于普普通通的教师而言，他们虽没有达到那个高度，但是不影响其威信的建立。在教学中，你想赢得学生的尊敬，必须先尊敬学生。作为一名教师，更应该以身作则，在学生当中起表率作用，同时和学生融洽相处，成为学生的良师益友。这样，在教学中才能令行禁止，让学生听到口令后立即遵照口令执行。

（二）学校方面：组织教师参加培训，提高课堂口令运用技巧

课堂口令确实在课堂教学中起了很大的作用，但乱用、滥用口令，则会造

成学生们对口令产生麻木感，甚至完全不当回事。所以，学校需要组织教师参加培训，让教师掌握课堂口令运用技巧，规范和改进口令，运用得当才会让其效果更加显著。

（三）其他方面：善于总结积累课堂口令资源

课堂口令一直在被不断地改进，也一直被使用着，不同的口令，其在不同的领域、不同的情景中可以发挥不同的作用。善于总结积累课堂口令资源是提升教师课堂教学有效性的策略之一，课堂口令就是在一代又一代的不断改进和完善中发挥其越来越大的作用。同时，教师也要善于利用课堂口令资源，加以总结积累，才能谙熟于心、运用自如，更好地提升课堂口令的有效性。

小学低年级课堂口令在课堂教学中扮演着重要的角色，在教学管理中，课堂口令的使用维持了课堂纪律，便于教师对课堂进行有效管理。同时，课堂口令作为一种教学手段，提升其有效性才能更好地培养低年级学生形成良好的习惯。

（作者系玉林师范学院教育科学学院2019级小学教育专业理科定向班学生）

**参考文献：**

[1] 徐飞扬．实施新课程理念，创新小学体育口令教学［J］．中国校外教育，2016（03）：164.

[2][3][4] 王元伟．小学低年级学生语文课堂注意力培养的策略研究［J］．新课程研究（上旬），2019（7）：43—44.

[5] 王瑶、张启玉、邹杨杨．提高小学生注意力的策略研究——基于皖北某市城区小学的现状调查［J］．新西部（中旬刊），2019（07）：144—145.

# 翻转课堂的浅表化问题及质量提升策略
## ——以小学课堂为例①

张宝文

**摘　要：**翻转课堂是教学范畴对教学应用的突破性探索。翻转课堂的浅表化问题是指学生在经过翻转课堂式的学习后，发现了一些可见的问题。近些年来，翻转课堂备受教育界人士的重视，尤其是翻转课堂的使用成效。本文基于教师和学生两大主要方面进行分析，提出相应的改进策略。首先围绕翻转课堂的浅表化问题展开分析，其次从教师与学生的角度总结出翻转课堂出现浅表化问题的主要原因，最后针对翻转课堂应用后呈现问题的原因提出相应的质量提升策略。

**关键词：**翻转课堂；浅表化；质量提升

2020年2月，《关于疫情防控期间以信息化支持教育教学工作的通知》明确表明支持在线课程开放进而导学促学，这标志着在线课程在教学应用中的地位将不断提升。与传统课堂固定的场所、固定的上课时间相比，能够突破时空的局限是在线课程的一种优势。翻转课堂属于在线课程的一种方式，自然也存在这种优势，但也不可避免地存在一定的劣势。视频学习的模式虽然给了学生更大的自主发挥空间，但不利于教师把握学生的能动性。翻转课堂的使用在理念上是让更多人享受优质公平的资源、优化课堂时间，实际上学生的学习心理、学习状态、学习动机常受学习环境、娱乐设备等外界因素的影响而难以掌控。因此，作为一种新型教学模式，教师需要思考翻转课堂存在的浅表化问题及其质量提升问题。

---

① 　该文原载《教育观察》2020年第43期。

## 一、翻转课堂的浅表化问题

翻转课堂以学生在课前独立观看教学视频为主,课堂上由教师针对学生提问进行个别讲解或集体答疑,在课后教师根据学生的需要通过讲授法进行个性化教学。在理想状态下,翻转课堂能有效促进学生的自主学习。然而,在实际教学中,我们发现翻转课堂存在浅表化问题,如学生学习体验欠佳、学习效果难以保证、衍生教师懈怠感、学生学业负担加重。

第一,学生学习体验欠佳。根据心理学关于正强化负强化的研究结果,教育者可以运用强化激励法对教育对象符合社会要求的思想意识和行为表现及时给予肯定、表扬和鼓励等,而对于教育对象表现出的不良思想和行为,教育者也要及时给予批评和惩罚。[1]在知识传授这一环节,翻转课堂因师生间缺乏必要的互动,课堂教学缺乏必要的仪式感,让渴望得到教师关注表扬的小学生减少获得感,学习体验不足。小学生均有想得到教师表扬、肯定的需求,会为了得到相应的关注,争做其他人学习的榜样,或考出好成绩。如果缺少教师的评价与鼓励,学生学习的主动性就会受到影响,进而影响学习体验感和学习效果。这是翻转课堂存在的一个非常明显的浅表化问题。

第二,学习效果难以保证。虽然翻转课堂这一新型课堂模式有着诸多优势,但要达到其效果仍须考虑诸多不可控的因素。一方面,小学生自控力不强,在相对轻松的氛围里很难自觉地提前观看视频学习。另一方面,小学生进行翻转课堂的学习后不仅不擅长主动发问,还缺乏主动讨论的意识。主要表现为,教师在提出探究性问题或创造性问题时虽然已有肢体语言帮助学生理解文章内容或加深对新授知识的印象[2],但小学生因在看视频学习时没有产生相应的想法,所以在线下课堂上就很难提出自己的看法和问题。

第三,学生学业负担加重。翻转课堂的实质是学生提前观看教学视频,然后利用课堂时间完成深层次知识的学习和理解。然而,除了学校布置的作业外,小学生还报有兴趣班,还要完成兴趣班布置的家庭作业。教师如果还给学生布置翻转课堂的任务,让学生把大部分原本在课堂可以解决的问题带回家解决,这无疑延长了学生的学习时间,增加了学生的课业负担,占用了学生娱乐、锻炼、休息的时间。这与减负的倡议相违背,不利于学生的身心健康发展。[3]

第四,衍生教师懈怠感。大批优质教学视频资源涌现并被各地教师广泛使用,虽然可以让学生享受更好的教学资源,极大地减轻了教师线上备课、线上上课等环节的压力，但不可避免地出现教师衍生出懈怠感的情况。此外，线上教学会受到一些客观因素影响，教师无法有效掌控课堂，未能真实有效地了解学生具体的学习现状、知识漏洞和知识盲区，导致学生缺乏主动融入课堂的积极性。

### 二、翻转课堂出现浅表化问题的原因

翻转课堂应用于现代化的教育教学已经成为一种不可逆转的趋势，这必然引起一线教育工作者的重视，并反思翻转课堂出现浅表化问题的原因。

第一，对学生监督评价少。1984 年，Paschn，Weinstein 和 Walberg 回顾了 1966 至 1981 年 15 年间关于家庭作业的 67 个研究。他们发现，85% 的家庭作业对学生而言都有效，而且教师打过分或有教师评语的家庭作业明显更有效。[4] 由此可见对学生监督和评价的重要性。网络教学中，教师对学生的监督评价、与学生的互动相对较少。监督少的原因可能是，隔着电脑屏幕，教师无法实时了解和掌握学生的动态。教师难得捕捉到学生的一些动态，又可能因为网络不佳而无法及时反馈或持续关注监督。事实上，在线上教学中教师无法同时掌握全班学生的动态，要想知道教学的知识点学生是否掌握了，就不光需要学生的主动提问，更需要一定的监督与评价。[5] 很多教师直接选择以单元为单位进行测评，但就翻转课堂这一教学模式而言，一单元一测评是远远不够的，也是不符合学生学情的，更是缺少对学生的监督与评价的表现。

第二，教师教学方法失当。教师过度使用教学视频，让学生在课前反复观看视频进行学习，课上针对学生的提问进行梳理，尽管帮助了个别有疑难问题的学生解疑答惑，却忽视了班集体对重难点的学习过程与掌握程度。教学方法是教育改革的核心要素。教师有着不可替代作用的原因之一就是情感体验，师生间情感的共鸣、内在心理的同一性是独特的。如语文阅读教学应注重情感渗透和直观情境的创设，要求教师为学生创设较为浓厚的情感体验环境，而教师在线上教学时显然很难营造出这样的学习氛围。

第三，过分依赖名校资源。目前，发达或较发达地区往往集结了大量的人才、精英团队，同时他们会将自身创设、录制好的教学视频上传到平台上，供更广大地区的教师、学生使用，这一定程度上让人才创造的资源得到了充分利用，客观地看，也让许多地区的教师减轻了压力，懈怠感油然而生，更有甚者为达成自己心中设想的教学效果，对教育资源毫无保留地利用，反而忽视学生

的独特体验和需要。习近平总书记一直强调"人才是第一资源",[6]诸多教师却以此为借口,忽视自身优势、学生学情、学校独特性,反而违背了习近平总书记提出这句话的初衷。

第四,学生获得感不强,易陷入舒适区。舒适区就像一个杠杆的平衡点,而学生会由于惰性、学习动力不强等原因偏向更舒适的一方。学生在课前观看视频的学习过程中具有自主选择性,而在轻松的环境下,身边没有教师的影响,其很容易陷入舒适区,不愿走出来。这极易降低学生对学习知识的注意力集中程度,也很难体会到学知识的获得感。

第五,学生目标性缺失,规划意识淡薄。小学生处于具体思维向抽象思维过渡的漫长阶段。对于学业与未来还没有清晰的规划意识。在翻转课堂的学习情境中,学生对学业规划的意识淡薄,目标性缺失,很容易形成随波逐流、按部就班的学习潜意识。如在视频里看到老师对一篇文章表示赞赏,小学生就会照葫芦画瓢地完成教师布置的作业,缺乏独立思考,缺乏个人的情感表达,只是为了完成既定的学习任务而走捷径。

第六,学生无意识学习,盲目完成任务。好动是小学生的天性,在学习中需要一定任务来进行约束。在翻转课堂的学习模式下,小学生看视频学习距离教师远,即使教师下达任务,很多学生也很难按规定完成或进行思考,大多是盲目抄写、照搬课本。

### 三、翻转课堂的质量提升策略

可以说,翻转课堂浅表化问题出现的原因主要集中在教师与学生身上,那么相应的质量提升策略也要基于这两大主体。以下是针对翻转课堂出现的浅表化问题总结出的提高翻转课堂质量的五大策略。

第一,完善监督机制,加强学生考核。为了更好地解决学生学习体验欠佳、学习效果难以保证的问题,一方面,要提高考核频率,时时考核能更有效增强学生的自主学习意识以及激发学生的学习动机和学习潜能。在监督学生学习掌握程度的同时,也要给予学生适当的书面评价。无论是对学生鼓励或赞扬的评价还是指正性的评价都会让学生有受重视的感觉,单一的口头交流是达不到理想的教学效果的。另一方面,要丰富考核方式,考核方式并非仅有口试和笔试。在翻转课堂学习中,课堂师生交流的时间充足,教师应给予学生更多表现的机会,加以肢体引导,创设更多学生个性化表现的情境,客观充分地进行监督与评价。如语文课上，教师让学生根据翻转课堂的学习进行情感体验，用情景剧表演的方式充分再现课文，教师可仔细观察每个学生的表情、动作、言语是否得当，是否有认知偏差，最终对表现可圈可点的学生给予细致表扬和奖励。而发现有认知错误的学生，则分析其原因，和其他学生共同帮他纠正过来。此外，还可以根据学生的答题内容、作业情况，判断学生对知识的掌握情况，进而指导学生更好地复习。

第二，适当增加刺激，营造学习氛围。首先，可以树立榜样标杆，小学生渴望得到认可与表扬。教师从学生学习态度、上课情况、作业完成度等方面进行合理表扬，会在学生群体间树立榜样标杆，其他同学会自觉对比并有意识地察觉出自己的不足，为了获得教师的表扬，会自觉向优秀榜样学习，进而形成积极向上的班风。在这样氛围的带动下，其他学生也会受到刺激，从而更努力地学习，共同提高。其次，可以设置学生间日常学习、生活、思想方面的评比，增强学生之间的竞争意识。科学的竞争可以有效激发学生的潜能，教师可以帮助学生营造竞争氛围。学生也会在这样的情境下有意地提升自己，乐于学习，超越他人。

第三，认清教师职能，提高专业素质。课前观看视频是翻转课堂学习的重要环节，但也要充分联系学情，减少学生的学业负担，提升学生学习体验与学习兴趣。在这一阶段使用翻转课堂，需要最大限度地发挥出教师课堂设计者、组织者、引导者等多重角色应有的作用。要注意适时恰当合理地使用翻转课堂，而不是有了优质视频就过度频繁使用。在诸多经典案例中，师生双方都认为，是综合的翻转课堂的学习方法而非单独的视频在起作用。[7]此外，教师还要指导学生找准自己的定位，还可以基于这种模式与家长进行沟通，通过家校合作来推动翻转课堂的实施。

第四，建立学习小组，协作共同促学。合作学习在改善课堂内的心理气氛、大面积提高学生的学业成绩、促进学生形成良好非认知品质等方面实效显著，是当代主流教学理论与策略之一，被人们誉为"近十几年来最重要和最成功的教学改革"。[8]而在运用小组学习时，可以根据学生特点，让责任感强、有正能量的学生当负责人，督促小组其他成员学习并定期进行学习小组汇报展示，教师根据汇报展示结果给予评价，时刻督促学生形成相对浓郁的学习气氛，在教师有意的情境设计下，学生也会主动选择发挥能动性积极学习，能够有效减少学生学习懈怠感，进行有意识的学习，从而大面积地提高学生的学业水平。在课上让学生进行分组讨论汇报，对每节课的知识点和有疑问的地方进行系统的巩固和归总，可以了解学生的学习状况。[9]这方便了教师基于学情制定具体的教学内容。在教师与学生的共同作用下，有效提升学习质量。

第五，教师定期赛课，激发教师热忱。严于律己、终身学习、以身示范是教师必备的素养。为了确保翻转课堂的实施效果，校方需要增加对教师的绩效考核内容。比如严格对翻转课堂进行评课、赛课（这里的赛课不是让教师多次与学生上课模拟），力求将真实课堂进行评比，从而对教师给予奖惩，以此激发教师的教学能动性和对职业的热忱。

（作者系玉林师范学院教育科学学院2018级小学教育专业文科班学生）

**参考文献：**

[1] 张静，李苏婷. 心理视角下思想政治教育亲和力的生成与培育研究 [J]. 思想教育研究，2019（4）：12.

[2] 李婷婷. 小学数学教师课堂教学中的非言语行为研究 [D]. 沈阳：沈阳师范大学，2013.

[3] 吕长青. 对"翻转课堂"的弊端分析 [J]. 中国校外教育，2016（S1）：360.

[4] 栾小芳. 小学生家庭作业问题研究 [D]. 兰州：西北师范大学，2007：15.

[5] 徐世鹏. 小学语文教学中的情感教育渗透 [J]. 西部素质教育，2019（12）：248.

[6] 习近平. 在第十八届中央政治局第九次集体学习时的讲话 [EB/OL]. https：//t. m. youth. cn/transfer/index/url/news. youth. cn/sz/201803/t20180319_ 11519900. htm.

[7] 杨刚，杨文正，陈立. 十大"翻转课堂"精彩案例 [J]. 中小学信息技术教育，2012（3）：12.

[8] 王坦. 论合作学习的基本理念 [J]. 教育研究，2002（2）：68.

[9] 吴琴. 试论小学数学翻转课堂中教师与学生的合作学习 [J]. 学周刊，2020（18）：138.

第五编 05

乡村教育

# 农村小学生课外阅读指导：问题、归因及应对①

闭维维

**摘　要：**《义务教育语文课程标准》（2011 年版）对义务教育阶段学生的课外阅读量提出明确要求。目前农村小学生课外阅读指导存在指导时间空白化、指导过程浅表化以及指导方式传统化等问题。基于对上述问题的分析，本文将相应提出反馈快、需时少的课外阅读方式；训练学生更深入、更系统的课外阅读方式；鼓励学生结合自身特点，选择多元化课外阅读方式的策略，以优化农村小学生课外阅读指导方式。

**关键词：**农村小学；课外阅读；指导

小学生进行课外阅读可以丰富知识，提高能力；开阔视野，激发兴趣；陶冶性情，健全人格等。《义务教育语文课程标准》（2011 年版）对于处于义务教育阶段的学生提出明确的要求：九年课外阅读总量应在 400 万字以上。[1]目前，农村小学生课外阅读指导存在指导时间空白化、指导过程浅表化、指导方式传统化等问题，因此优化农村小学生课外阅读指导方式是当前所需。基于上述的思考，本文将分析当前农村小学生课外阅读指导主要问题出现的原因，并相应提出优化农村小学生课外阅读指导方式的策略，为我国农村小学教师进行课外阅读指导提供参考与借鉴。

---

① 该文原载《教育界》2021 年第 1 期。

## 一、当前农村小学生课外阅读指导的主要问题

### (一) 放任自流，课外阅读指导时间空白化

农村小学教师不注重把时间投入到激发小学生的课外阅读兴趣、指导学生如何选择课外阅读内容、运用何种方法进行课外阅读等，而过于注重把时间投入到课内知识点的讲授，力争把课内知识点讲清、讲透，忽略课内学习与课外阅读存在的紧密联系。对于小学生课外阅读的指导，不少农村教师持放任自流的态度，存在指导时间空白化的问题。

因为缺乏教师的指导，一方面，学生更多地沉迷于漫画类的娱乐性读物以及故事类文本，阅读的类型比较单一；另一方面，农村小学生进行课外阅读只注重情节的发展，而忽略对文本的鉴赏。除此之外，学生进行课外阅读可能咬文嚼字，阅读速度十分慢，学生的耐心慢慢被消耗，降低学生课外阅读的兴趣。

### (二) 随遇而安，课外阅读指导过程浅表化

对于小学生课外阅读的指导，不少农村教师持随遇而安的态度，即在学生主动请教或者课内阅读教学与课外阅读有紧密联系的情况下，教师才进行课外阅读指导。

受自身能力的限制，农村小学教师进行课外阅读指导时存在浅表化的问题。农村教师指导学生进行课外阅读，只注重解决学生目前遇到的问题，而不深究学生出现问题的原因，不注重教会学生课外阅读的方法，引导学生确确实实地掌握课外阅读方法。即使课内阅读教学与课外阅读有着紧密联系，教师对课外阅读的指导也常常只是点到为止。

由上可见，随遇而安，课外阅读指导过程浅表化是当前农村小学生课外阅读指导的主要问题之一。

### (三) 浅尝辄止，课外阅读指导方式传统化

由于时间、精力、资源有限，农村教师对于课外阅读指导方式的探索往往浅尝辄止。农村教师大多采用传统课堂讲授的方式指导学生进行课外阅读，继而一味要求学生自顾自地进行阅读，导致学生的课外阅读兴趣难以提高；或者，教师要求学生做课外读书笔记，但是对于如何做课外阅读笔记却不加以指导，导致学生费时费力，增加学生的负担，让学生望而生畏。[2] 当前农村小学生课外阅读指导存在指导方式传统化的问题。

## 二、农村小学生课外阅读指导不足的原因

### （一）教师意识不强，不重视课外阅读指导，时间投入少

农村小学教师的应试教育思想依然十分严重，他们对学生进行课外阅读指导的意识不强，不重视课外阅读指导，时间投入少。农村小学教师以学习成绩考量学生，注重课内知识点的讲解，较少关注课外阅读的拓展。即使向学生推荐课外读物，农村小学教师也大多数是推荐课业辅导类读物，功利性较强。部分教师将课外阅读与课内学习对立起来，认为课外阅读会减少对课内知识点预习、巩固的时间，对学生掌握课内知识点造成不良的影响，因此不鼓励学生进行课外阅读。

除了在意识上农村小学教师不注重课外阅读指导，他们还限于自身专业素养水平比较低，教学效率较低，能够在课内把知识点讲清楚已有一定难度，因此试图给学生布置大量课后作业以巩固课内知识。农村小学教师往往无暇对学生进行课外阅读指导，投入课外阅读指导的时间少之又少。

### （二）教师能力不足，不熟悉课外阅读指导，导读程度浅

由于农村师资较为薄弱，农村小学教师要承担的工作较多。农村小学教师的时间和精力较为有限，自身不注重课外阅读，因此他们的课外阅读量较少。教师自身的阅读量不足，对于课外读物的内容知之甚少，对学生进行导读也就停留在表面，无法进行深入的引导。教师的课外阅读量少，对于运用何种阅读技巧和阅读方法有针对性地阅读课外读物不熟悉，导致对课外阅读指导不熟悉。

农村小学教师的专业素养比较有限，部分教师本身没有掌握课外阅读技巧以及课外阅读方法，缺乏对于课外阅读指导的学习，自身能力不足，对小学生进行课外阅读指导的能力非常有限。[3]

除此之外，受环境、资源等因素的影响，农村小学教师能够接受专业培训的机会相对较少，对于课外阅读技巧和方法的学习不够深入，不熟悉课外阅读指导，对学生进行课外阅读的导读程度浅。

### （三）教师创新缺失，不热衷课外阅读指导，方法更新慢

应试教育的观念深植农村小学教师心中，他们以课内知识点为重，忽略课外阅读指导，甚至将课外阅读与课内学习相对立，不热衷课外阅读指导。由于周围环境的影响，农村小学教师得到专业培训的机会较少，自身自主进行学习

的意识不强，缺乏创新意识，方法更新慢。

### 三、优化农村小学生课外阅读指导方式的策略

（一）效率为上，推荐反馈快、时间需求低的课外阅读方式

1. 速读式指导

速读式指快速对读物的内容进行浏览，对内容进行大概的了解，理解其大意。

在信息知识快速更新的时代，运用速读式进行阅读，可以做到利用更少的时间获取更多的知识。指导农村小学生运用速读式进行课外阅读，可以快速拓宽学生的视野，增长学生的见识，发展学生的智力，为进一步的学习打下基础。

农村小学教师指导学生运用速读式进行课外阅读时，需要注意具体情况具体分析，对不同年级段的操作要求有所不同。因为学生指读、出声读，会降低阅读速度，所以教师指导低年级学生运用速读式进行阅读时，要引导学生做到不指读，由轻声读渐渐过渡到唇动而声不出，由逐字读渐渐过渡到能够整句、整行读。除此之外，教师还应引导低年级学生用"谁干什么"或"什么怎么样"说出课外阅读的内容，避免出现重速度轻质量的现象。教师对中年级学生进行指导时，引导学生由唇动而声不出过渡到不动唇。指导农村小学高年级学生运用速读式进行课外阅读，应指导学生快速找到重点词句，读完一段话后把其主要内容讲述出来。在阅读时，小学生容易分散注意力而出现回读的现象，阅读速度受到影响，思路也可能会被打断。因此，教师需要引导学生集中注意力进行阅读，做到不回读。[4]

总而言之，农村小学教师指导学生运用速读进行课外阅读时，要注意分学段提要求，引导学生集中注意力，快速处理和消化信息。此外，教师还应引导学生在一定时间内，有目标地进行阅读，做到不回读。

2. 导图式指导

导图式是指学生运用形象直观的导图，对课外阅读内容进行解读、赏析等，将思维可视化的课外阅读方式。[5]

指导学生运用导图式进行课外阅读，可以引导学生理清文本的脉络，思路更加清晰，化繁为简，阅读效率更高，可以提高学生的阅读兴趣。在边读边绘制导图的过程中，学生的思维得到锻炼，获得更大的想象空间，想象力得到提高，对课外阅读内容有更深刻的理解以及创新性的发现。通过检查学生的导图，

教师能够及时了解学生课外阅读的相关情况，反馈快，效率高。

指导学生运用导图式进行课外阅读，农村小学教师要先向学生示范如何运用导图式进行阅读，使学生对导图式有初步的认识。教师可选择学生熟悉的课外阅读材料进行逐步示范，先寻找主题，确定中心点；再梳理关系，理清脉络，形成主次分明、逻辑性强的导图。教师示范如何运用导图式进行阅读后，引导学生将图文进行对比，加深对导图的理解。

其次，农村小学教师引导学生边读边绘导图，学会运用导图式进行课外阅读。笔者认为教师引导学生边读边绘导图，可分为两个阶段进行：扶放结合。第一阶段，教师出示不完整的导图，要求学生通过阅读补充导图。由于导图式对于学生的综合能力有较高要求，在学生初步接触导图式的阶段需要教师"扶放结合"。第二阶段，教师让学生自由运用导图式进行课外阅读。

最后，农村小学教师引导学生结合自身绘制的导图讲述课外阅读的内容，检测学生的阅读效果并进行总结。

（二）深读为先，训练深入式、系统化的课外阅读方式

1. 互动交流式指导

互动交流式是指学生在进行深入、系统的课外阅读后，与他人进行经验、感受或者文本鉴赏等方面的互动交流。

农村小学教师引导学生运用互动交流式，可以加深学生对于文本内容的理解，进一步提高学生的语言表达能力，使学生获得课外阅读的成就感，提高学生进行课外阅读的兴趣。

农村小学教师指导学生运用互动交流式时，首先，要求全体参与互动交流的学生对某一课外阅读内容进行深入、系统的阅读。如果只有部分学生进行深入、系统的课外阅读，其他学生没有进行课外阅读，在交流互动的时候，容易出现"边缘生"，交流互动的效率不高，出现"无内容可说"的现象。其次，在学生进行深入、系统的阅读之后，教师可以引导学生进行经验、感受或者文本鉴赏等方面的互动交流，比如引导学生互相交流课外阅读的方法与技巧，课外阅读内容的选择，课外阅读习惯的养成，课外阅读的收获、心得与体会，课外阅读内容的人物、情节、环境等方面的描写。[6]在学生进行互动交流之前，教师需要引导学生：互动交流的内容紧紧围绕课外阅读内容；尽量轮流说话，善于倾听。学生是互动交流的主体，教师要放低姿态，融入学生当中，适时对学生进行指导，不过多干预，让学生能够尽情进行互动与交流。最后，教师对学

生互动交流的内容进行总结，可从课外阅读内容的选择、课外阅读方法等方面进行总结。

2. 榜样示范式指导

榜样示范式指学生以进行深入、系统的课外阅读的阅读能手，老师或者课外阅读名人作为榜样，请其示范并向其学习如何选择课外阅读内容，运用何种方法进行课外阅读，怎样养成良好的课外阅读习惯等，起到示范、激励、矫正的作用。

运用榜样示范式，教师可以引导学生向榜样学习课外阅读内容选择的技巧、方法的运用、习惯的养成方法等，激励以及训练学生进行深入式、系统化的课外阅读，还可以矫正学生选择、阅读课外阅读内容的错误做法以及不良的课外阅读习惯。

农村小学教师引导学生运用榜样示范式时，首先，需要选择并邀请深入、系统地进行课外阅读的阅读能手，老师或者课外阅读名人作为榜样，向学生分享课外阅读的经验；其次，引导学生畅谈从榜样身上获得的收获；最后，进行总结、指导。教师引导学生通过多种途径了解更多课外阅读的榜样，不断向其学习，激励学生自身进行课外阅读，养成课外阅读习惯。

（三）创新为要，鼓励多元化、个性化的课外阅读方式

1. 书评式指导

书评式指学生在课外阅读过程中，有意识地为撰写书评（介绍或者评判书籍、刊物）进行铺垫的一种课外阅读方式。

农村小学教师引导学生运用书评式进行课外阅读，有利于引导学生进行更加有深度、有针对性的阅读。对书刊进行评判，可增强学生的思维、鉴赏以及写作能力，学生获取知识的水平得到提高。

农村小学教师引导学生运用书评式进行阅读时，首先，要向学生介绍书评的概念以及类型（介绍性书评、评论性书评）。由于农村小学生的理解能力有限，为了更加直观形象，教师可以通过相关例子进行介绍。其次，教师引导学生学习不同类型书评的内容、格式并强调撰写书评的要求（如：基于原文、面向读者、有针对性等）。再次，教师向学生呈现并介绍自己撰写书评的整体过程（确定书评的类型、有针对性阅读、撰写书评）。最后，教师鼓励学生运用书评式进行课外阅读并且确定展示时间。

2. 竞赛式阅读

竞赛式指学生带着明确的目的，带着竞争的意识进行课外阅读的一种课外阅读方式。例如，学校计划开展课外阅读知识竞赛、辩论赛、讲故事大赛、古诗词诵读大赛等，学生为了获得较好的成绩而带着竞争的意识进行阅读。

运用竞赛式进行阅读，学生为了能够在竞赛中取得好成绩而进行有广度与深度的阅读，有利于发展学生的智力，开阔学生的视野，增强学生的阅读能力，提高学生获取知识的水平。除此之外，学生通过竞赛，获得课外阅读的成就感，有利于提高学生课外阅读的兴趣。运用竞赛式进行阅读，能够起到"以赛促学""以赛促读"的作用。

教师指导学生运用竞赛式进行课外阅读时，一般是先引导学生学会确定竞赛的形式；确定课外阅读的主题与内容；对课外阅读进行总结与思考。首先，教师要引导学生确定竞赛的形式，可以是课外阅读知识竞赛、辩论赛、讲故事大赛等。其次，教师引导学生确定课外阅读的主题、内容，针对主题与内容进行课外阅读，获取知识。再次，教师引导学生运用课外阅读所获取的知识进行竞赛，比如进行抢答式或者笔式的课外阅读知识竞赛；围绕辩题进行的辩论赛；深入人物内心，与故事主人公产生共鸣，深情款款的讲故事大赛等。最后，教师引导获胜的学生介绍自己高效获取知识的方法。

3. 展示式阅读

展示式是指学生为了对课外阅读成果进行展示，有意识地为了展示效果而进行更加深入的课外阅读，为进行展示奠定良好基础的一种课外阅读方式。

农村小学教师引导学生运用展示式进行课外阅读，能够满足学生爱表现的欲望，激发学生的课外阅读兴趣；能够引导学生学习多种课外阅读方法，例如：做课外阅读笔记、撰写读后感等，增强学生的课外阅读能力、写作与表达能力。

农村小学教师引导学生运用展示式进行课外阅读时，首先要引导学生确定展示的形式，比如作品展示：出黑板报、开设学习园地（展示好书推荐卡、摘录卡、读书笔记等）、画手抄报；活动展示：进行课外阅读汇报、故事会、演讲比赛等。[7]其次，教师引导学生确定课外阅读的主题，围绕主题进行阅读。最后，教师引导学生展示阅读成果，有意识地引导学生表达自己如何进行课外阅读，指导学生进行课外阅读。

小学课外阅读是扩大农村小学生知识面的重要方式。农村教师需要针对农村小学课外阅读指导存在的问题，向学生推荐反馈快、需时少的课外阅读方式；

训练学生更深入、更系统的课外阅读方式；鼓励学生结合自身特点，选择多元化的课外阅读方式，以优化农村小学生课外阅读指导方式。除此之外，农村教师还需要重视并及时解决课外阅读指导中出现的其他问题，以发挥课外阅读的最大作用。

（作者系玉林师范学院教育科学学院2017级小学教育专业文科班学生）

**参考文献：**

［1］中华人民共和国教育部．义务教育语文课程标准（2011年版）［M］．北京：北京师范大学出版社，2012：7.

［2］－［3］侯瑷珲．农村小学生课外阅读存在的问题及教师指导策略研究［D］．渤海大学，2016：24.

［4］陈文波，蒋秋兰．浅谈小学语文课外阅读指导［J］．才智，2008（06）：90.

［5］陈薇．例谈导图式语段阅读教学策略［J］．小学教学参考，2016（07）：18.

［6］李健，肖良．阅读教育学［M］．长春：吉林教育出版社，2006：130.

［7］汪潮，肖龙海，林银光等．小学语文课程与教学论［M］．上海：华东师范大学出版社，2015：173.

# 农村小学艺术教育的困境及建议[①]

尹琴琴

**摘 要**：本文从社会因素、学校因素、家庭因素、个人因素四个方面分析农村小学艺术教育存在的困境及原因，论述实施农村学生艺术教育的建议，提出制定相应的农村艺术教育政策，结合各方力量投入人力、物力资源，加强农村艺术教育理念的宣传等，促进农村小学艺术教育的均衡发展。

**关键词**：农村小学生；艺术教育；现状；建议

近年来，随着全面发展的教育理念的推广，艺术教育逐渐成为不少城市小学生的必修科目，家长为孩子报读相关的辅导机构课程，学校开展相应的艺术教育课程，社会艺术进行团体演出，相关部门设置艺术机构展示厅等，都为学生提供和营造了浓厚的艺术氛围。在均衡教育发展理念的背景下，我国农村小学生群体中，大部分农村小学生没有接触和获得艺术教育的机会。农村小学艺术教育的缺失，与国家教育政策、学校办学条件、学生家庭经济状况等都有很大的联系。如果农村小学艺术教育持续处于缺失状况，农村教育与城镇教育的差距将会更大，同时不利于农村学生的全面发展。本文从社会因素、学校因素、家庭因素、个人因素等角度，分析农村小学艺术教育存在的困境及其原因，并提出规范化的解决建议，为农村小学艺术教育的普及提供借鉴。

## 一、农村小学生艺术教育的现状

（一）艺术学习氛围相对淡薄

艺术学习氛围是指学生所处的环境里，有从事艺术或具有艺术气息的人或

---

① 该文原载《广西教育》（义务教育版）2020 年第 09 期。

事物。农村环境大致包含农村社会环境、农村学校环境、农村家庭环境三大类。在农村社会环境中，人们每天都在从事喂养牲畜等农活，只有在少数婚庆和生日庆典上才能观看艺术表演活动。在农村学校环境里，学校校园文化建设大多是关于爱国主义教育、文化科学知识、名人名言的内容，教师在教学过程中涉及艺术类内容时，通常泛泛而谈、一笔带过，学校少有实质性的艺术课程建设。在农村家庭环境中，大多数学生的父母外出打工，爷爷奶奶边干农活，边照顾孩子。学生回家做完作业就帮忙干农活，偶尔有机会看电视接触一些艺术信息。由此可以看出，农村小学生所处的环境中艺术学习氛围相对淡薄。

（二）艺术修养整体不高

艺术修养是指人们在艺术创作和艺术欣赏中不断学习、提高，达到一定的能力和水平。农村的群体大多以年长的农民及年幼的孩子为主，加上乡村教师、乡村医生等少部分知识分子。农村群体中的大多数人都忙于自己的本职工作，农民种植庄稼、教师教书（专指教学科学文化知识）、医生看病、村干部处理村集体事务。他们在闲暇时接触艺术学习的机会较少，其艺术修养整体上并不高，由此无法对农村小学生产生潜移默化的艺术影响。

（三）艺术教育软硬件缺乏

一方面农村小学严重缺乏艺术类教师资源。农村小学艺术课的情况大致分为以下三类：艺术课被主科教师占用，用以学习主科文化知识；[1]主科教师兼任艺术教师教授艺术课；艺术课变成学生的自习课或体育课。另一方面，农村小学缺乏艺术教育设施建设。音乐课上无基本的伴奏乐器，绘画课无画板、画笔、画室，书法课无书法室，也无其他艺术教育所需设施与器材等，存在种种问题。

（四）网络视频占用艺术学习时间

电视、手机上的网络视频占用农村小学生学习之外的大部分时间。学生在日常放学后、周末、寒暑假，除了帮父母干农活，做家庭作业，几乎都在看电视。随着智能手机和网络的普及，部分农村小学生接触到网络，大部分时间也被网络视频占用。尽管他们能从电视和手机上获取一定的有用信息，但更多的时间却是被一些娱乐性、无用的信息占用。当然，其中不缺乏对艺术比较感兴趣的学生，通过观看一些艺术方面的视频来模仿学习。但由于没有实际的练习机会和专业的指导，他们感到自学十分困难，更多的是沉迷于其他网络信息，甚至影响学习成绩。

## 二、原因分析

### （一）艺术学习氛围相对淡薄的原因

一方面，艺术教育尚未普及。农村群体中的大部分人缺乏接收外界先进艺术教育信息的有效途径。他们在农村群体生活的环境中，从未或很少接触过艺术方面的人或事物。另一方面，农村地处偏远、经济不发达。人们生产、生活的重心仍然是提高自身的收入水平和改善生活状况，农村群体没有多余的时间建立乡村文化艺术团，组织或参加艺术活动等。

### （二）艺术修养整体不高的原因

农村群体缺乏接触艺术知识的机会。农村群体年龄大、文化水平低，大多数时间以干农活为主，他们在成长和生活经验中，没有了解艺术信息的途径，缺乏接触艺术的机会。另外，大多农村知识分子（如乡村医生、乡村干部等）由于忙于本职工作，没有多余的时间了解艺术。还有农村学校教育工作者，他们普遍执教语文、数学等主科，其中一部分虽接触过艺术或受过艺术教育，但由于没有系统的艺术学习经历，未达到艺术修养所需的能力和水平。

### （三）艺术教育软硬件缺乏的原因

首先，艺术教育理念尚未在农村小学教育领域得到重视。农村教育工作者在执行相关部门制定的教育方针政策时，由于受应试教育的影响，更多地考虑科学文化知识的教育，忽略艺术教育。而一些农村学校仅对科学知识文化教育进行资金投入，建设其配套的相关教育设备，引进主科教师，对于艺术教育的投入甚少。其次，相关部门对农村小学艺术教师培养计划落实不到位，不能保证农村艺术教师的来源。农村地处偏远，居住条件与城市相比差距较大，农村艺术教师待遇与城市艺术教师相差较大，导致农村艺术类教师的流失。

### （四）网络视频占用艺术学习时间的原因

一方面，学生空余时间较多。学生在日常放学后、周末、寒暑假这些时间，除去帮父母干农活、做家庭作业外，还剩下大量闲暇时间。由于空闲时间没有什么事情干，他们就会把时间花费在看电视或网络视频上。另一方面，电视节目和网络视频具有连续性、趣味性，容易吸引学生，让学生感觉轻松、无压力，导致看电视、网络视频的时间越来越长。

### 三、对农村小学艺术教育的建议

随着全面发展教育理念和均衡教育资源理念的逐步完善，农村小学生智力教育与城市小学生的差距逐渐缩短，但在艺术教育方面还是存在很大的差距。农村小学生在艺术方面的认知心理、情感发展受到极大的阻碍，他们缺乏艺术教育的问题越来越严重。为帮助农村学生体会艺术的魅力，获得艺术学习的机会，践行全面发展的理念，针对突破农村小学艺术教育发展的困境，笔者提出以下几点建议。

（一）制定、落实农村艺术教育政策

1. 配足艺术类师资力量

艺术教师指从事艺术教育相关活动的教师。配足师资力量要从以下几点出发：从艺术教师的来源着手，要确保艺术教师来源充足，相关部门要给艺术类高校、综合性高校、师范类高校等下达培养农村艺术类师范生的任务目标；从留住艺术教师着手，适当提高农村艺术教师的工资待遇，提高其生活水平；从提升艺术教育质量入手，邀请名师举办相关艺术类培训课程，让农村艺术教师外出观摩精品艺术教学，学习先进的艺术教育理念，回校交流研讨并开展创造性的教学实践；成立艺术教育监督委员会，定期对农村小学的艺术教育状况进行考查等。

2. 完善艺术教育课程

完善艺术教育课程，需要农村小学除了开设基本的音乐、舞蹈、绘画等课程外，还应根据本学校学生的个性需要、地方文化特色设计一至两个艺术教育科目。例如一些少数民族地区可设置民族舞蹈教学、编织工艺教学、陶瓷工艺教学等，将当地艺术文化与教育紧紧地联系起来，建设有地方特色的艺术教育科目，将地方特色工艺传承和发扬下去。学校给学生下发艺术教育科目调查表，综合各方条件考虑，在保证基础艺术教育课程得以开展的基础上，再选出几项特色艺术教育科目开展教学。

3. 配齐艺术教育设施

修建和完善艺术教育场地，例如琴房唱歌室、绘画室、舞蹈室等的修建与完善。购置配套的艺术教学设备，例如钢琴、竖笛、画板等。另外，相关部门要对艺术教学制定补贴政策，用于补贴农村小学购买相关艺术学习用品。

（二）结合各方力量对艺术教育投入人力、物力

1. 学校引入艺术教育资源

农村小学可以从社会艺术机构引入艺术教育资源，聘请辅导机构中的艺术类教师、专业艺术教师等来校进行教学，依照相关规定给予劳动报酬，为农村小学引入艺术教育资源。

2. 有效利用各界支教活动

支教活动指由机构或个人组织的涉及教育性质的帮扶活动。农村小学要抓住大学生暑期支教活动、社会爱心组织支教活动等机会。另外，校方可以与支教组织进行协商，尽量争取艺术类支教大学生、艺术类社会爱心组织或团体来农村小学进行支教，使学生获得系统的艺术教育课程学习机会。

（三）组织学生参加相关艺术机构活动

学校可以组织学生到市县级艺术馆、艺术展览厅、音乐厅等地进行参观，开拓学生的艺术视野，让他们置身于经典的艺术展品中，亲身感受艺术家创作灵感的神奇和艺术品制作技术的精湛，使其对艺术产生良好的体验，审美能力得到提升，为进一步开展艺术教育打下基础。

（四）假期组织学生参加艺术旅游

农村小学可以为学生制定假期艺术旅游路线，组织学生参观不同地区的文化艺术，有所体验、有所感悟，让其形成对艺术的认知和理解，领悟艺术来源于生活、高于生活的特征，看到艺术的精神价值和实用价值，丰富他们对艺术教育的认识，真正使其完成全面发展中"美"的发展。

（五）加强农村小学艺术教育理念的宣传

学校要对农村学生的家长或监护人进行艺术教育理念宣讲。相关部门的文艺工作人员、农村小学的教师们要走进乡村、走访农村家庭，对学生监护人开展艺术教育理念的宣讲活动。通过宣讲活动让农村学生的监护人了解艺术教育的重要作用，培养学生的兴趣爱好或特长，有利于学生的全面发展。同时，艺术教育也要给予学生更多表现自我的机会，增强学生的自信心，锻炼学生与他人学习交流的能力。艺术教育也可以融入日常生活中，为我们带来美的体验和感受，使空闲时间变得丰富多彩，提高学生对美的认识。农村学生监护人意识到艺术教育的重要性，就会从内心深处支持孩子进行艺术学习。

## （六）结合本土文化建设乡村文艺场所

相关部门要建立乡村文艺场所，或将已建设的乡村文艺所工作落实到位。文艺场所要落实文艺活动的安排与开展，要使乡村小学生能够接触到来自文艺场所的文化和艺术方面的信息。另外，文艺场所要结合本地文化特色进行建设[2]，邀请当地文化艺术类的传承人或有兴趣的农民加入，建设有特色的群众性乡村文化场所，营造良好的乡村文化艺术氛围，提高乡村人民的文化艺术修养，打造乡村特色文化艺术品牌，为乡村小学生艺术教育建设做铺垫。

## （七）学生艺术教育成果乡村汇报展演

农村小学要积极举办艺术教育阶段性成果汇报展演，让人们看到学生接受艺术教育的成长变化，为自己的孩子取得的成果感到自豪与骄傲，从而改变"学艺术无用"的观念，认识到农村孩子也能学好艺术，增强其对艺术教育的信心，为后续阶段支持孩子的艺术教育打下坚实的基础。

## （八）对艺术教育成果进行网络视频分享

农村小学要对本校艺术教育优秀成果进行拍摄并制作成小视频，上传至校园网站，将优秀成果展现在大众面前，让更多的人认可、支持学校开展艺术教育。另外，网络平台上，也可以和其他优秀的艺术教育团体相互交流探讨，使农村小学生能够得到更好的艺术教育和更专业的指导，帮助学生的艺术发展实现最大化。学校要以这些实践经验为基础，开发创造新的艺术形式，实现农村艺术教育的进一步发展。

农村小学艺术教育状况有了一定的改观，为了更好地适应教学改革，学校、相关部门仍需共同努力，为农村小学艺术教育创设好的局面，促进学生核心素养的全面提升。


（作者系玉林师范学院教育科学学院2017级小学教育专业文科班学生）


**参考文献：**

[1] 金琰. 农村留守儿童学校教育与艺术教育现状分析与对策建议 [J]. 教育现化，2019, 6 (52)：195—198+212.

[2] 杨春. 贵州农村留守儿童艺术教育扶贫的意义与对策 [J]. 艺术评鉴，2019 (04)：187—188.

# 面向留守儿童的师范生送教下乡的常见方式①

何姗姗

**摘 要：**本文论述了面向留守儿童的师范生送教下乡的常见方式，如立足课堂的学科支教、融汇知识的科技活动、增进常识的安全演练、改进行为的心理辅导、传播文化的其他活动等。

**关键词：**留守儿童；师范生；下乡送教

师范生送教下乡活动是师范生体验基层教学、提高实践技能的重要途径。越来越多的师范院校开展师范生送教下乡活动，让师范生近距离地与乡镇留守儿童接触，初步感受基层课堂教学的魅力，带给留守儿童关心与爱护，帮助留守儿童成长、成才。笔者归纳出以下几种师范生送教下乡活动的常见方式。

## 一、立足课堂的学科支教

师范生送教下乡活动是以师范生为主体、立足于课堂、丰富学科知识的支教活动，其内容贴近儿童。师范生进行支教不仅能夯实自身的专业基础，还能将知识与技能传授给儿童，达到理论与实践相结合的目的。

师范生下乡上语文课，并不是像传统的课堂那样给学生传授系统的课本知识，而是根据课文进行适当拓展，引导学生深入了解文本。例如教授古诗词时，给学生讲授有关的历史典故、作者的生平简介等；教授散文、诗词时，让学生了解当时的写作背景。另外，打破传统教学方式，利用微课、慕课等形式展开教学，在6~10分钟内进行小知识讲解，让学生在有限的教学时间内学到更多的文化知识，感受语文学科的魅力。

---

① 该文原载《广西教育》（义务教育版）2020年第05期。

师范生下乡上数学课，要注意将学科知识与实际生活相联系，将学科知识运用于具体的生活情境中。师范生在送教下乡活动中，可通过抓住一节课的重难点，拓展学生的思维。例如在教学"圆锥的体积"这一课时，把重点放在圆锥体积公式的推导上，为学生创设熟悉的问题情境，化抽象为直观，帮助学生理解圆锥体积公式的转换，解决实际问题。这样的课堂就显得生动具体，会营造出师生融洽相处的良好氛围，碰撞出奇妙的火花。

师范生下乡上英语课，不仅要让学生学习英语词句，也要让学生了解外国的文化知识。在送教下乡活动中，师范生可以用彩色卡纸提高学生的感知能力，增强课堂的趣味性。例如在教学"颜色"这个主题单元时，师范生可以利用不同颜色的卡纸代表不同的单词，更好地吸引学生的注意力，进而通过说口令、勇闯关等小游戏提高学生对单词的认读、记忆能力，增强课堂的趣味性，让学生快速进入教学情境，激发学生自主探究、合作交流的能力。

### 二、融汇知识的科技活动

师范生在送教下乡时除了教授课本知识，还可带领学生开展与学科知识融合的课外活动。例如开展科技实践活动，为更多留守儿童普及科学小常识。师范生在送教下乡前接受了相关的科技课程培训，目的是在下乡送教时激发儿童对科学奥秘的探索欲，增强儿童对科学知识的兴趣。

学生常常会碰到"雨后见彩虹"的有趣现象，师范生以该现象作为导入："彩虹是如何产生的？你们想不想和老师一起探索？"师范生还可以借助"船为什么能浮在水面上""机器人的制作过程是怎样的"等有趣的问题带领学生走进神奇的科学世界，发现更多奇妙的科学现象。

师范生在送教下乡的过程中，面对条件有限的情况应随机应变，用生动形象的语言描述科学现象，将事先准备好的图片进行展示，帮助学生形象地了解科学奥秘；在条件允许的情况下，师范生可以适当播放小视频，让学生直观地感受，或者提前制作道具进行现场演示，完成科技实践活动。

### 三、增进常识的安全演练

在送教下乡的过程中，师范生除了要注重科学知识的教授，还要注意开展相应的安全演练活动。众所周知，师范生送教下乡的活动时间大多是在学期期末寒暑假之前，师范生根据留守儿童的特点进行安全知识普及，有助于避免留守儿童发生意外事故，更好地保护他们的安全。

师范生可以根据儿童的认知特点，在送教下乡过程中开展安全教育主题活动。师范生首先向儿童讲解与日常生活息息相关的安全知识，其次根据学生的学习特点，通过竞赛的方式让学生记牢记准，将安全常识熟记于心。最后用奖励的方式，激励学生进行适当演练，让儿童亲临"灾难"现场。例如当家里发生火灾时，应该怎么撤离；外出游玩遇到溺水情况时，应该怎样进行急救；独自在家面对家用电器着火时，应该采取怎样的措施进行处理；下雨天在家时，应做好哪些防护工作……通过灾难应对演示，帮助儿童学习在假期时应该掌握的安全知识，增强儿童应对突发状况的应变能力。留守儿童提高自我保护意识，懂得保护自身人身安全，能让外出劳作的父母更安心地工作。

#### 四、改进行为的心理辅导

大多数留守儿童可能会出现轻度的自卑心理，存在不爱说话、叛逆、不听管束等一系列行为。所以，师范生在送教下乡活动中也应适当地对留守儿童进行心理辅导，帮助留守儿童打开心扉、畅所欲言。

师范生可以开展"桃花朵朵开""情系千千结""心愿便利贴"等心理健康辅导活动。"桃花朵朵开"就是师范生作为引领者，比如说一名儿童代表五毛钱，那么当师范生喊"三块五"时，就要有七名儿童抱在一起，反之则淘汰，这能大大提高学生的积极性和主动性。"情系千千结"顾名思义就是将多名儿童的手搭在一起打成结，最后运用团队的力量将其解开，这能让留守儿童充分感受到合作的重要性，体会到合作共赢的乐趣。"心愿便利贴"就是让更多的留守儿童说出心声，说出平时对父母、老师、朋友都不敢说的话，让其更好地释放压力，增进留守儿童与他人的沟通交流。这些活动都是为了帮助留守儿童更好地融入集体，打开心扉，与人交流。

#### 五、传播文化的其他活动

近年来，"第二课堂"的发展较为迅速，且受到了社会极大的关注。"第二课堂"重在培养学生的实际操作能力，陶冶学生的情操，帮助学生发展自我。送教下乡活动中也包含了丰富的"第二课堂"内容。

师范生在送教下乡活动中可以开展"环保秀"活动。例如利用用过的蛋糕盘子进行简单的手工绘画；用捡到的枯叶做手工贴画；用家中的废弃物做成新物品再利用。

师范生开展这样的活动能大大增强留守儿童的动手操作能力，帮助他们感受到传统文化的魅力，感受到其实艺术源于生活，帮助留守儿童热爱生活、享受生活。

送教下乡活动不仅能给留守儿童传递知识，更能使他们得到关怀与呵护，让他们真切感受到其实社会上还是有很多人关注着他们。这样的社会实践活动不仅是师范生展示技能的平台，更是师范生传递爱的表现，是理论与实践相结合的有效方式。

（作者系玉林师范学院教育科学学院 2017 级小学教育专业理科班学生）

# 基于人工智能的留守儿童关怀①

孟舟

**摘　要：**留守儿童问题一直是我国教育发展的难题，而近年来随着经济水平的提高、社会的发展，人工智能逐渐走入我们的生活，这也为解决留守儿童发展难题开辟了新的途径，即基于人工智能的留守儿童关怀。人工智能不仅能对留守儿童进行心理干预，帮助他们重塑亲情，还能为他们提供学业支持，让他们克服父母不在身边的情感缺失的心理障碍，推动他们像其他孩子那样身心健康地成长。

**关键词：**留守儿童；人工智能；关怀

## 一、留守儿童发展难题

从 2002 年开始，专家开始关注留守儿童的发展，对"留守儿童"这个词也第一次做了详细阐述。经过阅读多份文献，我在此大致将留守儿童分为两类。[1]一类是家住农村，父母外出务工三个月以上，由爷爷奶奶或外公外婆抚养的未成年儿童。另一类是家住城市，但因父母长期不在身边而被委托给亲戚或家庭教师，有别于农村留守儿童的儿童。无论是农村留守儿童还是城市留守儿童，都与父母的关怀缺失有很大关系。而如今留守儿童的发展依然面临着各种各样的难题。

（一）心理障碍

我们对留守儿童年龄的界定一般在 2 至 12 岁，处于这个年龄段的儿童心理尚未成熟，缺少父母的陪伴和引导时很容易产生各种各样的心理问题，他们的

---

① 该文原载《现代职业教育》2020 年第 1 期。

性格大都内向、自卑、敏感、易怒、缺乏安全感，有的还会有不合群、孤僻、自闭的现象。特别是农村留守儿童，他们所处的环境以及他们身边人对他们的看法会让他们产生自我否定，长此以往甚至会缺乏面对生活的信心，以至于以自杀来结束生命。[2]城市留守儿童则是会被城市中的新奇东西吸引，如果没有父母经常在身边陪伴引导，很容易被城市的事物诱导而误入歧途。这样的例子在中国数不胜数。以网瘾少年为例[3]，网瘾少年多是城市留守儿童，他们在生活中得不到父母的关心，在学校里得不到同学老师的关爱，因此就开始在网上寻找慰藉以至于最后沉迷网络无法自拔。这也造成这些少年的性格越来越孤僻，他们害怕在现实中交往，不想去面对真实的世界，却在网络世界游刃有余，来去自如。长此以往将会导致他们难以分清虚拟与现实。而网络上许多的不良信息也会影响这些少年的价值观、人生观，更有甚者已经走上了犯罪的道路。

（二）亲情淡薄

这些留守儿童在很小的时候就缺少了父母的陪伴、关爱。由于长时间不与父母见面，只是通过间接的电话联系，父母很少能了解自己孩子在学校和在家里的真实情况，了解他们的真实情感。随着孩子的成长，与孩子之间的对话也越来越少，渐渐地他们之间的谈话就只剩下成绩，得了好成绩父母会给予他们物质奖励，而对成绩以外的事情却不闻不问。然而这些父母不知道，相较于通过物质奖励孩子，将孩子接到自己身边面对面交流其实更有利于孩子的成长。长期对自己孩子的想法一无所知会导致与孩子沟通的距离越变越大，矛盾也随之加深。[4]这也就导致了许多留守儿童在成年后对父母不理睬甚至直接抛下父母的现象。

（三）学业受阻

因为父母陪伴的缺失，一些留守儿童不能适应学校生活，有些孩子甚至连学校教育也受到了阻碍[5]，拿城市留守儿童举例，城市经济发展迅速，贫富差距较大，一些城市留守儿童因长期缺乏父母正确观念的指导，进入学校后性格上的缺陷和心理上的偏差显现出来，往往造成校园欺凌、向其他学生勒索钱财等行为。而由于缺乏家庭教育，一些农村留守儿童受其监护人文化水平不高的影响，对教育不重视，不听老师的话，不遵守校规校纪，为教师教育增添了很大的困难。因为家长长期不在学生身边，学校不能与家长建立信息网，仅靠学生与家长单线联系，学校与学生单线联系，这也就导致了家长不了解学校的情况，不知道孩子的学习状况，而学校不了解学生的家庭教育情况，不知道孩子为什么会产生这样的问题，无法对症下药，教师也因此逐渐放弃了这个孩子，这也就造成了教育的悲剧。除此之外，农村留守儿童所接受到的教育资源的不足及与城市教育的不平等也对教育发展形成了一定阻碍，[6]比如教室的设备落后，教科书及相关资源缺乏，以及缺少优秀的教师、良好的学习环境等。

我们由此得知，留守儿童最大的发展难题是父母关爱的缺失。而如今随着经济水平的提高、社会的发展，人工智能逐渐走入我们的生活，那么能不能利用人工智能去帮助留守儿童呢？早在 2016 年，儿童陪伴机器人[7]的诞生就已经回答了这个问题，这种机器人以可爱活泼的造型迎合儿童的喜好，还带有一定的启蒙教育功能，为儿童的教育提供一定帮助，它们代替父母陪伴在孩子的身边，关注着孩子们的身心健康发展，这也弥补了父母不在身边导致孩子的部分心灵缺失。然而这种机器人还是存在一定的局限性，它们仅仅是生活中陪伴留守儿童，并没有做到关注孩子们的心理状况，也无法对孩子在学校的情况做到监督，不能保障教育的有效进行。基于此，笔者制定了基于人工智能对留守儿童的关怀策略。

## 二、基于人工智能对留守儿童的关怀策略

何为"关怀"？这里的关怀指的不仅是对留守儿童的心理关怀，更应该包含生活的方法面面，促进他们健康成长，让留守儿童不再感觉到自己与他人不同，能配合教师教育的进行，能弥补他们在情感关怀上的缺失。笔者将从以下三个角度详细论述。

### （一）心理干预

前面说到，一些留守儿童因为父母关怀的缺失会产生各种各样的心理问题，严重的甚至会自杀，而基于人工智能的关怀策略可以提前对这些心理问题进行预防。具有语音交互功能的人工智能可以较好地与留守儿童进行沟通，为他们的成长提供有利的环境，培养他们的自信心。2016 年 12 月，智伴机器人推出首款点触式人机交互机器人——智伴儿童机器人 1S。智伴机器人立足 AIED 技术，通过人机语音互动、在线教育课程、智能生活管理等，满足中国家庭在儿童知识教育、习惯养成等方面的需求。而且该款机器人已经可以实现语音对话，更好地扮演了一个玩伴的角色，减少留守儿童因父母不在身边而产生的孤独感和消极感。这种陪伴型机器人还可以在线教学，为孩子提供启蒙教育，以这种方式让孩子们喜欢上学习，增加对学习的乐趣，预防了孩子厌学的心理。与人工智能的对话也增强了他们的沟通能力，推动了与学校同学的正常交往，防止了孤僻心理的出现。甚至智能机器人还可以唱歌、跳舞，为留守儿童的学习生活增添乐

趣，通过与人工智能的相处，干预了留守儿童可能出现的心理问题，从根本上去关怀他们，让他们得到温暖，杜绝因得不到关注而自杀这样极端情况的出现。

（二）亲情重塑

因为父母工作的需要，许多留守儿童很小就离开父母，有的甚至刚出生就被父母送到了爷爷奶奶家生活，孩子与父母只能简单地通过电话沟通。因此就造成了很多孩子对亲情是淡薄的、冷漠的，与父母相处的方式也变得和其他自小在父母身边长大的孩子不同。他们不善于表达对父母的爱意，不能与父母分享自己在学校的事情，将许多事情藏在心里。许多校园暴力也因此一而再、再而三地发生。而人工智能可以充当父母与孩子沟通的桥梁，维持亲情，重塑亲情。首先，因为人工智能，父母与孩子联系加强，人工智能的监管模式可以将孩子发生的事情直接上传到父母智能终端里，父母可以第一时间掌握孩子的各项情况，把握孩子的基本动向，还可以随时记录孩子的成长瞬间，捕捉他们学习与生活的精彩画面，这样父母对孩子的成长就不会留下遗憾。孩子也能随时通过人工智能与父母沟通，向父母诉说自己的心事，还可以人工合成父母的声音，让孩子有与父母直接对话的感觉。人工智能的各种功能也丰富了儿童的情感，儿童熟悉了与人工智能沟通的方式，与父母沟通起来也不会尴尬，向父母表达自己的意愿也可以流畅自如，就像从未分开一样。

（三）学业支持

农村留守儿童享有的资源相对缺乏，农村教育与城市教育之间的不平等也阻碍了教育的发展，而基于人工智能的关怀策略可以解决这一难题，为他们提供学业支持，实现资源平等。近年来，随着对人工智能的研究越来越深入，人工智能机器人的教育功能也越来越多，讲故事、唱儿歌、英语启蒙、动画、英语翻译、地理探索等，各个学科的内容都有涉及，因此，孩子通过早教就能得到全方位的知识，培养多学科爱好，汲取其中精华，防止偏科现象出现。不仅如此，人工智能还伴有在线教育的功能，课前预习、课后复习与学校的教材相配套，更好地为学生服务，提供学业支持。这就解决了许多农村留守儿童想学习却因为资源不足而落后于其他人从而丧失学习信心的问题。大多数农村留守儿童的监护人文化水平不高，不能为他们提供学习上的帮助，而学校的教育也是有限的，这也就引发了许多孩子作业不会做，渐渐地对学习缺乏兴趣的现象。而人工智能不但弥补了这些监护人的不足，还比传统的学习工具更直观、有趣，更能激发孩子的学习兴趣。名师在线功能真正实现了面对面教学，将线上线下完美结合起来，建立起有效的学习网络，帮助他们查漏补缺、夯实基础。之前市场上知名度较高的"里奥英语伴读小博士"[8]，不仅是在智能技术上和中国科学院自动化研究所等实力较强的研发机构合作，而且其背后还有一支长期从事英语儿童教育的一线专家队伍，且有完整的互联网特殊英语课程资源。这款机器人还能定期检测儿童的英语学习状况与水平，再根据这些量身定做适合儿童的课程，注入到陪护机器人的学习系统上。这样整个英语学习就形成了一个又一个的闭环，既省去了上补习班的费用，又能让儿童在乐趣中学习，真正做到了在乐中学。

人工智能时代已经悄然来临，它是脑力与体力的延伸。人们将对人工智能机器人越来越关注，人工智能必将渗透到更多领域和岗位，研究工作也必将常态化[8]。而留守儿童问题一直是中国教育的难题，许多研究表明，要对留守儿童进一步关爱，基于人工智能的关怀能否解决留守儿童发展难题、为教育改革注入新的活力，这是值得我们探索研究的问题。可以肯定的是，总有一天，人工智能会成功解决留守儿童发展难题，会以一种我们无法想象的形式走进这些孩子的生活，关怀他们的成长、帮助他们克服因父母不在身边而产生的心理障碍，弥补情感上的缺失，推动他们像其他孩子那样身心健康地成长，为他们带来快乐。

（作者系玉林师范学院教育科学学院 2017 级小学教育专业文科班学生）

**参考文献：**

[1] 林培森，袁爱玲. 全国留守儿童究竟有多少——"留守儿童"的概念研究 [J]. 现代教育论丛，2007（04）：27—31.

[2] [4] 王增鹏. 留守儿童心理健康教育现状分析 [J]. 学周刊，2019（19）：54.

[3] 杨华. 城市留守儿童教育问题比较研究 [D]. 西安工业大学，2018.

[5] [8] 王志浩，吴偶. 儿童成长陪伴机器人与教育资源平等 [J]. 科技导报，2015，33（21）：99—100.

[6] 赵富才. 农村留守儿童问题研究 [D]. 中国海洋大学，2009.

[7] 朱晓辉. 儿童陪伴机器人造型设计研究 [D]. 沈阳航空航天大学，2018.

[9] 吴永和，刘博文，马晓玲. 构筑"人工智能+教育"的生态系统 [J]. 远程教育杂志，2017，35（05）：27—39.

# 农村小学运用翻转课堂：意义、困境与应对策略①

王慧

　　**摘　要：**翻转课堂模式打破了时空界限，让农村孩子感受与大城市一样精彩的世界。农村小学运用翻转课堂有助于落实小学生的课堂主体地位，培养其自主学习能力，有助于提高农村小学教师的教学效率，促进农村小学家校沟通。但翻转课堂在农村小学的实施面临诸多困境，包括软硬件资源匮乏，教师能力参差不齐，学生自主协作意识不强，家长辅助支持力度不够等。破解翻转课堂在农村小学实施困境的应对策略是加大配套资金投入，提升教师学科与信息技术融合能力，激发学生兴趣与主动探究欲望，引导家长理解支持翻转学习模式。

　　**关键词：**翻转课堂；困境；应对策略

　　翻转课堂是指信息化教学环境中，教师创建教学视频，学生在课前观看视频，课堂上师生进行协作探究、师生互动交流的一种新型教学模式。翻转课堂这一概念的提出，最早可以追溯到20世纪90年代，哈佛大学的物理学教授埃里克·马相尔创立同伴教学法。其旨在解决某些学生在课堂上无法解决的问题，而在课后来完成。课后自学，课堂上采取"提问—思考—回答"的模式进行学习，开启了翻转课堂教学的序幕。之后很多学者致力于探究如何在班级中采取翻转式教学，直至2011年。萨尔曼·可汗将他的可汗学院推广到全世界，并将翻转课堂这一概念融入到更多的课堂教学中[1]。与传统的课堂教学模式不同的是，翻转课堂这一教学模式，主要是由学生在家完成知识的学习，课堂是老师和学生之间、学生和学生之间互动的一个场所，包括答疑解惑、知识的运用等，从而达到更好的教育效果。

---

　　① 该文原载《教育现代化》2019年第85期。

### 一、农村小学运用翻转课堂的意义

（一）有助于落实农村小学生的课堂主体地位

在翻转课堂教学模式下，学生可以通过互联网自己亲身体验，并使用优质的网络教育资源，而不只是一味地依赖教师传授知识，这样一来，学生占据了课堂上的主体地位，而课堂和教师的角色就发生了变化。在传统教学模式中教师一直占据着课堂教学中的主体地位，是课堂教学中知识的传授者和课堂教学内容的绝对主宰者。而学生在课堂中大部分时间都是知识的被动接受者，缺少"发言权""参与感"。因此调动学生学习的积极性、活跃课堂氛围一直都是教学改革者的目标。翻转课堂的出现实现了传统教学中的师生角色翻转，翻转课堂教学模式要求学生在家通过视频进行学习，在课堂上完成作业并分组进行讨论、探究活动。这种教学模式颠覆了传统师生角色定位，教师不再是课堂教学的中心，学生成为课堂教学的主角。翻转课堂给予了学生充分的发言权和参与权，能够最大限度地激发学生的学习兴趣、挖掘学生的潜力，使每个学生都能随时提出自己的想法，通过交流、协作共同完成学习任务，真正做到了"以学生为中心"。教师更多的责任是去理解学生和帮助学生分析问题和引导学生去学习并运用知识。学生根据自己对知识的接受程度进行学习，并结合自己的实际情况高效地安排自身的学习任务，提高自我认识和自主学习的能力。而对于一些基础相对较差的学生，教师通过翻转课堂能够帮助他们更好地掌握基础知识，而基础好的学生也能进一步巩固知识，对以后的学习有着促进作用。

（二）有助于培养农村小学生的自主学习能力

采取翻转课堂这种新型的教学模式，一方面，能够在农村小学教学过程中增加师生之间的课堂互动，活跃教学的课堂气氛，实现师生之间的紧密联系，能够让每个学生积极主动地参与到小学课堂教学中，也能有效突显学生的主体地位，调动学生的学习积极性，促进学生能力的全方位发展。另一方面，小学翻转课堂的实行可以提高农村学生学习的效率。每个学生对知识的接受程度和学习方法各不相同，翻转课堂这种"先学后讲"的教学模式有利于充分发挥学生的自学潜能，并帮助学生在自学过程中养成独立思考的能力。

（三）有助于提高农村小学教师的教学效率

传统教学模式下，教师无法及时了解学生对知识的理解和掌握情况，而在翻转课堂教学模式下，学生在课前自主学习，将学习中产生的疑问通过信息技术平台及时反馈给教师，教师则会帮助学生有针对性地解决其存在的问题。此外，在翻转课堂上，教师会根据课前反馈，运用多种教学策略进行教学活动。同时，教师在课堂上也会有更多机会与每个学生进行沟通交流，在指导的过程中了解学生对知识的掌握情况，极大地弥补了传统课堂教学的不足，提高了课堂教学效率。

（四）有助于促进农村小学家校沟通

在传统教学模式下，家校沟通一般通过家长会及电话沟通实现，家校沟通存在一定的局限性。而在翻转课堂教学模式下，学生在课下利用教学资源自主学习，家长可以更清晰地感受到学生的学习强度和学习氛围。这样一来，家长能够及时向教师反馈学生在学习中存在的问题，家校之间的联系也随之增多，从而共同促进学生身心健康发展。

## 二、农村小学运用翻转课堂的困境

农村小学由于地理限制，交通不便，学生难以全面了解外界信息。翻转课堂模式可以打通时空界限，让孩子感受与大城市一样精彩的世界。但翻转课堂在农村小学的实施面临诸多困境，阻碍了这一现代教学模式的运用与推广。

（一）软硬件资源匮乏

翻转课堂教学的实施要求学校提供软硬件设施，家庭提供平板电脑、手机等电子设备。在日常教学活动中，学校需要提供完善的信息化教学环境，这不仅包括软件设施，还包括硬件设备。由于农村学校和家庭在这些软硬件上的缺乏，翻转课堂模式下的很多教学不能顺利实施和开展。

（二）教师能力参差不齐

在现阶段，农村小学教师缺乏制作视频的技术，也缺乏整合教学内容的能力。翻转课堂模式下，老师要花费更多的时间去制作视频，并准备课堂上生成的内容，对教师素质要求提高。另外，由于老师技术上的不足与设备的缺乏，很多微课视频是流传着使用，没有考虑到学生的学情，忽视了课堂的生成，存在重技术轻设计的状况。[2]同时，在农村学校中，还有不少教师受到传统教学模式的影响，没有真正转变教学观念，将课堂交给学生。

（三）学生自主协作意识不强

翻转课堂教学模式中注重的是对学生自主学习能力的培养，农村小学生缺乏自主学习能力，如果这个时候教师没有进行个性化教学，就会使学生出现学习怠慢、应付了事的情况，缺乏主动探究的意识。另外，翻转课堂教学主要通过观看微课视频实现，对于自控能力较差的学生，在学习时间会利用网络进行游戏、聊天等活动，应付式地观看视频，缺乏协作学习的意识。

（四）家长辅助支持力度不够

在小学阶段，学生年龄较小，自律性较差，而家长作为学生的监护人，有义务在学校之外的时间对学生的学习进行监督，配合学校完成翻转课堂教学模式的实施。但是在实际情况下，很多农村家长没有意识到自己的责任，认为学生的学习是学校的责任，对学生没有进行有效的监管和辅助。学生在缺乏家长帮助的情况下，不能真正完成知识的学习，导致翻转课堂的实施受到限制。

### 三、农村小学实施翻转课堂的应对策略

（一）加大配套资金投入

随着我国对学生教育的日益重视，对教育的资金投入也越来越多。政府应该加大对农村学校教学设备的投入，这是教师实现翻转课堂教学的关键性因素。不仅如此，学校还应该对授课教师的培养投入教育经费，因为对于小学阶段的学生而言，大部分的学习都需要依赖教师，教师的教学水平很大程度上影响着学生的学习效果。只有在小学打好了基础，在以后的学习过程中，才能更好地接受更深层次的学习。[3]

（二）提升教师学科与信息技术融合能力

教师作为课堂的主导者，应该与时俱进，开拓创新，运用现代信息教育技术，激发小学生自主学习的兴趣。例如利用微课进行教学，教师基于学生的年龄特征，围绕课本重难点录制微课视频，让学生带着问题观看微课视频，让学习真正成为学生自己的事，在自学中提出问题，提高学习效率，培养敢于质疑的能力。另外，打造高效率的课堂必须运用科学的教学方法。一个正确的、科学的学习方法，能让学习事半功倍。在小学阶段，除了培养小学生的自主学习能力和学习兴趣外，还应该引导他们使用正确的学习方法。在翻转课堂教学模式下，教师要根据学生的实际情况以及教学要求的内容，确定学生学习的重难

227

点和学习方向。教师应该根据每节课的教学内容和学生现有的知识水平，运用科学的教学方法，解决学生存在的问题，传授给学生真正的知识。

（三）激发学生兴趣与主动探究欲望

兴趣是最好的老师，尤其对于小学阶段的学生而言，他们当然不喜欢枯燥无味的知识，他们更喜欢有趣的学习形式。教师应该认真思考探究，深刻了解翻转课堂，这样才能更好地开展翻转课堂教学，进而培养学生的学习兴趣。教师讲课时间减少了，就可以有更多的时间来组织有趣的活动。开展活动的过程中，教师能观察学生的表现和学习情况，进一步根据学生的不同情况，因材施教地制定下一步的教学内容，长此以往，学生既学到了知识，又养成了自主学习的能力，提高了自主学习效率。在翻转课堂教学中，教师应全面、充分考虑课程的各个环节，让学生易于学习，乐于接受，最终达到建构知识的目的。学生也从被动学习变为主动探究、合作学习，由知识的接受者变为观看教学视频的学习者，能够主动提出疑问、进行合作学习的交流者。

（四）引导家长理解支持翻转学习模式

学校领导者要加强对翻转课堂教学模式优势的推广与宣传。使农村家长能够充分理解翻转课堂的必要性及其对学生学习能力提升的积极作用，积极参与到翻转课堂实践中来。家长要在家中营造良好的学习氛围，激发孩子自主学习的热情和积极性，从而促进孩子又快又好地完成课下学习任务，提高自主学习的能力。家校协同能保证翻转课堂的良好运转。学校可以通过家长会将优秀的实施案例展示给家长看，让家长明确翻转课堂的必要性。

（作者系玉林师范学院教育科学学院2017级小学教育专业卓越班学生）

**参考文献：**

［1］王婵，刘明东．国内小学英语翻转课堂研究综述［J］．湖南第一师范学院学报，2018，18（02）：18—22.

［2］杜萍，蒋维西．小学实施翻转课堂的适切性探析［J］．重庆师范大学学报（社会科学版），2018（06）：95—103.

［3］王秀芹．小学英语翻转课堂教学模式及其有效策略［J］．英语广场，2019（01）：149—150.

# 乡村小学性教育现状及提升策略①

黄榆惠 李冰燕

**摘 要：** 性教育属于健康教育的一部分，但在中国却一直是人们避讳的话题。随着中国社会的快速发展，经济水平不断提高，儿童提前接受性教育，有利于形成正确的性认识与健康的人格，这样能避免其受到伤害以及形成一定的心理阴影。性教育要求我们以正确的态度面对它，给孩子普及性知识是我们教育者、家长和社会共同而又不可推卸的责任。尽管之前已经有很多人提出要实施性教育，却未得到全面普及，特别是在乡村，性教育仍是个难以启齿的话题。由此，本文针对乡村小学性教育的现状进行研究，并提出切实可行的策略。

**关键词：** 性教育；乡村小学；现状；策略

## 一、乡村小学性教育现状

### （一）性教育观念落后

1. 教师教育观念未能及时更新

乡村小学的教师年龄普遍偏高，接受互联网信息慢，未能了解到性教育对小学生的重要性。特别是偏远地区的乡村小学，教师注重传统的教育模式，注重对知识的传授和学生的培养，却未能重视儿童的心理健康，觉得性教育这个话题比较隐晦，也没有必要讲，认为孩子们长大了自然而然就会懂。

2. 家长的文化程度普遍偏低

许多家长的文化程度不高，觉得孩子只要把书读好，成绩上去就可以了，

---

① 该文原载《长江丛刊》2021 年第 1 期。

忽视了对孩子心理健康的教育。多数家长认为把孩子放到学校教育，学校会教孩子一切，并没意识到需要和孩子提性教育这个话题。

3. 学生的认知不全面

由于身处的环境不一样，受环境因素影响，儿童对男女之间的情感有所误解，对美好爱情做出了曲解，有些光是上课教到"爱"这个字的时候都会做出一副作呕的样子，更别提关于"性"的知识了。正是认知的不全面导致了学生对性方面的不正确认识。

（二）性教育师资缺乏

乡村教师多数年龄偏大，他们没有性教育的意识和想法；年轻老师刚入职，没有教育经验，鉴于前人没有这个经历，也无从下手。几乎没有专业的性教育教师，且性教育教师以兼职为主，专业性不强。[1] 在小学阶段，女孩子普遍发育较早，却没有人告诉她们应该做什么不应该做什么，也没有老师告知有关安全和健康方面的生理知识，对于女孩子生理期心态的转变也没有具体的引导，而是以课业为由压制孩子性心理的发展，容易造成孩子心理问题的出现。

（三）性教育资源不足

1. 没有系统的性教育教材

学校所发的教材中能与性教育挂钩的知识基本只有寥寥几页，甚至是零星半点。当前，没有任何一本教材能够完全讲述性教育的问题。有些学校连半点性教育的知识都不提，教材中更不会出现。

2. 缺乏视频、图片等资源

性教育教材中应该出现男女生殖器的名称插画，以便学生了解男女生殖器官的外部和内部结构，但家长觉得这种性教育教材过于直白，认为让孩子看这样的教材有点接受不了。当他们看到新闻报道那些被猥亵儿童时只觉得惋惜，却没想过如果小学生能运用性教育知识来保护自己，这些悲剧将会减少。

3. 现有性教育资源趣味性不高

小学时期的性教育可以通过一些有趣的绘本以及漫画读物来增强小学生的自我保护意识。乡村小学的资源有限，教师的性教育观念不够强，以及家长对这些插画以及词汇的不认同，导致乡村小学的性教育资源趣味性不高，甚至连图片都没有，小学生对枯燥的文字会产生厌恶感，学习兴致不高。

（四）性教育方式单一

1. 以老师讲解为主

现在乡村小学虽然发展起来了，但性教育资源的不足使得性知识往往是靠老师讲解，枯燥乏味的上课方式让小学生注意力难以集中，低效率的灌输方式导致小学生自我保护意识不强。

2. 以文字配简单的图画为主

如今的小学生好奇心越发强烈，对图片的兴趣远远大于对文字的兴趣，如果插画过于简单，便会缺少童趣和幽默，降低小学生学习的兴趣，而且如果插画的内容与文本的内容不符合的话，会让小学生联想到其他的内容，从而导致小学生的学习发生偏差。

3. 家校没有配合

对于性教育的问题，大多数家长都"谈性色变"，有些家长认为"给小学生做性教育还太早"，所以不配合学校所进行的性教育，甚至会因为学校教授孩子性教育知识，觉得太不妥当，而直接投诉学校，这也正反映出家长性教育的缺失。许多家长本身就没有接受过系统的性教育，性知识匮乏，无法正确认识性教育，而且缺乏沟通技巧，不知道如何适度地对孩子进行性教育。[2]很多家长认为，孩子到了适当年纪就会无师自通，但是他们不知道的是，儿童在未成年时期大多没有防人之心及对自我保护的观念，故而会因为性教育的缺失常常让罪犯得逞。

## 二、乡村小学性教育问题归因分析

（一）对小学生性教育的重要性认识不足

对小学生越早进行性教育越好，其重要性不言而喻。许多大人对小学生性教育都不足，当孩子问自己从哪里来时，很多家长和教师都敷衍了事，没有对孩子进行到位的性教育，孩子对此一直很困惑，接收不正确的信息会对他们青春期及之后的生活造成一定的负面影响。对小学生进行性教育，能够满足小学生对性的好奇心，让他们形成正确的观念，这样才能更好地保护他们自己。

（二）缺乏系统组建性教育师资的机制

教育行政部门以及各级各类学校缺乏对培养性教育教师的专业机构的建设，性教育教师的考核和考试制度、标准不够完备和具体。一些师范院校对小学教育专业的准教师的培养方案中，没有涉及怎么把性教育的相关知识和信息更有效地教给小学生。

（三）性教育资源开放性不足

关于性教育资源开放性方面的不足，既有对性教育教材的研究不足，又有对性教育师资方面的研究不足，导致性教育资源开放性有局限：在大城市性知识教育开展较为稀少，在乡村性教育则大多被忽略。同时，由于社会和传统观念的阻碍，性教育资源受到约束，其开放性远远低于其他教育资源。

（四）缺乏系统开展性教育的方法体系

自中华人民共和国成立以来，中国的性教育尤其是青少年的性教育，一直都没有一个完整的研究体系，西方对性教育研究已经有了一个完整的体系。就西方来说，不论是关于性教育的法律还是教育观念，都有针对性和规范性，使儿童受到性侵犯的概率大大减少。西方发达国家关于性教育的研究走在了世界的前沿，其研究成果与经验值得我们学习与借鉴。

### 三、提升乡村小学性教育水平的策略

乡村小学性教育的问题积存已久，强行灌输难免会引起家长甚至是学校的抵触，在增强乡村小学性教育意识方面，笔者提出了以下的意见。

（一）树立积极科学的性教育观念

1. 家长逐步养成性教育要趁早的观念

性知识并不是婴儿一出生就会的，需要家长引导。比如通过一些有关的动画或图书使孩子了解隐私部位并告诉孩子要保护好自己。家庭教育具有先行性的特点，因而家长是否能克服落后观念进行性教育，是小学生性教育普及能否顺利开展的基础和前提。

2. 教师逐步形成主动科学开展性教育活动的意识

性教育是伴随孩子成长的保护伞。根据儿童的成长慢慢引导才能确保其有效性，教师需要具有科学的性教育意识，通过开展"科普小课堂"等一些活动把性教育渗透到小学生的日常学习中去，使小学生牢记同阶段的性教育。教师能否形成科学开展性教育活动的意识，是小学生性教育是否顺利普及的核心。

3. 学生逐步养成性成熟和性保护意识

性知识是学生未知的领域。很多人由于性知识的缺乏，在被猥亵时一无所

知，甚至在事后觉得羞愧也不敢和别人说，从此留下阴影。因此学生应该适当地接触性知识，逐步养成性成熟和性保护意识，在面对性侵害时敢大胆说不。

（二）提升性教育师资专业性

1. 组织班主任和品德、心理健康等学科的教师接受性教育培训

班主任是班级工作的总领导者，班级事务的开展需要班主任总的工作方针。品德、心理健康等学科的教师是性教育知识普及的中坚力量，组织班主任和品德、心理健康等学科的教师接受性教育培训，能极大提升性教育教师的专业化程度，提升性教育知识的普及率和准确率。

2. 学区内多校共聘性教育指导老师

目前，国内大部分学校都没有开设性教育这一门学科，性教育教师少之又少，学科教师在性教育方面更是无从下手，迫切需要专业的性教育老师来适当引导。在普及性教育之前，多校共聘性教育指导老师不仅利于缩短学校性教育的筹备工作时间，而且有利于提高学校师资的利用效率。

3. 利用妇联、社会团体、儿童基金会渠道组建性教育兼职教师队伍

针对校内性教育教师不足的情况，可以通过妇联、儿童基金会、公益性的社会团体等渠道组建性教育兼职教师队伍。这些公益性团体对小学生的身心发展顺序有深层次的研究，对于小学生的一些问题和疑惑有更好的解决方案。

（三）拓宽性教育资源体系

1. 开发专业系统的性教育教材

教师要认真分析小学生的特点和实际情况，把普及性教育知识切实地落实到具体行动上。开发和利用专业系统的性教育教材，结合多种渠道合理地在教材中加入性教育知识，潜移默化地帮助小学生健康成长。

2. 在科学、安全、品德等课堂中融合性教育

（1）在科学课堂中融合性教育知识。教授学生关于性发育的知识以及身体上要保护的隐私部位，并淡定从容地面对学生的提问。

（2）在安全课堂中融合性教育知识。教师要教小学生一些单独与陌生人交往的方法以及被性侵犯时的救助途径，提醒他们增强防范意识，学会保护自己。

（3）在品德课堂中融合性教育知识。教小学生识别漫画、书刊、网络等媒介传播的不良信息，避免受黄色信息的影响。[3]

3. 共享动画、情景剧等互联网性教育资源

让学生观看相关的动画视频，生动形象地向小学生传授性教育知识。采用

情景剧表演的方式，让他们在情景剧表演中学会和传播性教育知识。

（四）丰富传授性教育知识的途径与方法

1. 利用宣传栏、绘本开展性教育

在学校宣传栏粘贴相关海报，这样既方便学生浏览，传播范围也比较大。绘本内容方便他们理解与记忆，可让学生更专注地学习相关知识，甚至对此进行思考。

2. 分年级、分性别开展性教育专题活动

一二年级的性教育内容主要是了解人体基本部位及名称，知道男生和女生各自身体上要保护的隐私部位。三四年级的性教育内容主要是了解关于性别角色的一些社会规范。五六年级的性教育内容主要是女孩月经期的卫生常识；男孩遗精生理现象；男孩女孩各自年龄特征；异性之间正常交往的方式和礼仪。[4]

3. 家校配合巩固性教育成果

学校为性教育课程的开展提供良好的环境和相关策略支持，将性教育置于重要位置。家长也应与学校配合实行同期教育，提前储备相关知识。在教育孩子时不要回避和孩子谈论性的话题，应循序渐进给孩子一些正确的引导。教会孩子保护好自己，同时也要告诫他们不能伤害别人。

（作者系玉林师范学院教育科学学院2018级小学教育专业文科班学生）

**参考文献：**

［1］温舒炜．当代中国青少年性教育缺失现象分析［J］．青年与社会，2020，09：278—279．

［2］佚名，荆楚网［DB/OL］．http：//edu．sina．com．cn/zxx/2014—11—20/1035444360．shtml，2018—11—20．

［3］叶新．小学生性教育研究的回顾与探讨［J］．中小学心理健康教育，2019，02：4—8．

［4］赵倩倩，周霞，张逸武．小学生性教育研究、实施现状及反思［J］．扬州教育学院学报，2017，35（01）：88—91．

第六编 06

大学生发展

# "互联网+"背景下师范生试讲能力提升策略①

李小舟　彭丽莉

试讲对师范生来说是一种必不可少的能力，也是考察教师综合能力的一种教学形式。师范生在试讲中存在不够重视、教案教学准备不足、对教学目标认识不清晰、教学重难点不突出等问题，本文从"互联网+"视角出发，认为提升师范生试讲能力可采用如下策略：

## 一、通过微格教学，提升试讲技能

微格教学英文写作 Microteaching，也有"微型教学""微观教学""小型教学"等名称，即通过运用现代教育技术来培养师范生甚至在职教师的教学能力。美国教育学专家德瓦埃特·艾伦认为，微格教学的教学环境具有微型化和可控性特征，使那些愿意走上教师之路的新手教师或刚刚开始学习某种教学技能和教学内容的师范生更容易掌握。微格教学为练习者提供了一个良好的实践环境，它不仅可以降低传统课堂教学的复杂性，还可以使练习者在教学过程中快速成长。然而，简化教学并不意味着课堂不生动。事实上，微格教学的时间要求一般为五分钟到十分钟以内。在微格教学中，练习者被要求在短短的十分钟内展示通常时长为 40 分钟的课堂的内容，并使试讲对象能够理解课堂内容。这种教学对象学生数量较少，时间较短，在教学中记录下教学过程，并在课后进行分析总结。综合来看，这类教学方式可以很好地培养初到岗位的教师，达到提高师范生能力的目的。

---

① 该文原载《教师报》2019 年第 1 期。

## 二、学习网络资源，丰富试讲经验

仅仅靠校内的试讲难免会有局限性，要想保证试讲的全面性和多样性，需要扩大试讲的资料来源。在"互联网+"的背景下，网络资源丰富，通过网上学习可以更直观、更方便、更快捷、更高效地获得知识与技能。在互联网上搜索不同地区的试讲资料，选择合适的试讲资料进行分析学习，能够有效丰富师范生的试讲经验。在大数据背景下，云上学习、视频教学等的资料能够反复呈现，给予学生动态的感受，有利于师范生高效把握学习要点。

## 三、深入实习课堂，录制试讲视频

试讲是师范生将所学教育教学理论和专业知识融合，在教师的指导下加以运用的预备尝试性教学。在试讲中难免会出现漏洞和缺陷，通过反思教学录像的方法纠正错误，及时弥补不足就更加重要，及时观看并记录可以提高试讲者的教学技巧，从而达到提高其试讲能力的效果。而且在实习期间，师范生深入实习环境进行试讲，录制和储存试讲录像过后观看自己的教学过程，通过录像可以更好地找出个人的教学特点，可以更有效地反省自身存在的问题更好地发挥自身优势，改正自己的不足，有效地提高教学水平和质量。

## 四、推行导师管理机制，为学生开展远程指导

为试讲学生配备相应导师进行指导，具有专业性和及时性。自己练习上百遍，有时不如导师一句话的点拨。导师不一定每次都到达现场指导，但学生要录制好自己的试讲视频，通过网络媒介发送给导师，导师给予指导和鼓励。这一措施对学校师资力量要求较高，可以因地制宜，需要注意每名导师指导学生数量不宜过多。

总之，试讲对师范生来说很重要，是教育实践前的练习，也是培育优秀教学人才的重要方式。利用互联网技术，通过总结经验，结合实践经历，运用行之有效的策略，能够提高师范生试讲能力，培养其综合素质，拓宽其就业渠道。

（作者系玉林师范学院教育科学学院2016级小学教育专业文科班学生）

# 当代大学生幼稚化的表现、成因及应对建议[①]

李瑞婷

**摘 要**：大学是人生的一大重要转折点，大学生在与社会接触的同时，积极接受新的事物，知识储备也在不断完善。大学生初入社会，涉世不深，社会实践经验还不足，对人对事的辨别能力不强。90后、00后的大学生，多为家里的独生子女，是在家长的呵护下长大的，生活自理能力较弱。在面对初入社会的强压时，部分大学生便表现出逃避现实和责任的幼稚化倾向。针对大学生幼稚化的现象，笔者认为应从自身、家庭和社会找到原因，"对症下药"。从长远来看，只有这样才能更有效地促进大学生的成长，也能为建设祖国美好家园打下坚实的基础。

**关键词**：大学生幼稚化；表现；成因；应对建议

大学是人生的一大重要转折点，大学生在与社会接触的同时，积极接受新的事物，知识储备也在不断完善。大学生初入社会，涉世不深，社会实践经验还不足，对人对事的辨别能力不强。90后、00后的大学生，多为家里的独生子女，是在家长的呵护下长大的，生活自理能力较弱。在面对初入社会的强压下，部分大学生便表现出逃避现实和责任的幼稚化倾向。

## 一、当代大学生幼稚化的表现

"幼稚"一词可解释为受年龄影响，表现为头脑简单、经验缺乏和智能薄弱等缺点。大多数人在成长过程中，稚气会随着经验和阅历增长而逐渐退化，变得成熟。但也有部分大学生在自我意识强大的同时又做着与年龄不相符的事情。

---

[①] 该文原载《教育现代化》2020年第10期。

大学生幼稚化主要表现为仪表幼稚化、行为幼稚化和思想幼稚化。

（一）仪表幼稚化

如今大学生流行写字用形状各异的卡通签字笔，吃饭用勺子代替筷子，甚至喝水都要用奶瓶。部分大学生说话喜欢用叠词，校园里面穿奇形怪状服装的大学生更是随处可见，这些现象在大学校园中并不罕见。

（二）行为幼稚化

如今大学校规愈发幼稚化，连重点大学也把不能骂人放入校规来约束大学生的行为，如今到大学还在强调这些启蒙课就该懂得的道理。追究其原因，校规幼稚化无非是因为大学生幼稚化。行为越来越幼稚，就如前面所说，部分大学生仍然需要校规来约束其言谈举止。此外，部分大学生做事没有头绪，花钱毫无克制，宿舍杂乱不堪，自制能力差等都是行为幼稚化的表现。

（三）思想幼稚化

大学生思想幼稚化一般表现为以下几个方面：第一，无规划，被动生活。部分大学生所制定的大学规划只是一些考取学业类证书的计划，缺乏对社会以及未来职业发展的正确认知。[1]第二，成就动机低。在他们看来，上大学只是人生必经的一个过程，所以作业敷衍，工作偷懒，有的人连考试挂科也不在意。第三，具有很强的依赖心理。遇到困难不敢面对也是大学生思想幼稚化的体现，部分大学生在遇到困难时，第一时间不是想要解决这个问题，而是想尽办法去逃避，去依赖他人。第四，逃避现实，爱幻想。有许多大学生沉迷于网络游戏或者盲目追星，爱脱离现实去幻想，这些也是思想幼稚化的表现。

## 二、大学生幼稚化的成因

以上列举了部分大学生仪表、行为、思想幼稚化的具体表现，对比身边的大学生不难看出大学生幼稚化倾向日益严重，追究其原因、主要从自身、家庭和社会展开说明。

（一）自身原因

谈论大学生幼稚化的原因，首先要谈及的便是大学生本人，大学生幼稚化的自身原因主要有以下几个方面：第一，审美取向不同。之所以会有穿奇装异服的大学生出现在校园中，便是因为审美不同，虽然没有对错之分，但是仍然有碍当代大学生的良好形象，也不利于其审美能力的提高。第二，自理能力弱。

许多大学生自理能力弱，也是其幼稚化现象出现的原因。在他们看来，人生总会一帆风顺，当他们处于困境中时，依赖心理油然而生。[2]第三，规划觉悟低。无规划就无方向，许多大学生规划觉悟不高，总是在家长或者学校要求下被迫前进，这样不仅效果不好，而且学生自己也会觉得很累，从而导致逃避现实的现象发生。

（二）家庭原因

虽然导致大学生幼稚化的自身原因有很多，但是追究自身原因的根源，会发现其与家庭有着不可分割的联系。以下几种家庭教育方式均可能导致子女"长不大"，成年后也容易出现幼稚化倾向：第一，溺爱型教育。现在的大学生多数为独生子女，是家长的掌中宝，在百般呵护和宠爱下长大。这让他们养成了衣来伸手、饭来张口的坏习惯。第二，封闭型教育。每个家长都有望子成龙之心，为此部分家长采取封闭式教育只求子女专心学习。从小不用做任何家务也导致了他们即使成为一名大学生，生活自理能力也极差。第三，舒适型教育。为什么现在部分大学生经不住磨炼，遇事便害怕不安，迫切地寻求帮助？原因之一便是家庭环境太过舒适，自小没有受过来自外界的挫折，因为父母总是把一切不好的事物扛了起来，总是把最好的一面呈现给孩子，没有让孩子了解过生活的不易，所以当他们来到大学时遇到挫折自然就手足无措，不知该如何处理。

（三）社会原因

随着学生的成长，逐渐接触到社会的事物，部分学生的学习能力强，部分学生的判断能力弱，所以其中一些事物便会影响到学生的言行举止。当前对大学生幼稚化最突出的影响因素有以下几方面：第一，社会竞争日益严峻。社会对大学生的要求越来越高，大学生学习难、就业难，所以部分大学生在遇到困难时便选择逃避，从而表现出行为或者思想幼稚化。第二，传媒的不恰当引导。在信息发达的当下，网络媒体为追求新颖、独特常常会说一些幼稚的词语，导致部分大学生习惯不分场合，脱口而出一些网络用语。第三，学校教育存在缺口。大学教育不同于小学和中学的教育，大学更注重的是引导学生自主学习和生活，但在学生礼仪教育和培养学生规划意识这方面做得不足。

### 三、应对大学生幼稚化的建议

大学生幼稚化没有孰对孰错，社会的点点滴滴都影响着大学生的行为和发展。对幼稚化现象要理性看待，幼稚的大学生在全体大学生中所占比例也不高，对于仪表、行为、思想幼稚化的大学生，应采取积极、信任的态度去帮助这一群体，让他们健康快乐地学习和生活。针对大学生幼稚化倾向，笔者结合实际情况提出以下几点建议。

（一）完善自我意识

自我意识是大学生成长的基础，它包括了解自己的需求、欲望、失败、习惯等方面。大学生想要完善自我意识可以从以下方面入手。

1. 正确认识自我

所谓自我认识是指自己对自身心理特点、生理特征、性格、品质等方面的了解，是人们对自我的确认。实施有效的自我激励，必须建立在对自我正确认识的基础上，这样才能确立完善的评价标准和体系。[3]大学生应该深入了解自己，正确审视那些不愿承认的复杂情绪和行为，并不断改进自身的不足之处。此外，大学生已经具备较强的学习和判断能力，所以在自身穿着打扮和言行举止上应该有正确的判断。

2. 积极鼓励自我

给予自己信心和鼓励是发展、健全自我的核心和关键。遇事不畏惧，对待生活积极向上，做事便能事半功倍。当困难来临时，不要彷徨，不要退缩，不断鼓励自己，满怀斗志地面对挫折。

3. 有效管理自我

自我管理是大学生健全自我意识、完善自我的重要途径，大学生应该主动培养自我管理意识和提高自我管理能力，主动承担责任和面对挫折，不做温室的花朵。另外，大学生应该意识到规划的重要性，主动规划自己的大学生活，不断完善自我，避免幼稚化倾向。

4. 不断超越自我

大学生应该不断进行自我完善，加强自我修养。超越自我是一件有意义的事情，大学生真正的成长来自学会反思，敢于勇往直前，不断挑战自己，超越自己，让自己从舒适区走出来。

（二）改进家庭教育方式

家庭教育方式对子女的成长有着重要的影响，采取不同的教育方式往往会对子女的成长和发展带来完全不同的结果。改进家庭教育方式可以参考以下几点。

1. 树立正确的家庭教育观

家长要学会尊重子女。家长不能把子女当作自己的附属物或私有财产，期望通过子女去实现自己未能实现的愿望和理想，去补偿自己生活中的缺憾。家长在教育孩子时应遵循平等、民主、理解的原则，让孩子全方面发展。在与孩子相处的过程中，要尊重孩子的兴趣和喜好，并信任他们能完成好自己的事情，培养他们的自理能力。

2. 主动改进家庭教育方法

在家庭教育中，家长应加强与子女的沟通与交流，并且主动学习一些科学的教育方法，不溺爱、不娇纵子女，积极倾听子女的意见，并且大力推行挫折教育，培养子女的抗压能力。此外，家庭教育不能只关注孩子的学习，还应注重青少年非智力因素的发展。非智力因素指个体的道德、习惯、性格、做事态度等。家长在教育子女的过程中需要转变观念，认识到智力因素与非智力因素共同作用才能构成完善的个体，从而加强对青少年非智力因素的培养。[4]

（三）加强大学生入学教育

1. 加强大学生礼仪教育

很多大学都有入学教育，但是对礼仪教育强调不多，让大学生对礼仪这方面不太在意。所以出现奇装异服、行为举止幼稚等情况。大学应强调大学生应该有的仪容仪表，不盲目从众。如有必要可以开设一些礼仪课程或者发挥网络的优势传达礼仪的重要性。

2. 加强大学生心理健康教育

在教育学生成长、成才的同时，也应加强心理健康教育，在了解他们基本情况的同时，也要清楚他们的所思所想。进而培养大学生形成积极上进的心理，提升大学生抗压承受能力。引导他们正确看待成功和失败，成功不骄傲，失败不放弃，形成良好的心理素质。

3. 帮助大学生了解规划的重要性

大学生职业生涯规划是指大学生在学校期间对自己的学习、生活、工作等进行的设计并对未来工作与职业加以展望的过程。它包括大学期间的学习规划、生活规划、爱情规划和职业规划等。职业生涯规划的设计直接影响到大学生在校期间的表现及发展，更关系到其未来走向社会的发展。[5]为了让大学生了解职业生涯规划的重要性，学校可以开设大学生职业规划大赛、大学生活规划讲座等。但帮助并不是把我们的意愿强加给他们，可以适当举一些正反面例子让大学生主动去学习，主动改善不好的习惯，去规划精彩的大学生活。

当前，我国正在快速发展时期，国家对人才的需求越来越大。为此，对于当代大学生的培养更应该符合社会的发展需求，规避大学生幼稚化的现象，培养出更多身心健康、成熟上进的大学生。针对大学生幼稚化的现象，应从自身、家庭和社会找到原因"对症下药"。从长远来看，只有这样才能更有效地促进大学生的成长，也能为建设祖国美好家园打下坚实的基础。

*(作者系玉林师范学院教育科学学院2017级小学教育专业理科班学生)*

**参考文献：**

[1] 朱墩子.浅谈新时代大学生职业生涯规划 [J].现代经济信息，2018 (22)：443.

[2] 赵永叶.大学生挫折教育存在的问题及对策研究 [J].科教文汇（中旬刊），2018 (29)：17—18.

[3] [5] 张皓.大学生自我激励策略探析 [J].教育与职业，2012 (29)：174—175.

[4] 范中杰.家庭教育方法对青少年社会化的影响 [J].湖北社会科学，2008 (01)：73—75+80.

# 大学生学业规划意识缺失的表现及应对策略①

原旭辉

**摘 要：**大学生学业规划是学生合理规划大学四年时光，实现自我认知、自我管理、自我实现的有效方法，而目前大学生学业规划意识缺失现象却普遍存在，既影响学生从校园到社会的平稳过渡，也影响高校以社会需求为准绳来更新教育模式。文章通过总结大学生学业规划意识缺失的表现，分析并归纳整理出大学生学业规划意识缺失的原因，并从大学生和学校两个角度提出改进的应对策略，以期对大学生提高学业规划意识有所帮助。

**关键词：**大学生；学业规划；学业规划意识；应对策略

大学生学业规划引入了一种新型的人才成长观念，指大学生在充分了解自己和所学专业的基础上，结合社会需求，制定大学总体目标和阶段性目标，并为此目标而采取的步骤和方法[1]。大学生学业规划有利于学生合理规划大学四年时光；有助于高校以社会需求为准绳更新教育模式，提高人才培养质量。目前大学生学业规划意识缺失的表现有：思想陈旧，不曾听闻学业规划；盲目从众，不会科学规划学业；懈怠敷衍，不能精细规划学业；排斥抵触，不愿系统规划学业等。基于上述的思考，文章将依据以上四种情况，分析并归纳整理出分析大学生学业规划意识缺失的原因，并相应提出增强大学生学业规划意识的应对策略。

---

① 该文原载《国际公关》2020 年第 12 期。

## 一、大学生学业规划意识缺失的表现

### (一) 思想陈旧，不曾听闻学业规划

此类学生所占比重较小，主要表现有三类：其一，学生缺乏学业规划意识，认为"计划赶不上变化"，一切只需顺势而变，随遇而安。其二，学生未曾系统了解学业规划的具体知识，只有笼统模糊的目标或规划。其三，学生无法区分学业规划与生涯规划（职业规划）的侧重点，未重视学业规划倡导的"德育为先，能力为重，全面发展"的教育主张，单单认为"教育为了就业"，使学习本身染上功利化色彩。

### (二) 盲目从众，不会科学规划学业

丰富多彩的校园文化生活和紧张忙碌的日常工作安排让这类学生迷失了自己的学业方向。他们常在同伴鼓动下，热衷于参与各类比赛活动或担任学生干部，虽有详细的学业规划，但分身乏术，最终为了工作或活动缩减学习时间。导致原定计划不能顺利完成。这类学生看似"风景这边独好"，却没能科学规划学业与工作的时间配比，忽视了长远系统的学业规划目标，最终"一叶障目，不见泰山"。

### (三) 懈怠敷衍，不能精细规划学业

这类学生拥有"常立志"的豪情壮志，缺乏"立长志"的恒心毅力，更缺乏精细规划学业的脚踏实地。在豪情满怀后，缺乏学习自主性，开始懈怠敷衍，散漫度日。某一天又在老师或同学的激励下踌躇满志，三分钟热情。他们欠缺了将学业规划细分到每学年、每学期、每个月份的环节，未能在每学期结束后进行绩效评价，及时调整学业规划，这就导致学生学业规划成效不佳，收获感和成就感匮乏。

### (四) 排斥抵触，不愿系统规划学业

大学评价指标多元，不再以学业为唯一评价指标。学生逐渐抱有"六十分万岁"的观念，放松了对学业的要求，甚至排斥抵触所学专业。第一类学生"学不得法"，他们曾心怀学习热忱却找不到适合自己的学习方法，次次测试成绩不理想。持续性打击导致学生学习动机下降，自暴自弃不愿系统规划学业。第二类学生"困而不学"，他们缺乏明确的学习目标，只希望混一个大学文凭，对未来选择感到困难且陌生，认为学业规划强加限制，自找麻烦。学业规划在

他们眼中投入多却收效甚微，甚至是"无用功"。

### 二、大学生学业规划意识缺失的原因

（一）个人原因

**1. 自我认知缺失**

大学生学业规划的可行性很大程度上受大学生自我评价和认知的影响。要想制订出科学理性的学业规划，首先需要大学生进行全面客观的自我认知。目前大学生的自我认知易出现自恃而骄和妄自菲薄两种极端。前者依凭自身优势对自己"高标准、严要求"无可厚非，但极易出现学业规划安排过于紧凑、期待落差过大、规划成效不佳等状况。后者则妄自菲薄，低估自身效能，浪费现有资源，无法科学规划学业。

**2. 专业认同不足**

许多大学生在填报志愿时丧失自主权，被迫选择专业。加之大学调动主观性学习与中学阶段有所不同，大学生没有合适的方法调整或者调整时间过长，会导致其缺乏对该专业持续探索的热情，专业认同度不足。

**3. 自我执行力差**

许多大学生在制定学业规划后，起初执行得很好，但时间一长，主观上松散懈怠，自制力不足，客观上抵御不了外界诱惑、同伴干扰，最终未能有效执行。此外，学业规划是由整体划分的阶段性任务，上一阶段的学业规划未达到预期目标，便会加重下一阶段的任务，使得大学生规划执行能力下降，自我效能感降低，心理失落感出现。

（二）学校原因

**1. 学校学业规划课程缺乏**

部分高校贻误了学生接受学业规划理论。各高校一般只重视高年级学生的职业规划，不重视新生的学业规划，且认识不到学业规划对于大学四年学习的重要性，使低年级学生缺失了学业规划知识的辅导。虽然有些学校在新生入学时会有学业方面的相关辅导，但是以集中教育为主，造成学生对于学业规划理解空泛，学业规划不具有操作性[2]。

**2. 学校专业课程设置不合理**

部分高校专业课程安排设置不合理，课程节奏紧张，未让学生深入了解高校课程设置对学生自身发展的促进作用。学生在学习专业课之前，没有充分思

考学习该课程的意义；学习过程中，学生机械地听讲，缺乏深入的思考；课程学习之后，学生缺乏整体回顾和反思。学生的学习全过程"为学分而学习"，缺失了对学业规划的自我刨析和总结反思的环节。

### 3. 学校氛围无留白

学校校园生活中过多形式化的会议、讲座、活动，占用了大量学生的空余时间，大学氛围无留白。学生面对应接不暇的校园文化生活，分身乏术，无力顾及学业规划，最终导致学业规划流于形式，收效甚微。

### 4. 学校与社会衔接度不足

学业规划需要适时调整，动态更新，及时连接当下社会需求。部分学校与社会衔接度不足，教师着重于教材理论知识的传授，未能引导学生了解当前学科和专业领域的研究内容、研究方向、学术前沿动态，以及当下市场需求、就业前景等现实刚需问题。其中，尤其缺少教师实时向低年级学生反馈人才招聘要求，导致低年级学生不能根据社会需求合理设置学业规划，规划自身发展，实现自身目标。

## 三、大学生学业规划意识缺失的应对策略

### （一）个人角度

#### 1. 认清自身特长，强化规划意识

大学生是学业规划的主体，制定科学的学业规划同样是一个理性地自我认知、自我管理、自我实现的过程。这要求大学生认清自身特长与喜好、个性与能力，制定具有弹性、目标合理、适应社会、切实可行的学业规划，加强自我管理能力，以踏实努力获得的成果切实增强自我效能感和获得感。

#### 2. 培养专业兴趣，增强专业认同

大学生可采取以下几种方式培育自身专业兴趣，增强对所学专业的认同：（1）主动利用信息化平台，了解学科和专业领域的研究内容、方向，学术前沿动态。（2）投入地阅读专业文献，尝试与所学专业教师交流观点，倾听教师见解。（3）参与专业相关的社会实践活动或参与学院组织的培养专业能力的活动，深入了解所学学科专业。

#### 3. 强化时间管理，督促执行规划

大学生需明确地将学业规划目标细分到各个阶段，精细规划学业，分阶段积累完善自身知识结构、思维方式、实践能力及综合素质。在每个月和每学年

及时审核评估，灵活调整学业规划，达到自检自查、自我监督的效果。

（二）学校角度

1. 将学业规划课程贯穿大学四年

（1）制定符合校情的学业规划理论实施准则。各二级学院严格遵守学校学业规划理论实施准则，为学生提供学业规划辅导。

（2）组建专业师资队伍。培训一支专业教师队伍，将学生容易出现的学业规划问题进行分类，并针对各个年级阶段进行指导。一年级重点加强对学生的专业定向指导；二年级开展综合能力培养和职业生涯规划指导；三年级应加强职业意识和职业价值观的培养；四年级主要是加强对求职准备与择业技巧方面的指导[3]。

（3）建立跟踪机制，提高学生的执行力。教师定期询问学生学业规划完成度，中期核查检验，不定期交流。学生则定期将自我学业规划满意度、教师学业规划指导情况上报学校，实行双向监督。以此方式确保学生制定的学业规划有效实行，达到学生自我实现的目标。

2. 专业课程改革

学校专业课程设置应适应就业形势或满足继续深造要求，将整个大学的课程设置与生涯规划相协调。同时增加学生实践机会，鼓励学生利用所长自主实践，保障学生学有所得、学有所长、学有所用。此外，学校还要根据国家政策导向和社会现实需要，与往届毕业生、外聘专家、资深教师进行商讨并改进现行专业课程设置，以社会需求作为准绳来更新教育模式。

3. 校园文化建设具有针对性

学校鼓励各院系组织具有专业特色的校园文化活动来加强学生知识和技能的综合训练并培养学生探索和创造的精神。例如针对师范专业学生可举办"卓越教师文化节"，以学生喜闻乐见的比赛形式考核师范生专业素养，增强学生积极性和主动性。同时，调查并针对不同学业规划人群需求开设考研备战策略、就业经验分享等活动，切实解决学业规划中的"燃眉之急"。其中，注意校园文化活动需要"流程化"不可"形式化"，应起到培养学生素养能力并服务学生学业规划的作用。

4. 密切与社会的衔接

学校可邀请企业优秀管理人才、资深人力管理师到学校开展专题讲座，通过讲授实际的事例，让学生树立动态调整学业规划以满足社会需求的意识。同时，辅导员应实时向学生反馈深造及就业信息，让学生在校内也能"运筹帷幄"。此外，校方还应注重校企合作。如清华大学与中国商飞公司建立校企合作关系，通过校企协作交流带动双方在科技、产业、人才、学生实践、就业等多个方面的密切合作，促进双方在民机领域的产学研合作和人才培养。校企合作既为该校学生提供了直面社会需求、反思自身不足的机会，又为企业发展带来一批专业化人才，给校方和企业带来好的选择。

*（作者系玉林师范学院教育科学学院2019级小学教育专业文科班学生）*

**参考文献：**

[1] 杜联合. 我国高校大学生学业规划研究现状及其思考 [J]. 大学教育，2015，(05)：27—29.

[2] 宋建军，费小平. 大学生学业与职业生涯规划教程 [M]. 苏州：苏州大学出版社，2010.

[3] 曹兰英，郭媛丽，王露纯等. 我国高校学生学业规划现状比较研究——基于对部分985、211与普通高校大学生的实际调查 [J]. 现代商贸工业，2018（20）：129—133.

# 当代大学生课外阅读力现状及提升策略①

林绿

**摘 要**：课外阅读，指学生在课外进行的各种较自主独立的阅读活动，是课堂学习这一重要环节的有效补充和延伸。在开展全民阅读活动的大背景和知识经济时代对高素质人才的迫切需求下，课外阅读的意义和重要性日趋凸显。面对我国当前不容乐观的课外阅读力现状，本文针对阅读力中五项基本能力所存在的不足，从大学生自身、学校、教师及社会等多重角度探究阅读力缺失的原因，提出了相应的阅读力提升策略。

**关键词**：大学生课外阅读；阅读力；提升策略

在当下信息极度膨胀的时代，新兴信息传递方式、交流的媒介和载体迭出，而作为正接受高等教育的社会后备主力军——当代大学生，被时代大潮所裹挟，陷入阅读力日渐萎缩的旋涡中无法自拔。阅读力，指的是对所读图书的理解、运用和反思的能力，具体来说包括五项能力，分别是提取信息的能力、推断解释的能力、整体感知的能力、评价鉴赏的能力和联想运用的能力。[1]面对当前严峻形势，以及阅读力严重缺失现状，构架大学生阅读力培养体系，将阅读力的有效培养和发展纳入大学生学习提升内容已成刻不容缓之势。

## 一、大学生课外阅读力现状

（一）阅读力中的提取信息能力现状

阅读力中的提取信息能力指从读物中提取有关信息的能力。在阅读过程中

---

① 该文原载《广西教育》（高等教育版）2021年第1期。

是否能清晰明了地提取出关键有效的信息要素，并将其以更精练简洁的方式概括、反馈出来是衡量该能力高低的具体标准。对于部分大学生而言，在阅读一个复杂长句抑或一整个段落时，对于主要信息的把握倒还不尽如人意，然而当阅读范围拓展至全篇文章时，结果却并非都能尽如人意。该类群体在信息提取时，往往只专注于其较短的篇幅之中，抑或仅仅局限于文本里的特殊情节，对于提取篇幅较长的文本信息难免有心无力，一时间也是束手无策。

（二）阅读力中的推断解释能力现状

阅读力中的推断解释能力指在阅读过程中能利用文本信息对相关问题做出合理解释，对于文本里的字词、句段、作者用意等具有适度的理解和推断能力。相对而言，在全国统一的应试教育背景之下，学生对于文本的推断理解能力理应在反复强化练习中有所长进。可在网络飞速发展的现阶段，部分大学生过度依赖丰富充盈的网络资源和享受其资源获取的高效性和便捷性，致使该群体在推断解释这一方面的能力暴露出较大缺陷，且逐渐形成了信息高度发达的社会与大学生推断解释能力极度失衡的局面。

（三）阅读力中的整体感知能力现状

阅读力中的整体感知能力指在阅读过程中对文本的内容、主旨、写作对象及文章脉络等要点具有一定的整体感受的能力。简单来说，就是通读全文，可大体把握段落间的内在联系和结构特点，对全文内容能有个较为连贯全面的整体认识。在该项能力中，更多的是要求大学生达到"读万卷书"乃至"读书破万卷"之境界，具有良好的课外阅读积累量及一定的阅读储备。而当下大学生课外阅读情况，却是不容乐观的。学生往往在通读全文后，总是难免遗漏部分内容要点和不易厘清结构关系，进而在不同程度上影响到了对文本的整体性感知和判断。其实在学校课程安排遗漏、教师指引不足及学生自主阅读学习意识薄弱等多方面的影响下，大学生对于文本的整体感知能力普遍偏弱也是不足为奇的。

（四）阅读力中的评价鉴赏能力现状

阅读力中的评价鉴赏能力指在阅读过程中对于读物的中心主题、框架结构、语言表达、价值取向等方面能做出相应的判断、评价和欣赏。该评价鉴赏能力主要是以读者自我审美感受作为评判标准，正如"一千个读者就有一千个哈姆雷特"，具有着极其浓烈的个人主观性色彩。但这并非评价鉴赏能力无高低之分、无上下之别的托词。在阅读中对于作品具有更深刻透彻、更系统全面的认知，更能评鉴出读物之美的，或许才更契合那个真实生动的"哈姆雷特"。可就大学生总体评鉴能力的情况而言，其水平可谓参差不齐，评鉴思路上并不开阔，视角也较为单一，难以对文本内容进行更深度的挖掘和赏析，仍有着较大的提升空间。

（五）阅读力中的联想运用能力现状

阅读力中的联想运用能力指在阅读过程中能合理利用文本信息，着重突出阅读与生活、读物的联结和运用程度的能力。联想运用能力的作用是不言而喻的，对于激发学生创新意识、培养学生创新能力，以及开拓思维具有着不可多忽视的重要作用。然而在大学生当中，仅是通过阅读，便可加以联想和运用到交流、写作、谈吐举止、为人处世等实处的人所占比例仍极小。总而言之，该能力往往对读者有更高的阅读力水准要求，除了特定的实用性专业用书外，不具备优良的阅读习惯和发散的思维能力的大学生群体总是事倍功半，难以见其成效。

**二、大学生课外阅读力缺失归因**

（一）大学生自身因素

良好的课外阅读情况是培养和提升课外阅读力的基本前提和重要基础。然而对于绝大多数大学生而言，应试教育的思维模式已牢固嵌套在脑海里。从按部就班地跟随课程安排指引，再到循规蹈矩地"专心"应对每一场考试，对于课外阅读这一必不可少的重要学习途径更像是无暇顾及般，呈"分身乏术"之状，尤其是对于刚从高压状态下解脱升学出来，处于过渡阶段的低年级大学生，或对于课外阅读不以为意，普遍缺乏课外阅读学习的意识和观念，自身对于课外阅读学习的内驱力和主动性有所欠缺；或对于课外阅读学习力不从心，自主时间管理规划能力不强，对阅读力的培养也总是一片惘然，无从下手；或对于课外阅读学习片面追求其功利性和实用性，一心应对专业考试考证、毕业考研和实习就业等；或对于课外阅读学习仅仅偏重其闲暇时刻的娱乐消遣性，阅读目的、动机性过度单一。

（二）学校及教师因素

学校，是有计划、有组织、有领导地进行系统教育的重要场所，其实施教育的主要专业课程安排和具体方向指引对一代又一代的大学生起着潜移默化并且深远持久的影响。然而在众多高校的人才培养计划和课程安排之中，却总是难以见到课外阅读力培养、提升的相关内容，并未对大学生阅读力加以应有的重视和关注。如此一来，"爱读书，读好书，善读书"及崇尚和推广课外阅读学习等的环境氛围也不够浓烈。在专业课程教学课堂上，大学教师对学生课外阅读力的培养缺乏适度、得当的指引，知识传授内容也仅局限于必要的课程专业之内。尽管在近年来许多高校试图通过图书馆、社团或班级等不同组织来创设开展各式各样的课外阅读宣传推广活动，但是，其在与大学生这一活动参与主体的协调交流程度不足，活动形式、内容也基本只围绕着知识竞赛、阅读心得笔记、征文演讲等展开，逐渐暴露出学生活动参与积极性不高，活动内容过于重复单调，吸引力不足，缺乏创新性和改进提升的着力点等不容忽视的问题。

（三）社会因素

当前社会文化环境多元化、复杂化趋向明显，面对我国建设成社会主义文化强国的总体要求和必然选择，加强我国的社会主义文化建设实属重中之重。在文化建设领域，又大致包括思想文化建设和教育科学文化建设两方面内容。其实不难看出，通过合理调整和改变当前高校学生课外阅读现状，塑造和培养学生具有杰出的阅读力，不仅能让学生群体增长知识、开拓视野，培养高尚品格、塑造思想，更能有效反哺社会主义文化建设，使思想文化建设和科学文化建设尽皆取得卓越成效。然而社会对于大学生阅读力的培养却也并未给予应有的关注和重视，还尚未彻底发挥出其社会导向、支撑作用，并且在社会公共阅读资源供给、政策制度保障、财政经费支持上也略显贫乏有限。

（四）其他因素

家庭，是孩子成长生活的第一环境，是孩子认识世界的第一站。家庭环境的整体气氛，家庭成员中的一言一行无时无刻不对孩子的一生产生极其深远的影响。受限于家庭背景或传统意识观念，随着孩子年岁的增长，家长愈发地对孩子的阅读放任自流，遑论对更深层次的阅读力的塑造、培养和提升了。而除了该方面因素外，日新月异的数字传播媒介和途径对阅读质量和效果的冲击，较为空白化荒芜化的阅读力指导方案和体系架构等要素所共同引发的"碎阅读""浅阅读"也都是影响阅读力提升的重要原因之一。

### 三、大学生课外阅读力的提升策略

（一）大学生角度

1. 纠正不当观念，树立课外阅读学习意识

针对大学生普遍缺乏课外阅读学习途径，自身内驱力和主动性不足，具有较明显的功利性和实用性阅读倾向和娱乐消遣化盛行的休闲阅读动机等问题，为有效扭转当前不利形势，将大学生自身思想观念的变革作为培养学生阅读力的出发点和着眼点便是当务之急。从阅读力培养的主体大学生入手，激发其阅读兴趣和发挥其主体作用，让学生坚持尝试、接纳课外阅读、体会课外阅读的真正益处，将有望达成事半功倍之效能，同时此举也将为阅读力的进一步培养、提升奠定了"万丈高楼平地起"般的重要基础。

2. 科学规划时间，制定落实合理化可操作方案

步入大学生活后，学生间易出现"积极"参与多个职位任务的情况，乐于参报多项活动使自己忙碌于各项事务，从而产生出一种近"充实感"的大学体验，试图以此为借口避免一切"多余"事务，安于一隅，苟且安逸于舒适圈中，对大学生活中自我的挑战锻炼、学习提升内容完全松懈。而在培养阅读力的基本要求中，强调大学生必须学会自我时间规划，既要避免在不必要的职位任务和活动安排中蹉跎虚度，又要学会跳脱出舒适圈，将自我的全面学习和发展作为大学生活的第一要务。在科学规划时间的前提下，根据自身特点，优先学会制订合理化、个性化、实用化的阅读力培养方案，其中包括对课外阅读量的精准把控，对速读、略读、精读等基本阅读方法的巧妙运用，对阅读笔记、心得的具体记录，对读物的深入咀嚼和思考探究等内容。长此以往，再将方案细化落实至阅读力中的五种基本能力之中，与其达成精准对口衔接，大学生阅读力必将有所提升。

（二）学校、教师角度

1. 纳入阅读力，适时变革人才培养计划和课程安排

在专业人才培养计划中，虽说更强调专业对口，并且其在大学生专业理论知识学习和社会实践活动两个层面中均有所涉及和关联，但是关于培养阅读力的有关内容也确有将其纳入和收录进来的必要。在课程安排上也可先从选修课入手，通过特定专业、区域试点来仔细考量其价值和纳入的必要性。若是试验结果中确实存在较大收益和可观的理论、实践等多重价值意义，便可对其持续

宣传推广，稳步扩大受益群体、范围及影响力，发挥课外阅读的最大效能。

2. 搭建优质指导教师团队，发挥指导引领作用

针对高校教师传授内容局限于专业课程之内、空闲时间不多、阅读力水平不一等问题，本着"术业有专攻"原则，可以尝试在全院乃至全校范围中遴选组建出一批能真正给予学生优质指导效能的教师团队。而这些团队可适当根据专业要求和学生阅读水平，结合学生个性特点，通过从推荐书目、分享心得、莅临指导、点评分析、动态跟踪监测到切实督导检查等多环节层层递进，环环相扣，不遗余力地为培养学生阅读力提供支持和帮助。

3. 创新形式，多元互助，增强课外阅读活动吸引力

关于阅读活动吸引力不足问题，究其根本，原因便在于未与大学生这一主体进行充分的协调和交流。在活动形式和活动内容两方面的创新性相对匮乏时，可将活动策划和设计的权利主动转移让渡于整个学生群体，这样做该问题或许便可迎刃而解。并且，在活动组织上也可以采取多元互助形式，譬如通过不同地区的高校、图书馆、社团等充分发挥其联动能力，互相借鉴经验，协同合作交流以使活动生动有趣起来。

（三）社会角度

1. 政策舆论支持，发挥导向作用

文化是一个国家的底蕴，阅读是传承文化的重要方式。一个国家虽以经济建设为中心，但绝不能放弃阅读，抛弃文化。在我们国家，全社会要加强社会主义精神文明建设，积极弘扬优秀文化，形成良好的阅读氛围。[2]为改善课外阅读情况，培养、提升大学生阅读力而给予一定的政策舆论支持，是营造"爱读书，读好书，善读书"的优良风气和浓厚阅读气氛的重要保障。

2. 社会公共资源补给，加大财政经费支撑力度

在社会共同参与阅读学习提升的导向下，政府可尝试重新合理规划财政收支结构，适度加大对公共图书资源，图书馆规模、馆藏书籍，服务保障体系等的经费支持力度。同时社会可大力宣传号召大众捐书赠书，积极开展"读书漂流瓶"等公益性活动，进一步唤醒民众的阅读意识和传递阅读的力量。

（四）第三方机构角度

当前社会上的课外阅读文化教育机构并不多，且主要针对的是青少期这一年龄段的学生。此类机构不仅旨在培养学生良好的阅读习惯，激发学生对阅读的内生动力，更是尝试以全新的教育模式，促进亲子间的互动，既能让整个家

庭间享受阅读的乐趣和获得益处，又在一定程度上弥补了家庭教育中对孩子课外阅读辅导的缺漏。而在大学生阅读力培养体系中，或许可借鉴其有关经验，尝试创设富有前瞻性的大学生阅读教育机构，实现从无到有、从少到多、从弱到强的创新过程。并且，第三方机构的有效创设，也可与众多高校、图书馆和其他社会力量充分衔接，互惠互利，携手构建系统完善、配套性更足的大学生阅读力培养体系。

（五）数字传播媒介和网络资源平台角度

当前互联网正逐渐成为社会发展进步的强大动力引擎。诚然，日新月异的数字传播媒介和资源丰富、查询快捷高效的网络平台为我们的生活带来了较优的阅读体验，有着极高的便利性和舒适度，但其也似一柄"双刃剑"，在某种程度上对整体阅读质量和效果造成了巨大冲击。"碎阅读""浅阅读"等现状的形成与其也有着千丝万缕的联系。我们若是能针对此现状，根据不同学生的认知水平和阅读需求，逐渐整治、优化网络资源平台中的环境和氛围，稳步推进，发挥出数字媒体宣扬正确价值取向的重要舆论导向作用，定能在网络世界中创造出一个我们共同的精神文明家园，为大学生阅读力的培养带来新气息、新风尚。

（作者系玉林师范学院教育科学学院 2019 级小学教育专业文科班学生）

**参考文献：**

[1] 聂震宁，郑杨. 全民阅读推广应注重"阅读力"而不是"阅读率" [N]. 中国出版传媒商报，2017—05—05.

[2] 张义杰. 当前大学生课外阅读中存在的问题及对策研究 [D]. 武汉工程大学，2017.

# 全媒体时代大学生自主学习能力提升策略①

江新桃

**摘　要**：本文主要阐述全媒体时代大学生自主学习面临的挑战，分析全媒体时代大学生自主学习能力提升中网络环境复杂、有效资源匮乏、专业指导较少、能力水平较低等阻力因素，提出优化全媒体时代大学生自主学习的环境、为大学生搭建更多可利用的学习资源平台、加强对大学生自主学习的引导、在教学过程中强化个性化自主学习意识等对策，以逐步提升大学生自主学习能力。

**关键词**：全媒体；大学生；自主学习能力；阻力因素；提升策略

全媒体时代下，大学生自主学习能力的培养有益于其自身的终身发展。自主学习能力是大学生应着力培养的一种重要的学习能力，当下越来越多高校重视大学生自主学习能力的发展，并将其作为关键培养目标。[1]大学生自主学习能力的习得将有利于他们形成终身学习能力，激发他们的创新意识与提高创新能力。

## 一、全媒体时代大学生自主学习面临的挑战

### （一）资源获取便捷性使自主学习思维受限

全媒体时代，资源获取便捷性的优势是显而易见的，但不经意间也对大学生自主学习产生了一定的负面影响，限制了大学生的自我思考能力，束缚了大学生的思维。全媒体时代的高速发展，为大学生自主学习提供了更多信息获取渠道，与此同时，全媒体为大学生自主学习受困时提供了可利用的学习途径，层出不穷的搜题软件逐步进入大学生的视野，可取得答案的便利性却使大学生

---

①　该文原载《广西教育》（高等教育版）2020年第40期。

产生了惰性思想，从而使大学生自主学习受困时不愿通过深入思考来解决问题，而依赖于搜题软件，长此以往，大学生的学习思维将被自我禁锢，这无异于作茧自缚，自断了自我学习提升的有效路径。

### （二）网络管理机制未完善使自主学习迷失

由于现代网络管理机制尚未完善，相关的网络漏洞在日常应用中凸显，各种娱乐信息和网络广告渐渐侵入学习圈子，而大学生自律性和鉴别能力都相对薄弱，在自主学习过程中极易受其影响，容易迷失在网络纷繁的虚拟世界中。一方面，多样化的媒体娱乐信息相对于枯燥的学习资料更能带给人以精神愉悦，因网络对这些信息疏于管理，加之大学生自我管理意识薄弱，大学生自主学习过程中容易被娱乐信息吸引而分散注意力。另一方面，目前网络管理平台对一些恶意软件仍未做出官方回应，也未对其实施制止措施，大学生在使用学习软件时无意中易被安装弹窗广告插件，自主学习过程中颇受这些广告干扰。

### （三）信息资源平台的不健全使自主学习中断

随着新旧媒体的不断融合，利用各种媒介搭建的信息资源平台日趋增多，但完善程度却并非尽如人意。一方面，各信息资源平台急于适应这瞬息万变的社会而盲目发展，平台的资源信息却并未形成一个统一的整体，加之各平台的资源不能有效互通交流，碎片化的学习资源屡见不鲜，零散的网络知识使大学生难以专注于学习，从而导致大学生自主学习中断。另一方面，各平台也没有对各类学习资源进行系统的分类整理，即使进行了分类，但大学生在使用过程中也很容易发现里面的分类知识并不全面，相对于纸质书籍上的整理内容还略存在一些瑕疵，致使大学生在自主学习过程因获取资源受限而止步。

## 二、全媒体时代大学生自主学习能力提升阻力因素探析

### （一）网络环境复杂

全媒体时代，各种媒体进行了更深层次的融合，网络环境也日渐复杂化。一是学习资源多样化。面对海量的学习资源，大学生由于甄别能力还相对薄弱，在筛选优质且合适的学习资源时备感迷茫，如果选择的学习资源良莠不齐，大学生的自主学习效率很难得到保证。二是资源渠道多元化。全媒体时代为大学生自主学习提供了更多信息资源获取渠道，可每一个渠道的资源完善程度都不尽相同，学习者在一处平台受困时，再力求通过其他渠道获取资源，完善自己

的知识系统却存在一定的难度，这很容易减弱大学生的自主学习热度，使大学生中断自主学习。

（二）有效资源匮乏

虽然新的媒体时代融合了海量资源，但可视化的学习资源却相对较少，大学生获取有效资源屡屡碰壁。全媒体时代网络涌入了大量杂乱无章的学习资源，相关网络检索功能却未优化，通过百度、搜狗等搜索引擎查询相关知识，频频出现与相关搜索无效的信息资源。大学生面对海量的学习资源，迅速获取有用信息的能力较弱，产生了"资源虽多，但是无法被准确利用"的现象，致使资源利用率低，自主学习效果并不显著。[2]为了使平台能够长期发展，收费制度也逐渐推出，只给学习者提供了部分免费学习资源，部分收费资源对学习者禁闭，而一些学生因家庭经济并不宽裕很难去获得急需的资源，这对部分学习者获取到有效资源提出了很大的挑战。如何为大学生提供系统全面的知识，满足大学生自主学习的个性化需要，同时能让平台有个良好的发展前景，如何让大学生获取到有效资源，提高大学生对利用媒体学习的信赖度是目前比较棘手的问题。

（三）专业指导较少

大学生对网络的应用能力较弱，由于缺乏专业指导，大学生利用网络媒体进行自主学习仍处于一种窘困状态。目前，网络教学平台不断优化，但相对于传统的面授教育却相形见绌，大学生利用网络媒体进行自主学习时遇到问题不能及时得到解惑，网络平台虽然现在也推出了相关的在线答疑服务，但由于大学生对网络环境的陌生感，很难信任在线后台的答疑人员，而面授教育则不同，大学生在自主学习过程中有问题时就能及时得到老师的指导与帮助。如何实现网络教育与传统教育指导优势的充分融合，使大学生能够自主利用网络进行更高效的学习依然是目前网络平台亟待解决的问题。

（四）个性能力狭隘

个性能力包括自主学习能力、自我管理能力、自我规划能力等，目前在全媒体背景下大学生各方面的能力尚且薄弱。一方面，大学生的自律性较弱，且没有自我管理意识，网络学习缺乏相关的监督管理机制，大学生易迷失在网络营造的学习之外的环境中。另一方面，大学生学习规划能力浅薄，自我没有明确的学习目标，在利用网络学习前对学习时间和学习内容缺乏合理的规划，致使网络学习持续时间短。

### 三、全媒体时代大学生自主学习能力提升策略

（一）优化全媒体时代大学生自主学习的环境

1. 改良教育资源环境

学习环境在很大程度上决定自主学习效率，拥有一个资源系统化的教育环境，能帮助大学生构建完善的知识系统，提高教育资源的有效利用率。信息平台应及时整合教育资源并进行系统的梳理，尽力让大学生在自主学习过程中能获取到合适的学习资源。

2. 优化信息获取渠道

完善各信息获取渠道，同时加大各信息渠道间的关联度，满足资源共享需求的同时，不断借鉴其他渠道的相关改革措施，力求疏通每个信息渠道，各信息渠道能通过后台数据及时把握用户获取信息的现状，还应建立起合理的反馈系统，及时消除信息获取途中存在的弊病，并采取及时的优化措施，解决大学生信息获取中断的问题。

（二）为大学生搭建更多可利用的学习资源平台

1. 健全信息资源平台

网络平台应及时完善资源库的相关知识，并为大学生提供完备的信息源，满足大学生自主学习的个性化需求，使大学生在自主学习过程中获取到的资源能够完善自我的知识系统。同时提高对大学生获取信息的支持度，充分融入资源共享理念，保持信息资源对大学生的开放性，让大学生获取到更多有价值的学习资源，使大学生通过网络自主学习能够把握课上未学懂的知识点和扩宽知识面。

2. 改进网络检索功能

各网络平台应系统梳理资源信息，及时清除琐碎知识，提升网络质量，剔除重复信息资源，使大学生不会因面对一片狼藉的知识库而感到迷惘。网络平台也应严格把关发布的信息，提高信息检索的准确性，完善搜索引擎，力求在整个 WEB 建立索引，使大学生能及时搜索到需要的信息知识，提高信息的检全率，提升大学生利用媒体进行自主学习的满意度。

（三）各地高校加强对大学生自主学习的引导

1. 充分发挥网上交流的互动优势，搭建更多的交流平台

利用互联网的实时交互性和便捷性，提供更多校园师生交流的平台。一是，

可以解决时间受限的问题，大学教师没有固定的办公系统，所以大学生课后自主学习遇到问题时很难寻求到老师的帮助，利用网络平台可以满足大学生随时与老师进行有效的沟通的需求，及时得到老师的指导和建设性的意见。二是，可以避免面对面交流的尴尬，这样能让他们随时向老师反馈问题，增进师生之间的交流，及时解决大学生在自主学习中所存在的问题。同时交流平台也可供各级学生进行交流互动，分享自主学习策略，让大学生在学习过程中真正学有所获。

2. 以多样的线下形式对大学生在线自主学习提供指导

各高校应大力倡导大学生自主学习的理念，引导大学生主动参与学习，培养学生甄别信息、分析解决问题的能力，从而使大学生自主学习能力得到进一步发展。[3] 与此同时，各高校可以在线下开展相关的自主学习讲座，为大学生自主学习提供指引，并开展与自主学习相关的选修课程，结合高校教师助力，对其实施专业的指导，提高大学生利用网络媒体进行学习的效率。

（四）从教学过程中强化个性化自主学习意识

1. 转变教学理念

在教育改革的背景下，高校教师应顺应时代的发展，将学习的主体地位交还给学生，改变应试教育中只是一味灌输知识的教学思维，着力培养创新型人才，重视大学生自主学习能力的养成。在备课时，也应考虑如何设计课程才能挖掘大学生自主学习能力。在日常教学中，应逐步强化大学生自主学习意识，强调自主学习的重要性。

2. 优化网络教学

合理利用网络媒体进行教学，引导学生选择合适的学习资源，并提出有针对性的建议，培养学生对信息的处理能力和辨别能力，分享对海量资源的筛选方法和途径，这样可以帮助学生尽快适应全媒体的学习环境。网络信息技术可以协助高校教师优化教学思路，改善教学方法。[4] 在网络教学中，教师应善于利用网络媒体技术，在教学过程中及时发现学生在利用网络媒体进行自主学习时存在的问题，并制定相关改进方案，以提升大学生个性化学习能力，从而增强大学生自主学习意识。

四、结语

综上所述，全媒体时代大学生自主学习在各方面还存在一定的问题，高校应提高对大学生自主学习的重视度。大学生要想全面提高自主学习能力，不仅需要社会的支持还需要学校的协助，只有为大学生全面优化全媒体时代的学习环境，在自主学习过程中尽量为大学生扫除外界阻力，大学生的自主学习能力才能得到一定的发展。

（作者系玉林师范学院教育科学学院2019级小学教育专业理科班学生）

**参考文献：**

［1］孙嘉每.大学生自主学习能力的现状、问题与改进［D］.首都师范大学，2014：1.

［2］李婧.新媒体环境下大学生自主学习能力提升研究［D］.山东大学，2017：2.

［3］吴伏英.新媒体环境下大学生自主学习的现状调查与引导策略研究［D］.扬州大学，2015：5.

［4］郑南希."互联网+教育"背景下本科生自主学习能力现状分析与培养途径［J］.黑河学院学报，2019（9）：135—137.

# 大学生学习短视化表现、原因及矫正策略[①]

陈琳琳

**摘　要**：本文阐述大学生学习短视化表现为课程选择短视化、课程过程投入短视化、学习产出短视化，认为大学生学习短视化的原因为缺乏规划意识、缺乏学习方法与监督、缺乏自律意识与意志力，提出加强学业规划教育、加强方法辅导和学习监督、加强意志力与理想信念教育等矫正策略。

**关键词**：大学生；学习短视化；表现；原因；策略

短视是指以狭窄的视野看待问题，只看到表面而看不到本质，只看到眼前的小利益而看不到更重要更长远的发展。学习短视化体现为为了达到短期目标，忽视相对晦涩、难懂、复杂但利于专业发展、知识积累、素质提高的知识与技能。当前，许多大学生存在学习短视化现象，不利于其自身长远发展。本文拟对大学生学习短视化的表现、原因和策略进行探讨。

## 一、大学生学习短视化的表现

### （一）课程选择短视化

大学课程一般分为公共必修课、专业必修课与选修课。其中，专业必修课是学校根据学生的专业需求、职业发展等为学生提供的必修课程。选修课比专业必修课多一点选择自由，可在学校提供的艺术类、人文类、社会科学类、自然科学与技术类、讲座类等的课程中进行选择。大学生所选择的课程，大多数是因为自身感兴趣、与专业相关、可提高综合能力、易修学分。课程选择短视化

---

① 该文原载《广西教育》（高等教育版）2020 年第 47 期。

的学生，往往会选择易修学分的课程，只看到当下学习学分不易修的课程的困难，看不到学习此类课程的日后好处，甚至会为了轻松，选择自己不喜欢的课程。

此外，大学还有课堂外课程，包括社团活动、创新创业训练等非正式的课程，校、院、系、班等组织开展的学科类竞赛、文体类竞赛等，校、院、系、社团的管理活动，如班委会、团委会、学生会等。课堂外课程相比课堂课程有更大的选择自由，大学生可凭借自我意愿决定是否参加。教育部门为鼓励大学生在课余时间广泛参加第一课堂外的活动，推出"第二课堂成绩单"制度，与第一课堂成绩单并重，其要求本科生达到6分才及格，否则不授予学位证书。短视的学生往往会选择易修学分和易获高绩点的活动。

（二）课程过程投入短视化

大学的评奖、评优、评先等通常根据综合测评分（素拓分）、学业成绩分、绩点等评选，外出调研学习、学校岗位应聘等也与其挂钩，相比学到的理论知识、专业技能等，获得奖学金、荣誉称号等证明个人能力的硬件更有说服力，是肉眼可见的材料，但是前者是潜移默化地影响未来的，影响力与作用不输奖学金和荣誉称号，在真正的工作岗位上，实力才是最重要的。有的大学生经历少，看待事物比较片面浅薄，只注重学习结果，学习不认真，迟到、早退、睡觉、玩手机或做其他与学习无关的事情，甚至逃课，作业练习也是敷衍了事或者不理会。上述情况在选修课程、公共课程的学习中较为常见，因为在几百人的大课堂中，教师很难关注每位学生的情况，而且选修课程与公共课程很少纳入评奖、评优、评先等条件中。在课堂外的课程学习亦如此，如第二课堂活动、创新创业训练、社会实践活动、社团活动等，最受大学生欢迎的课程通常是能为评奖、评优、评先等锦上添花的课程。

（三）学习产出短视化

大学中有的理论课程、实践课程考核方法是考查或考试，可以通过死记硬背知识轻松过关，甚至拿高分，如《思想道德与法律基础》《近代史纲要》《马克思主义基本原理概论》《大学英语Ⅰ—Ⅳ》等公共必修课以及一些专业课。死记硬背知识省时省力又高效，促使部分大学生养成不认真学习、不掌握真本领，靠死记硬背应付考试的习惯。久而久之，在日后学习遇到困惑时懒得思考，更懒得解决，违背了进入大学求学的初衷。不少大学生平时不认真学习，临近期末考试才到自习室、图书馆备考，寻求自我安慰，企图在短时间里记住知识点。以及格为目标的现象也很常见。部分大学生在学业上丧失自我追求，只求考试不挂科，只付出能达到及格的努力，不认真对待平时作业与练习，期末懒懒散散地复习，学习质量与效果较差。

## 二、大学生学习短视化的原因

### （一）缺乏规划意识

做一件事情，提前制订计划，会使得事情的进展有条理有逻辑，事半功倍。在入学之初，班主任、任课教师往往会要求学生制定四年的总体规划，也经常要求学生制订学期、学年计划，有些是口头要求，有些是书面要求。然而部分大学生缺乏规划意识，计划性不强，不愿意制定生涯规划，大到大学期间的学科专业发展与综合能力提高，小到每个学期的课程学习，都不知道或不愿意规划。没有规划，就没有目标，容易随波逐流，产生各种短视化行为。

### （二）缺乏学习方法与监督

大学的学习方法与中学时期有所不同，要求大学生学会自主学习。有些大学生，不适应新的学习模式，不知道如何学习，仍采用中学时期的学习方法，过多地依赖教师，等待教师引领学习，一旦得不到教师的及时回应，则丧失学习积极性，进而成绩下降，产生自卑感，有的甚至对学习产生恐惧感和厌恶感，[1]导致产生选择容易修高学分的课程等种种短视化行为。此外，大学注重平时成绩，大部分大学的成绩计算方式是平时成绩和期末成绩各占一定比例，但有些学生误以为考核方式与中学的相同，考好期末考试即可名列前茅，因而不重视平时成绩。

另外，大学缺少监督，也是学生短视化行为的产生原因之一。在大学中，班主任几乎只在班会课出现，其他时间不再跟踪检查学生学习情况，学校也极少建构专门的监督机制检查课堂教学的情况，课堂管理任务则落到了任课教师的身上。但是有的任课教师只为完成教学任务，很少理会学生的知识接受情况，更不管出勤、听课情况。没有了严格的管理，部分学生容易产生逃课、迟到、早退、玩手机、抄作业、做其他与学习无关的事情等短视化行为。

### （三）缺乏自律意识与意志力

自律，指没有人在现场监督，通过自我要求，变被动为主动，自觉地遵循法规，并约束自己的一言一行。[2]大学生从中学过渡而来，初高中处于升学阶段，此时学生的学习目标清晰，初中的目标是考取一所好高中，高中的目标是考取一所好大学。初高中的升学压力很大，在此期间的大部分学生自律意识和意志力都特别高。在相对轻松自由的大学，安逸的生活容易让人丧失斗志，许多大学生开始缺乏自律意识和意志力。尽管清楚地知道在大学应当珍惜光阴，充分利用时间多学习知识，却没有做到应当做的；尽管清楚地知道需要真正地掌握知识要点，却靠死记硬背、机械记忆蒙混过关；尽管清楚地知道在平时应当努力学习、完成作业，却在期末备考前突击复习，抱侥幸心理；尽管清楚地知道考 60 分并不光荣，却在踩及格线过关后沾沾自喜，抱着不挂科就行的心理。缺乏意志力的大学生，在学习过程中易半途而废，轻易说放弃，遇到困难很难坚持。长期的坚持学习与短时间的死记硬背相比确实辛苦很多，很多大学生因此变得短视，只看到眼前坚持学习的辛苦，却看不到坚持学习带来的长远利益。

### 三、大学生学习短视化的矫正策略

#### （一）加强学业规划教育

少部分大学生在教师、家长的指导下能够制定学业规划，但大部分大学生并没有制定学业规划的习惯，或者制定的学业规划不合理不完善，不能发挥规划的作用。因此，学校需要加强对学生的学业规划教育，指导学生如何制订科学有效的规划。学校应组织开展学业规划培训，让大学生意识到学业规划的重要性，并传授制定规划的知识和方法。要让学生明白，生涯规划是对人生的规划，可以指出未来发展方向，在进行学业规划前，应当制订生涯规划，明确生涯规划有利于学业规划的制定；规划的内容不仅包括必修课和选修课怎么学、学什么、学成什么样，还包括第二课堂活动、创新创业训练、学科文体竞赛、社团活动等。同时教会学生在阅读书籍、学习他人学业规划中发现自身的不足，合理完善自己的学业规划。

#### （二）加强方法辅导和学习监督

大学对新生来说，是一个新的学习环境，学习方法需要跟着改变。大部分大学生在入学之初，对学习方法较为迷惘，需要一段时间来摸索。学校可以组织成立学习方法辅导小组，在学生入学初期开展学习方法辅导讲座，帮助学生在大学期间培养良好学习习惯。在新老生交流上，将老生比较实用的学习方法作为重点进行交流。班主任与任课教师在大学第一个学期应侧重学习方法指导，授课时分享课程的学习方法，使大学生在班主任、任课教师、前辈的指导下进行总结，找到适合自己的最佳学习方法。

此外，大学强调自主学习，监督也应以自我监督为主。自我监督即个人根据学业规划制订细化计划，细化到课上不玩手机、课下作业提前完成等，根据细化计划考查自己是否达到了要求。除自我监督外，还有同伴监督、教师监督。同伴监督，即与志同道合、积极向上的同伴相互监督，分享各人制定的学业规划并相互提醒，自制力较弱的学生尤为需要。教师监督，即任课教师多进行课堂巡逻、作业检查，对课堂上敷衍的学生给予提醒，检查学生是否认真完成作业，对应付作业的学生给予提醒与惩罚。

（三）加强意志力与理想信念教育

无论是课程选择的避难趋易、课程学习投入的短视，还是学习产出的死记硬背、踩及格线，都与环境影响有关。大学生很容易受周围同学的影响，当与周围同学的选择不同时，容易被视为不合群甚至被排挤，不少大学生抵抗不了压力选择合群，放弃原有的计划与追求。此外，大学的诱惑很多，有着形形色色的新鲜事物，加之大量时间由学生自己自由支配，因此需要大学生有足够的意志力。对此，学校应对学生加强意志力的教育，引导学生通过自我教育形成顽强拼搏的意志。同时，班主任及任课教师应加强对学生的理想信念教育，帮助其明确对未来的向往和追求，描绘属于自己的人生蓝图。理想信念强大的人不会放任自己死记硬背知识、踩及格线而沾沾自喜，也不会让自己浑浑噩噩度过大学时光。

总之，无论是学校还是教师，都应正视大学生学习短视化现象，通过加强学业规划教育、加强方法辅导和学习监督、加强意志力与理想信念教育等途径及时矫正大学生学习短视化行为。

（作者系玉林师范学院教育科学学院2018级小学教育专业理科班学生）

**参考文献：**

[1] 佚名. 大学生需要正确的学习方法 [EB/OL]. https：//mp. weixin. qq. com/s？src = 3&timestamp = 1602332493&ver = 1&signature = zPRh2h * Ysykim 66B2Kb7SC8VUBwwSe4HK7 * ufhFOEzSNYdN7Wbzxm5HZzVrboYcKcwWpSwgib P601cdJB6—kzM76dZQeaXCSOlO-GFIGKDr4466w2JdpFN5UGmbvI2yu4b9n C1XvP -SXCOSAm9eSBw = = ，2015—12—30.

[2] 佚名. 班风，贵在自律 [EB/OL]. https：//m. doc88. com/p—7364957 63437. html，2013—01—26.

# 大学新生课堂学习效率的影响因素及提升策略①

党梅 何广英

**摘 要**：大学新生时期是大学生涯的一个重要阶段。课堂学习效率的提升无论是对教师还是学生都有着重大意义，前人关于课堂学习效率研究的主体主要集中在中小学生，大学生承载着国家的希望，所以把大学新生作为研究主体，以其课堂学习效率作为研究对象，发现课堂学习效率的高低受学生自身、环境、教师、课程四大方面的影响。为提高大学新生课堂学习效率，学生自身需要提高课堂学习投入程度，改变不当学习方法和习惯及提高自身意志力；环境方面建议创设高质量的课堂学习环境；教师需要提高课堂教学质量、改变自身授课风格及严格要求自身仪容仪态；课程方面建议调整课程内容及做到理论与实践活动相结合。

**关键词**：大学新生；课堂学习；学习效率

## 一、大学新生及课堂学习效率界定

"课堂"既有狭义的课堂也有广义的课堂，在《辞海》中，"课堂"泛指各种教学活动的场所，而在本文中所指的"课堂"，是各所大学提供给教师与学生进行教学活动的场所，即学校的教室。所以"课堂学习效率"即在教学活动过程中学生学习的效率，这一学习效率的高低既受学生本身因素影响，也受各科任教教师及学生所处的学习环境等因素的影响。

"大学新生"一词在《辞海》中被定义为："初入大学校门的学生。"本文研究的"大学新生"以近两年的"初入大学的学生"为主。[1] 大学新生在学习

---

① 该文原载《教育观察》2020 年第 33 期。

方法和学习习惯方面，是对中学课堂学习方法和学习习惯的延续，很大程度上不适应大学课堂学习的需求。

## 二、大学新生课堂学习效率的影响因素分析

（一）学生自身方面

1. 课堂学习投入不足

学生的课堂学习投入受注意力的集中程度、学习态度、学习动机与学习兴趣三个方面因素的影响。

首先，学生的注意力集中程度方面。张瑾、陶梦婷等人认为，大学生的注意力集中程度会影响课堂学习的效率。[2]注意力集中程度的高低与课堂学习效率的高低成正比关系。只有注意力得到较高的集中，才能跟随老师的思路获取知识，从而提高课堂学习效率。因此，大学新生课堂学习效率的提高离不开课堂注意力的集中。

其次，大学新生课堂学习效率的高低与其学习态度有极大的关系。好的学习态度，在提高学生的学习效率上起促进作用。纵奇志认为，大学新生因受学习情绪和态度的阻碍，从而产生消极悲观的情绪，逐渐形成了消沉颓废的学习态度，失去了对学习的信心与兴趣。[3]由此可见，大学新生学习态度的好坏对课堂学习效率的影响是极大的。

最后，大学新生的学习动机与学习兴趣也影响着其课堂学习效率的高低。动机与兴趣一起协作，为大学新生提高课堂学习效率提供了动力条件。纵奇志认为，充足的学习动机与较高的学习兴趣有利于学习效率的提高。[3]可见大学新生课堂学习效率的提升与其学习动机、学习兴趣有直接关联。

2. 学习方法和习惯不当

学习方法方面。大学新生的课堂学习方法是对中学被动型课堂学习方法的延续，但对于自学能力要求较高的大学课堂已不再适用，赵丽娟认为，一个合适的学习方法对于学生的课堂学习效率是有影响的，适合自己的方法才是好方法。[4]因此，需要我们具体问题具体分析，要根据自身的实际情况来选择适合自己的学习方法，不可对他人的学习方法进行生搬硬套。

学习习惯方面。大学新生缺乏学习主动性，没有养成课前预习、课中认真听课、课后复习的良好习惯，导致课堂效率低下。因此，养成良好的学习习惯才有利于学生课堂学习效率的提高。反之，则会事倍功半。优良学习习惯的养

成不是一蹴而就的，需要大学新生长时间坚持。

3. 自身意志力不强

大学新生自身的学习意志力对课堂学习效率的高低有较大影响。纵奇志认为，学习意志力较弱的大学新生做事情没有耐心，对于自己的想法容易动摇，对于自身的行为缺乏有效的调控能力，并且容易受外界的影响，学习效率便不高。[3] 由此可知，学生自身意志力的强弱对课堂学习效率的高低有很大的影响，由此，大学新生提升课堂学习效率必须增强自身意志力。

（二）环境方面

1. 不良课堂学习环境

学习场所的颜色、气温问题。赵丽娟在研究中提到，颜色给学生的视觉感受对于学生的学习效率有着巨大的影响。学习场所的气温对学习效率的影响是通过影响人的精神状态来实现的。[4] 这说明良好的课堂学习环境的建设要考虑教室的颜色及气温因素。

学习场所的照明光线问题。赵丽娟的论文研究中提到，充足的灯光照明可以让大学新生在阅读中更加专注，从而提高学习效率。反之，光线昏暗不利于大学新生注意力集中，影响课堂学习效率的提高。[4]

学习场所噪声的问题。安静的学习环境可以避免杂音、噪声对学生的影响，并且有利于课堂学习效率的提升，反之，则有降低课堂学习效率的可能。

（三）教师方面

1. 课堂教学质量不高

目前，高校教育教学实践活动形式上比较单一，很难做到因材施教，课堂成了教师讲解书本内容宣讲自身经验、树立自身专业威望的单边活动。[5] 在这样的课堂教学活动中，教师占据了主体地位，成为主角，这对于学生课堂学习效率的提升是极为不利的。

教学内容与教材脱节。许多高校教师认为，课文的内容浅显易懂，学生可以通过对课本的自学来获取知识，教师教学内容以知识拓展或讲述个人经历为主，甚至完全与教材脱节，学生在学习的过程中找不到与课文接轨的地方，从而产生厌烦心理或处于游离状态，导致课堂学习效率低下。

2. 教师的授课风格

教师的教授风格因人而异，每个教师的授课风格都各具特色。风趣幽默型的授课风格更容易吸引学生的目光和激发学生的学习欲望，而执行型、保守型的授课风格，学生的课堂学习效率较低。[6]这说明授课风格对课堂学习效率有着间接影响。在当今的背景下，授课风格越突出的教师越受学生欢迎，课堂教学质量就越高，相应地，学生的课堂学习效率也会有所提升。

### 3. 教师的外形及仪表

人都是追求视觉享受的高级动物，面对一切美好的东西都会不自觉地多加欣赏，而教师的外观外貌及仪容仪态是学生对该老师的第一印象，这第一印象对学生在该教师的课堂学习上表现得是否主动、积极有很大的影响。因此，教师的外观外貌以及仪表仪态对课堂的学习效率具有一定的影响力。

### （四）课程方面

### 1. 课程难度系数高

课程难度是学生对于教科书所呈现出来的内容的接受程度的一个重要指标。[7]大学课程理论性强、理解难度系数大、需要理论与实践相结合，大学新生处于由高中教育阶段到大学发展阶段的过渡期，对理论性过强的课程内容难以理解，再加上课程量较之高中阶段有所增加，大学新生难以适应这种变化。

### 2. 课程内容枯燥乏味

高校课程内容具有理论性强、理解难度大和趣味性弱的特点，学习理论性强、理解难度大且缺乏趣味性的课程内容，对于大学新生来说有着很强的挑战性，容易对此类课程内容产生厌倦感，从而导致学生学习动力的缺失以及注意力的分散，使其课堂学习效率相应降低。

## 三、提升大学新生课堂学习效率的策略

### （一）自身方面

### 1. 提高课堂学习投入程度

课堂学习投入包含行为、情感和认知三方面的投入。[8]其中行为投入指在课前准备好自己所需的学习用品，并把手机调成静音模式或关机；课堂上积极进行思索并回答老师提出的问题，跟随老师的思路走，积极参与课堂讨论等。情感投入指尽量把自己对于课堂学习活动的情感体验转变为一种积极的情感，即感兴趣、感到愉悦等。认知投入指使用不一样的学习策略，引起不同级别的思维活动。[9]

### 2. 改变不当学习方法和习惯

学习方法上，做到有目标有计划地学习。大学课堂与中学课堂相比，最大

的不同体现在自由程度上。大学老师在课堂中极少约束学生，安排的课堂任务也不多，在这种自由的课堂学习氛围中，如果没有老师的监督，大学新生想要提高课堂学习效率，就必须制定一个适当的、合理的课堂学习目标和计划。

学习习惯上，要有自己的主动性。如课前主动预习课堂学习内容、了解教材重难点，课中认真听课并主动思考问题、主动提出疑问，课后及时复习所学知识，并且长时间坚持这个良好的学习习惯。

### 3. 提高自身意志力

意志力是指一个人可以有意识地根据自身特色来确定学习目标，并且根据该目标来调整自己的行为，克服一切困难，以达到最终目的。意志力在我们日常生活中不可或缺，它影响着我们能否顺利达成目标。意志力发挥的作用是我们无法预测的，所以提高自身意志力很有必要。提高自身意志力有以下几个方法。

（1）明确自身的目标要求，做一个有实用性的方案。在这个方案中要有长远的目标和短期的计划。比如，确定一个学期后要实现的目标，再细分为每月、每周、每天具体实施的内容，并把它完成。久而久之，一步一个脚印，方案不再是方案，而是现实。

（2）磨炼意志，坚持不懈。在课堂学习上遇到阻碍时，首先要克服恐惧心理，及时自我疏导，以积极的心态面对困难。与此同时，大学新生需要将自身的注意力集中在如何解决面临的困难上，不管能否顺利克服，尽力而为，注重当下便可。除此之外，磨炼意志的最根本的动力来自于对改变自己以及对自己美好生活愿景的期待，只有自身内部情感因素被激发出来，才能真正做出改变。

### （二）环境方面

### 1. 创设高质量的课堂学习环境

首先，创建轻松、愉悦的课堂学习氛围。教师在课堂中应该倾听每一位新生的想法，给予尊重，做到一视同仁。在轻松、和谐的氛围下，大学新生在课堂上才能更加积极活跃，才能以一种轻松愉悦的情感进入课堂学习当中。[10]其次，在课堂上，教师应该把大学新生的需求放在首位，多给予大学新生提出自己的意见、看法的机会。除此之外，教师要敢于接受大学新生的质疑并肯定他们的质疑精神。再次，要让学生学会分析问题，引导他们围绕相关内容有针对性地提出问题，在他们提出问题的时候，教师要积极倾听并给予建议。最后，教师应该共享学习资源，给大学新生足够的资源以及选择的空间，为大学新生创造友好、和谐、共享的课堂学习环境。

（三）教师方面

1. 提高课堂教学质量

课前，让学生带着问题预习，教师将所要上课的内容、重难点和须掌握的知识点告知学生，以便学生了解相应的知识，从而促进课堂教学的高效运转。

课中，教师适当把握时间，做到少讲精讲，预留更多的时间给学生进行课堂活动。教师还要规划好活动时间，尽可能做到不浪费时间。此外，教师要与学生多沟通，方便学生解决疑问，从而使其课堂效率得到提升。

课后，对自身教学进行反思，对教学方法进行调整或改进，同时教学水平也要相应地提升。可以通过不断记录自己工作中的喜怒哀乐和生活日常，在记录的过程中不断反思不断调整，扬长补短。

2. 改善自身授课风格

教师和学生既是师生关系也是朋友关系，教师要有自身的特点和不一样的授课风格，这样才能得到学生的喜爱。比如，理智型的老师思维逻辑性较强，学生容易被老师严谨的逻辑思维感染，从而跟随老师的思路学习；自然型的老师亲和力强，学生愿意与这种类型老师互动；情感型的老师在课堂中情绪、情感饱满，容易唤醒学生情感上的共鸣；幽默型的教师会用风趣幽默的语言活跃课堂氛围，在这样课堂氛围中学习，学生更容易投入；技巧型的教师能够灵活运用各种教学方法和教学手段吸引学生，让学生完全融入到课堂中来。

教师除了要拥有自己鲜明独特的风格以外，还要根据大学新生的性格特点来改善自己的教学风格，方便学生快速适应大学课堂，从而激发学生在课堂中的学习热情，进而在课堂学习活动中表现得更加积极，新生的课堂学习效率也就相应得到提升。

3. 严格要求自身仪容仪态

首先，在日常教育教学的工作中，教师要在思想上加以重视。其次，积极参加学校组织的教师仪容仪态培训小组。同时，还可以让学生对自身的仪容仪态进行打分，这样，教师在学生心目中的形象能够直观地体现出来，使教师在今后的教学中更加注重自身的仪容仪态。

（四）课程方面

1. 调整课程内容

课程内容的选择应充分考虑大学新生的现有能力。对于偏难的课程内容，教师要适当根据大学新生的接受能力与适应能力来调整；对于理论性较强的课程内容，教师要根据新生现有理解能力对课程内容进行调整。当课程内容的选择符合新生的现有能力，新生课堂学习效率就会有所提升。

2. 理论与实践活动相结合

打造理论与实践相结合的新途径，首先是要突出理论知识的实用性。对于大学新生来说，过于深奥的理论知识难以理解和接受，从而难以消化新知识，造成课堂学习效率低下，表现为在课堂中学生容易出现无聊乏味的情感体验。对此，教师如果能够将深奥的理论内容与当下最热门的话题结合在一起，更能够帮助大学新生理解和记忆抽象复杂的理论概念。另外，理论知识的学习，除了丰富学生的理论结构外，还可以协助学生解决现实生活中的难题。因此，教师可以策划实践活动，让学生将理论与实践相结合，从而提升课堂学习效率。

创造以学生为主的教学模式。目前很多大学采用的教学模式依然是传统型的，即以教师为主、学生为辅。其实对大学新生使用这样的教学模式，不利于学生的发展，特别是在大众创新的新时代背景下，这种模式培养出来的人才将不适应国家对创新型人才的需求。因此，教师可以在课堂教学的过程中通过学生小组讨论并进行学习成果展示的方式，让学生积极思考问题并解决问题，这种方式有利于大学新生课堂学习效率的提升。

（作者系玉林师范学院教育科学学院2018级小学教育专业文科班学生）

**参考文献：**

［1］黄娜．大学新生适应性教育研究［D］．赣州：江西理工大学，2013：15．

［2］张瑾，陶梦婷．现代大学生课堂质量影响因素及其对策研究［J］．吉林广播电视大学学报，2019，（05）：8—9．

［3］纵奇志．影响学生学习效率的因素研究［J］．内蒙古科技与经济，2016，（22）：130—132．

［4］赵丽娟．影响大学生学习效率的因素及提高学习效率的研究［J］．中国市场，2011，（39）：162—164．

［5］王娟．关于素质教育下高校课堂教学的思考［J］．教育教学论坛，2015，（42）：192—193．

［6］贺雯.教师教学风格的调查研究［J］.心理科学，2005（01）：214—216.

［7］谢昱圣，徐爽.课程难度表征的是什么？——基于《科学》教材中物质科学领域主题课程难度的比较分析［J］.物理教学探讨，2017，35（5）：10—14.

［8］汪玉侠，齐钦.大学生课堂学习投入现状及影响因素调查研究——以一新建地方本科院校为例［J］.教学研究，2012，35（02）：16—19+22.

［9］孔企平."学生投入"的概念内涵与结构［J］.外国教育资料，2000（2）：72—76.

［10］李文斌.小学语文教学中营造积极课堂氛围的策略研究［J］.学周刊，2020（13）：63—64.

# 后 记

研究或是为了解决问题，或是为了解释过去，或是为了指导当下，或是为了预测未来。研究的成果之一，便是论文。论文是思想、逻辑、方法、价值的综合体。论文得以传播，发表是重要途径。

师范本科生写论文，并非当前人才培养的主业。但是，我们认识到写作是创新能力的集中体现，是排他性的综合素养。作为未来的老师，具备创新素养，方能培养创新型人才，这是创新型国家的基础。以写作为核心的师范生创新素养培育，是玉林师范学院教育科学学院近几年的重大实践。李健老师率先成立了教育协同创新工作坊，短短几年时间指导在校本科生发表论文60余篇，协助或参与多部著作创作，学生协同完成的横向项目获得2019年教育创新大奖。杨振芳老师、邓草心老师、陈朝新老师、倪铮老师等纷纷成立师生协同创新组织，或是通过各种方式调动学生参与教育创新工作。我们有理由相信，教育创新的种子在学生时代播下，必将在教师职业生涯中开花结果！

教育科学学院的陈庆文院长大力支持学生创新工作，从人力、财力、物力等诸多方面全方位提升学生的创新意识与能力，并率先垂范，让学生参与各级各类教育研究课题，营造了良好的创新氛围。

本著作是2020年度教育部人文社会科学研究西部和边疆地区项目"农村小学全科教师胜任力研究"（项目号20XJA880001）重要成果，亦是国家级大学生创新项目"工作坊视角下高校师生教育协同创新的内容体系及运作机制研究"（项目号202110606055）及教学改革项目"面向高水平应用型本科教育的教育创新工作坊建设与实践"（项目号2021XJJGYB08）重要成果之一。本著作由陈庆文、李健统筹设计，提出逻辑思路与体例框架，并完成最终篇目选定。在此，感谢教育科学学院2018、2019级部分在校生的辛勤工作，其中陈小琦、黎富权参与了论文收集整理，陈小琦、林绿参与全书格式、体例等修订工作。感谢新华出版社张谦女士、樊文睿女士的专业指导与辛苦工作，这是本著作得以面世的重要原因。

最后，感谢玉林师范学院教务处、财务处、科研处、教育科学学院等单位的大力支持！

编者